Thunar Jentsch
Weiter gehts nicht

Thunar Jentsch

WEITER GEHTS NICHT

AUF DEM JAKOBSWEG
VON HENDAYE NACH SANTIAGO DE COMPOSTELA
UND WEITER BIS MUXÍA

Bibliografische Information der Deutschen Nationalbibliothek: Die Deutsche Nationalbibliothek verzeichnet diese Publikation in der Deutschen Nationalbibliografie; detaillierte bibliografische Daten sind im Internet über http://dnb.dnb.de abrufbar.

Verlag: BoD · Books on Demand GmbH, In de Tarpen 42, 22848 Norderstedt, bod@bod.de

Druck: Libri Plureos GmbH, Friedensallee 273, 22763 Hamburg

ISBN: 978-3-7693-5427-0

Gewidmet allen Suchenden
und ihren Füßen,
ohne die sie ihr Ziel nicht erreicht hätten.

INHALTSVERZEICHNIS

Auf dem Weg

Den Jakobsweg umgibt ein gewisser Nimbus, den jeder bestens kennt, der ihn einmal selbst gelaufen ist. Schritt für Schritt bemächtigt er sich des Pilgers. Am Anfang steht die körperliche Erschöpfung, auf die eine wohltuende Justierung, Fokussierung oder Eliminierung der Gedanken und Emotionen folgt, bis der *camino* schließlich als ganzheitliches Erlebnis tief ins Innere dringt. Das mehrwöchige Wandern in der Natur, die Begegnung mit Menschen, Orten und Landschaften, seien sie auch noch so flüchtig, führen in Verbindung mit der Auseinandersetzung mit sich selbst zu einer Mächtigkeit, die viele nicht mehr loslässt und dazu bewegt, sich erneut auf den Weg machen. Und Jakobswege gibt es zum Glück viele.

Bei mir dauerte es einige Jahre, bis ich das Bedürfnis verspürte, mich ein weiteres Mal auf den Weg zu machen. Nach dem *Camino Francés* sollte es diesmal der unmittelbar an der Küste verlaufende *Camino del Norte* sein, der länger und schwieriger ist.

„Warum willst Du den *camino* ein zweites Mal laufen?", fragten mich viele Bekannte und Freunde. „Was reizt dich daran, erneut wochenlange Strapazen und Entbehrungen auf dich zu nehmen?"

Zum Teil ist es der verklärenden Retrospektive geschuldet, bei der nur das Schöne im Gedächtnis bleibt und nach Wiederholung drängt. Doch ist es bei Weitem mehr als das. Hinter vordergründiger Neugierde oder Abenteuerlust verbirgt sich eine tiefe Sehnsucht nach einer existentiell grundlegenden Erfahrung von Einheit, nach einer Verbindung mit der uns umgebenden Natur, einem intensiven Spüren des Lebens. Dafür bedarf es zwar nicht unbedingt einer Pilgerreise, doch führen das wochenlange Wandern in der Natur, das häufige Eintauchen in die Stille und Abgeschiedenheit der Kirchen und die Begegnungen auf dem Weg zu einem Selbstverständnis, zu dem man ansonsten nur schwer durchdringt; es sei denn in der Tiefe von Meditation.

Was verbirgt sich hinter dem Phänomen *camino*? Eine einzige Antwort kann es mit Sicherheit nicht geben. Eher besteht es aus Puzzleteilen, aus Fragmenten des emotionalen und geistigen Erlebens, die sich entweder direkt auf dem Weg oder in der Nachbereitung des Erlebten ergeben. Die Mächtigkeit der einzelnen Fragmente hängt von der Länge des Eintauchens in die Natur bei Sonne, Nebel und Regen ab, von den steinigen, sich manchmal scheinbar endlos dahinziehenden Wegen, der mühsamen Überquerung hoher Pässe und zuletzt vom Grad der Eigenreflexion. Langsam, aber stetig bewirken diese Faktoren im Innern eines jeden Pilgers Veränderungen. Was auch immer man auf dem Weg sucht, finden kann man es nur in sich selbst. Kein Wunder, dass dabei die überbordenden Angebote und Reize urbaner Kultur sowie das Ermüdende eines immer wiederkehrenden Alltags in weite Ferne rücken müssen, um Einkehr, Stille und Abstand zu den Dingen Raum zu geben.

Montag, 17.07.2023 / Bergisch Gladbach - Irun (Anreise)

Vermutlich wird der *Camino del Norte* meine letzte Pilgerreise sein, denn 73 Lebensjahre gingen nicht ganz spurlos an mir vorüber, auch wenn die Neugierde auf Neues nicht gealtert ist. Man wird eben nicht jünger und irgendwann muss man darauf Rücksicht nehmen. 2019 lief ich den *Camino Francés* von *Saint-Jean-de-Port* auf der französischen Seite der Pyrenäen bis *Santiago de Compostela*. Insgesamt achthundert Kilometer. Nun werden es mehr als neunhundert Kilometer sein.

Dank der Erfahrung aus der ersten Pilgerreise verzichte ich diesmal auf Luftmatratze und Schlafsack, wodurch sich das Gewicht meines Rucksacks um fünf Kilo verringert. Ansonsten bleibt alles gleich. Eine Windjacke, zwei T-Shirts, zwei Slips, zwei Paar Wandersocken, zwei Trekkinghosen - jeweils ein Set wird täglich gewechselt und von Hand gewaschen - ein Bettlaken als Zudecke, eine Kappe, ein Halstuch, ein Regencape sowie Waschzeug inklusive Mikrofaserhandtuch. Natürlich dürfen Sonnenbrille und eine Kladde mit Stift für den Reisebericht nicht fehlen.

Ein Bus bringt mich von Bergisch Gladbach zum Kölner Hauptbahnhof, den der Eurostar nach Paris gegen halb acht pünktlich verlässt. Nach vier Stunden Fahrt erreicht er den *Gare du Nord*. Per Taxi geht es durch die quirlige Seine-Metropole zum *Gare Montparnasse*, von wo der Zug zum französischen Grenzort *Hendaye* am *Golf von Biskaya* abfährt. Die ersten beiden Stunden geht es durch die Kornkammer Frankreichs. Getreidefelder soweit das Auge reicht. Im Anschluss daran bestimmen lichte Kieferwälder und sanft geschwungene Hügel das Landschaftsbild. Nach Zwischenstopps in *Bordeaux*, *St. Jean*, *Biarritz* und *Bayonne* läuft er in den kleinen neoklassizistischen Bahnhof von *Hendaye* ein. Die tiefstehende Sonne lässt das Gebäude in kräftigen Farben erstrahlen.

Zwischen *Hendaye* und *Irun* mündet der *Bidasoa* ins Meer. Er bildet die Grenze zwischen Frankreich und Spanien. Die auf beiden Seiten des Flusses liegenden Städte erscheinen mir wie eine untrennbare Einheit. Hinter der *Puente de Santiago* beginnt Spanien.

Ein Unterschied zwischen Frankreich und Spanien offenbart sich in der Architektur. Während in *Hendaye* die meisten Gebäude mit großen, fast bodentiefen Fenstern ausgestattet und ihre Dächer überwiegend mit Zinkblech verkleidet sind, dominieren in *Irun* Gebäude mit kleinen Fenstern und

Ziegeldächern.

Das Thermometer zeigt vierundzwanzig Grad bei einer hohen Luftfeuchtigkeit an. Sehr angenehm. Ich frage mich zum Hotel *Alcázar* in der *Calle Iparralde Hiribidea* durch. Zum Glück ist es nicht allzu weit entfernt. Das zu Hause vorab gebuchte Zimmer erleichtert den Beginn der Pilgerreise. So brauche ich nach der langen Anreise nicht erst nach einer Übernachtungsmöglichkeit zu suchen. Das Hotel in Hanglage liegt in einer beidseitig von Bäumen gesäumten Straße. Mein Zimmer unter dem Dach im dritten Stock bietet eine herrliche Aussicht auf die - im Gegensatz zum französischen Seite - sehr hügelige Landschaft.

Der laue Abend verführt trotz der späten Stunde zu einem Besuch der Stadt. In einer Allee mit hohen Platanen stoße ich auf das Gartenlokal *Bar Palace*. An den Tischen sitzen junge Menschen, reden, lachen und trinken. Genau richtige Ort, um die Ankunft mit einem Essen zu feiern. Leider hat die Küche bereits geschlossen. Mehr als ein Teller Oliven ist nicht zu bekommen. Dafür entschädigt die Qualität des Rotweins.

Abb. 1: Gartenlokal Bar Palace in Irun

Durch die verwinkelten Gassen und breiten Alleen schlendere ich zum Hotel zurück. Unterwegs verharre ich für einen Moment vor der Kirche *Nuestra Señora de Juncal* und bewundere die mit Bronzetafeln verzierte Tür mit vier unterschiedlichen Darstellungen der heiligen Jungfrau im Halbrelief. Zu meinem Bedauern ist die Kirche bereits geschlossen.

Lebensgroße Bronzefiguren schmücken einige der Straßen und Plätze. So zum Beispiel eine elegant gekleidete Frau im Stil der 50er-Jahre, die sich mit einem Fächer abzukühlen scheint. Insgesamt besticht die Stadt durch einen gelungenen Mix aus alt und neu.

Dienstag, 18.07.2023 / Irun - Pasaia (18 km)

Ausgestattet mit einem Stadtplan aus dem Hotel gehe ich los. Ganz in der Nähe stoße ich zu meiner Überraschung auf eine öffentliche Herberge, die Übernachtung und Frühstück gegen eine Spende (*donativo*) anbietet. Die neunzig Euro für das Hotel hätte ich mir sparen können. Nun denn, es ist wie es ist. Ich nutze die Chance und lasse mir einen Stempel für den Pilgerpass (*credential*) geben.

Wie so oft, steckt auch heute Morgen der Teufel im Detail. Den *Bidasoa* entlang gehe ich in Richtung Flughafen, übersehe jedoch den Pfad, der in die Berge führt, und lande wenig später unerwartet in *Hondarribia*.

Damit der Umweg nicht umsonst war, schaue ich mich in *Hondarribia* um. Die auf einem Hügel gelegene Stadt an der Mündung des *Bidasoa* hat einiges zu bieten. Und der Tag ist noch jung. Im historischen Zentrum liegt die gotische Kathedrale *Iglesia de Nuestra Señora del Manzano*. Im 16. Jahrhundert errichtet, steht ihre aus dem 18. Jahrhundert stammende barocke Ausstattung in starkem Kontrast zu ihrem trutzigen Erscheinungsbild. Neben dem Eingang ragt ein Weihwasserbecken in Form einer großen Mördermuschel aus der Wand, darüber eine durchscheinend wirkende Hand aus Marmor, ganz so, als wolle sie sich mit dem Wasser benetzen.

Abb. 2: Weihwasserbecken an der Iglesia de Nuestra Señora del Manzano

Prägend für den malerischen Ort mit seinen alten Gebäuden ist nicht nur die Kathedrale, sondern auch die Burg von Kaiser Karl V., in der heute das Nobelhotel *Parador de Hondarribia* untergebracht ist.

Vor der *Puerta de Santa Maria* im südlichen Teil der Burgmauer steht seit 2011 die überlebensgroße Figur eines *Hatxeroa*-Soldaten. Im 17. Jahrhundert gehörten sie einem technischen Zweig des Militärs an. Ungewöhnlich ist seine Bekleidung, denn neben einer ledernen Arbeitsschürze trägt er eine hohe, helmartige Mütze aus Schafwolle, den *morrion*, sowie Beinlinge und einfache Schuhe mit geflochtener Sohle aus Jute (*espadrilles*). Der *Hatxeroa* schultert allerdings kein Gewehr, sondern eine überdimensionierte Säge, die ihn als Soldat dieser besonderen militärischen Einheit ausweist.

Sein Standbild erinnert an die hier 1638 zwischen Spaniern und Franzosen ausgetragene Schlacht, aus der die Spanier siegreich hervorgingen. Von der *Puerta de Santa Maria* hat man einen guten Blick auf den *Golf von Biskaya*.

Abb. 3: Bronzeskulptur eines Hatxeroa vor der Burgmauer in Hondarribia

Die Entscheidung, nicht wieder zum Flughafen zurückzulaufen, sondern von *Hondarribia* aus direkt zum ersten Etappenziel, der Wallfahrtskirche von *Guadalupe* (*Ermita Guadalupe* oder *Guadalupeko Ama Birjinaren Santutegia*), vorzustoßen, erwies sich im Nachhinein als sehr mühsames Unterfangen mit ständigem Fragen nach dem richtigen Weg. Bis *Guadalupe* geht es ständig bergauf. Zeitgleich mit mir treffen zwei Schulklassen ein, weshalb dort von Stille und Einkehr nicht mehr die Rede sein kann.

Ab *Guadalupe* folge ich erneut der Ausschilderung des Jakobswegs. Der Höhenweg verläuft zwischen zweihundert und fünfhundertfünfzig Metern Höhe über die Bergkämme. Auch wenn das Wetter wechselhaft ist und ein starker Wind weht, entschädigen die beeindruckenden Fernblicke auf das Meer und die Städte *Hendaye* und *Irun*, die aus dieser Perspektive eine optische Einheit bilden. Buschwerk lockert die Grashänge auf. Vereinzelt stößt man auf Reste quadratischer Wehrtürme, die aus dem 16. Jahrhundert stammen und vermutlich vor Piratenangriffen warnen sollten.

Abb. 4: Fernblick auf Hendaye und Irun hinter Guadalupe

Bei meiner Rast an einem der Wehrtürme lerne ich Monika kennen. Über ihr Angebot, ein Foto von mir zu machen, kommen wir ins Gespräch. Anschließend gehen wir gemeinsam weiter. Monikas Faible für frei weidende Kälber und Kühe wirkt sich beruhigend auf mein Lauftempo aus, denn immer wieder holt sie ihr Handy hervor und fotografiert die Tiere. Je weiter wir uns auf dem schmalen Pfad nach oben bewegen, sind es die vorbeiziehenden Nebelschwaden, die sie begeistert filmt. Das Naturereignis lässt sie vor Freude tanzen. Sie kann gar nicht genug davon bekommen.

Nach einer Weile überzieht die Feuchtigkeit unsere Haare mit glitzernden Tropfen. Die Sicht wird zunehmend schlechter. Zum Glück ist der schmale durch Wiesen verlaufende Weg gut zu erkennen. In einem lichten Wald begegnen wir Julia. Von nun an tapsen wir zu dritt durch den Nebel.

Im Vergleich zu den beiden Frauen, Monika ist knapp über vierzig und Julia Mitte dreißig, komme ich mir wie ein Methusalem vor. Während für Monika die Lust am Wandern den *camino* attraktiv macht und bei mir die Selbsterkenntnis im Vordergrund steht, will Julia dem Stress ihres Managerdaseins, verbunden mit 14-Stundentagen, entfliehen. Seit ihrem vierzehnten Lebensjahr versucht sie, ihn mit Hilfe von Alkohol und Zigaretten zu kompensieren. Vor einiger Zeit beschloss sie, dass es so nicht weitergehen könne. Seit Beginn des Weges vor gerade mal einem Tag, verzichtet sie auf jegliche Genuss- und Betäubungsmittel. Mit ihrer schlanken Gestalt verkörpert sie den nervösen Typ, der ständig in Bewegung sein muss, während Monika mehr Weiblichkeit und eine heitere Gelassenheit ausstrahlt. Hatte ich bis zum Zusammentreffen mit Julia in der Kommunikation dominiert, übernimmt sie jetzt diesen Part. Sie schafft es tatsächlich, ohne Punkt und Komma zu reden.

Die letzten Kilometer nach *Pasaia* geht es kontinuierlich bergab. Der Nebel lichtet sich und gibt den Blick auf eine fjordartige Meeresbucht, in die der *Oiartzun Ibaia* mündet, frei. Achtzehn Kilometer und fünfhundert Höhenmeter liegen hinter uns. Dennoch empfinde ich die Strecke nicht als anstrengend.

Die an die *Ermita de Santa Ana* angebaute *Albergue Santa Anna* liegt oberhalb der kleinen Stadt auf einem Felssporn, ungefähr hundert Meter über dem Meeresspiegel. Unterhalb der 1758 erbauten Einsiedelei, die einigen wenigen Pilgern bereits vor dem Anbau eines größeren Schlaftrakts Unterkunft gewährte, erstreckt sich der Ort samt Hafen zu beiden Seiten des *Oiartzun Ibaia*. Der kaum aussprechbare Name des Flusses weist unmissverständlich darauf hin, dass man sich im Baskenland befindet. Die baskische Sprache *Euskara* ist ein linguistisches Unikum, da sie keinerlei Bezug zu einer anderen Sprache aufweist.

Zahlreiche Pilger sitzen bereits auf der Treppe der Herberge, daneben auf der steinernen Bank oder auf dem Boden und warten darauf, dass sie um sechzehn Uhr öffnet. In zwei Räumen stehen Etagenbetten für lediglich vierzehn Personen. Wer hier nicht unterkommt, muss sein Glück in der Stadt versuchen. Bei der Vermittlung hilft die Herbergsleitung gerne.

Abb. 5: Herberge von Pasaia

Fallen in Gemeinschaftsunterkünften in der Regel nur zehn Euro pro Übernachtung an, ist es in den Hotels und Pensionen ein Vielfaches davon. Da die meisten Pilger aber wochenlang unterwegs sind, gilt es, bei den Übernachtungskosten hauszuhalten. Für nicht so finanzkräftige Pilger stellt die niedrige Bettenzahl auf dem Küstenweg daher ein großes Problem dar.

Im Vergleich mit dem *Camino Francés* ist der *Camino del Norte* viel schwieriger und kräftezehrender. Außerdem liegen die verfügbaren Unterkünfte weiter auseinander. Da auf dem Küstenweg deutlich weniger Pilger unterwegs sind, werden wohl auch in naher Zukunft kaum mehr Übernachtungsangebote hinzukommen.

Herbergen werden von staatlichen oder privaten Trägern betrieben. Bei den staatlichen liegt der Übernachtungspreis zwischen acht und zehn Euro, bei den anderen zwischen zwölf und vierzehn Euro. Einlass wird immer erst ab den frühen Nachmittagsstunden gewährt. Obwohl alle Gäste die Herbergen bis acht Uhr verlassen müssen, werden die Putzkolonnen nicht früher fertig.

Verpflegung bieten nur die allerwenigsten an. In den mit Herd, Mikrowelle,

Spülbecken, Geschirr und Besteck ausgestatteten Küchen können sich die Pilger ihre Mahlzeiten jedoch jederzeit selbst zubereiten. Die Anzahl der Etagenbetten hängt von der Größe der Herberge und der Anzahl der Schlafräume ab. Die Aufnahmekapazität schwankt zwischen vierzehn und sechzig Plätzen. Die recht harten Matratzen wie auch die länglichen Kopfkissen sind gummiert. Beim Einchecken müssen Pilgerpass und Personalausweis vorgelegt werden. Dann erhält jeder den Stempel in den Pilgerpass sowie eine Cellophantüte mit Bettlaken und Kissenbezug aus papierartiger Gaze. Matratzen und Kissen müssen selbst bezogen sowie am nächsten Morgen über den Hausmüll entsorgt werden. Die Bezüge sind nur in den privat geführten Herbergen aus Stoff, was den höheren Übernachtungspreis rechtfertigt. Für eine Zudecke ist jeder selbst verantwortlich. Die Wanderschuhe bleiben immer draußen. so dass es auf Socken in die Schlafräume geht. Meist gibt es einen separaten Raum für die Schuhe. Das Licht wird um zweiundzwanzig Uhr gelöscht. Ab dann herrscht Bettruhe.

Das Prozedere lerne ich zum ersten Mal in der *Albergue Santa Anna* kennen. Dort erledigt die Herbergsleiterin (*hospitalera*) die Formalitäten in dem kleinen Büro. Die Wand neben ihrem Schreibtisch ziert überraschenderweise ein aus Mosaiksteinen zusammengesetztes Porträt des Revolutionärs *Che Guevara*, welches die früheren Bewohner des Hauses zurückgelassen haben. Die Raumsituation in der kleinen Herberge ist sehr beengt. Alles verteilt sich auf vier kleine Räume.

Gegen achtzehn Uhr brechen Julia, Monika und ich auf. Über steile Treppen und schmale Wege geht es zu der am Wasser gelegenen Stadt hinunter. Der Ort mit seinen pittoresken Gassen und alten Gebäuden umschließt einen mit Restaurants und Bars bestückten Platz. Spanische Lebensweise überall. Paare und Gruppen flanieren durch die Straßen, auf dem Platz spielen Kinder Stierkampf. Unablässig rennen sie mit einem auf einen fahrbaren Untersatz montierten künstlichen Stierkopf gegeneinander an, juchzen und retten sich schreiend auf Absperrgitter, die wohl noch von der letzten *fiesta* übriggeblieben sind. Wir setzen uns in ein Restaurant und lassen uns von der Küche verwöhnen. Das muntere Treiben ist noch in vollem Gang, als wir kurz vor zweiundzwanzig Uhr die Rechnung bestellen. Die meisten Restaurants füllen sich erst jetzt.

In die Herberge liegt der Großteil der Pilger schon in den Betten. Punkt zweiundzwanzig Uhr erscheint die *hospitalera* und löscht das Licht.

Wider Erwarten sind Gemeinschaftsunterkünfte viel besser als ihr Ruf. In den Schlafsälen entfällt die Geschlechtertrennung, in Duschen und Toiletten nicht. Offene Fenster sorgen für genügend frische Luft. Dass jemand schnarcht, ist eher die Ausnahme. Vielleicht bekommt man es aber auch nur nicht mit, wenn man selbst schläft.

Fragen beantwortet die *hospitalera* jederzeit gern und gibt entsprechende Hilfestellungen bei Problemen jeglicher Art. Ihre soziale Kompetenz ist sehr bemerkenswert.

Mittwoch, 19.07.2023 / Pasaia - San Sebastian (6 km)

Kaum dringt um sechs Uhr das erste Tageslicht durch das Fenster des Schlafsaals, springen auch schon die ersten Pilger aus den Betten, duschen und packen ihre Sachen. Mir kommt es so vor, als hätte ich die Nacht über lediglich gedöst. Sich erfrischt zu fühlen, ist anders. Der erste Tag war körperlich wohl doch anstrengender als gedacht.

Eine Stunde später brechen Julia, Monika und ich in Richtung *San Sebastian* auf. Um sicher zu gehen, hatte ich außer für *Irun* auch dort bereits die Unterkunft von zu Hause gebucht.

Die beiden Frauen haben sich gegen eine Übernachtung in dem ebenso teuren wie mondänen Badeort entschieden, weshalb die heutige Etappe nur für mich kurz ausfällt.

Zunächst einmal muss in *Pasaia* der *Oiartzun Ibaia* überquert werden. Wie bereits gestern Abend, geht es zunächst zum Hafen hinunter. Am Pier wartet ein kleines Fährboot auf Passagiere. In nicht einmal zwei Minuten bringt es uns auf die andere Seite des Flusses. Nur das Steuerhaus ist überdacht; die Passagiere sitzen auf Bänken im Freien.

Rechter Hand sieht man zwischen steilen Hängen das nahe Meer. Der Fluss gleicht in den frühen Morgenstunden einem dunklen Spiegel. Lediglich die Wellen des Bootes kräuseln seine Oberfläche. Noch versteckt sich die Sonne hinter den Bergen.

Auf der anderen Seite des Flusses liegen der Yachthafen sowie Werft- und Fischereigebäude. Vorbei geht es an einer am Kai gelegenen großen Halle, deren Wandverzierung darauf hinweist, dass hier historische Segelschiffe in Originalgröße nachgebaut werden. Hinter der Halle windet sich der *camino* als schmale Treppe auf der dem Meer zugewandten Seite den Berghang hinauf. Es kommt mir so vor, als wollten die Stufen kein Ende nehmen. Ohne Frühstück lässt meine Kondition schnell zu wünschen übrig.

Nach dem kräftezehrenden Aufstieg führt der Weg in einem moderaten Auf und Ab durch eine von Buschwerk und Bäumen bestandene Landschaft. Das Verlangen nach einem Kaffee wird mit jedem Schritt größer. Erst nach einer weiteren halben Stunde taucht zwischen Bäumen ein selbstgemaltes Schild auf, dass auf ein Anwesen mit Übernachtungsmöglichkeit hinweist. Bestimmt kann man dort frühstücken. Auf einer Wiese neben dem Zufahrtsweg bauen zwei junge Männer ihr Zelt ab. Das zweistöckige, in einem parkähnlichen Grundstück gelegene Gebäude mit Vorbau strahlt Behaglichkeit aus. Zahlreiche Blumentöpfe und eine alte Weinpresse gruppieren sich um eine Terrasse mit Tischen und Bänken. Kaum haben wir Platz genommen, kommt ein weißhaariger Mann mit Vollbart aus dem Haus und fragt auf Deutsch, was er uns bringen kann. Später erfahren wir, dass er in Stuttgart geboren wurde, in Prag aufwuchs und auf verschlungenen Pfaden hierher gelangte.

Das Haus mit dem Namen *Wiako Labea* gehört zur Organisation der *Twelve Tribes*, einer weltweit verbreiteten Gemeinschaft. Ihre Mitglieder verstehen sich als Verfechter eines unverfälschten, eines Urchristentums und sprechen deshalb nicht von Jesus, sondern nur von Joshua. Privateigentum lehnen sie ab und gestalten ihr Leben im Kollektiv. Ihre Kinder unterrichten sie selbst. Ursprünglich stammt die Bewegung aus *Tennessee* im Südwesten der USA.

Abb. 6: *Herberge der Twelve Tribes zwischen Pasaia und San Sebastian*

Der alte Mann klärt uns beim Frühstück darüber auf, dass die *Twelve Tribes* in der Altstadt von *San Sebastian* das *Yellow Deli* besitzen, eine Kombination aus Bar und Restaurant, das er nur wärmstens empfehlen könne, sowie ein weiteres Domizil mit Übernachtungsmöglichkeit in *Orio*, einige Kilometer hinter *San Sebastian*. Als wir die Rechnung verlangen, wehrt er ab. Außer im *Yellow Deli* arbeiten sie auf Spendenbasis. Jeder Gast gibt einfach das, was es ihm wert ist. Steuerlich betrachtet bestimmt von Vorteil. Bei der Verabschiedung gesellt sich eine weißhaarige Frau zu ihm. Ob die beiden Alten den Betrieb allein bewirtschaften?

Gemeinsam mit uns bricht eine Spanierin auf, die hier die Nacht verbracht hat. Mit der Gitarre, die sie zusätzlich zum Rucksack in einem Koffer trägt, verdient sie sich das notwendige Geld für den Jakobsweg. In *San Sebastian* wird sie auf den Straßen und Plätzen so lange spielen, bis es wieder für einige Tage reicht. Nach einer Weile bleibt sie zurück und winkt uns zum Abschied.

Bis *San Sebastian* bedeckt ein lichter Wald die Bergrücken. Ganz unvermittelt rückt nach einer knappen Stunde die weite Bucht von *San Sebastian* ins Blickfeld. Im Baskischen wird die Stadt *Donostia* genannt. Zum Hinterland begrenzt eine mächtige Bergkette den mondänen Badeort. Viele betrachten *San Sebastian* als die schönste Stadt am *Golf von Biskaya*.

Abb. 7: Blick von Osten auf San Sebastian

Über einen steilen Pfad geht es einen Berghang hinab. Auf dem Weg ins Stadtzentrum kehren wir im *Yellow Deli* ein. Die Fruchtsäfte sind tatsächlich grandios, wenn auch nicht gerade preiswert. Zu empfehlen ist vor allem der alkoholfreie *Piña Colada*. Auch hier ist das Personal recht alt.

Bevor Julia und Monika sich an der Uferpromenade von mir verabschieden, machen wir noch einige Fotos. Wer weiß, ob und wann man sich wiedersieht?

Es ist noch nicht einmal elf Uhr, als ich zwei Straßen hinter der Promenade mit den Luxushotels und dem breiten Sandstrand *La Choncha* im Hotel *A Room in the City* einchecke. Die Lage des Hotels ist einmalig. Zum stolzen Preis von knapp siebzig Euro erhält man einen Platz in einem Etagenbett. Der Luxus beschränkt sich auf richtige Bettwäsche und Kojen, die mit Vorhängen und Leselampen ausgestattet sind. Wäschewaschen ist in allen Räumen untersagt. Ein Innen- und Außenbereich mit Tischen und Stühlen steht zur gemeinschaftlichen Nutzung zur Verfügung.

Am frühen Nachmittag spaziere ich über die breite Uferpromenade, vorbei an den langgestreckten Stränden *La Choncha* und *La Ondaretta*, die von einer Felsnase getrennt und durch eine kleine vorgelagerte Insel zum Meer hin abschirmt werden, zur westlichen Seite der Bucht. Es zieht mich zu den Windkämmen (*Peine del Viento*) von Eduardo Chillida.

Abb. 8: Windkämme von Eduardo Chillida an der Bucht von San Sebastian

Die 1977 im Uferbereich auf schroffen Felsen in einer sehr aufwändigen Aktion installierten Vierkantstäbe, die eher an Adlerkrallen als an Kämme erinnern, haben in den vergangenen Jahrzehnten stark Rost angesetzt. Für einen der drei Kämme, der einen Steinwurf vom Ufer entfernt auf einem Felsen steht, war die logistische Herausforderung beim Transport besonders groß. Der Ingenieur José María Elosegui löste das Problem, indem er für den immerhin dreizehn Tonnen schweren Kamm eine mit Schienen bestückte Brücke errichten ließ. Das gleiche Verfahren kam auch beim hinteren Kamm zum Einsatz. Zum Transport der Skulpturen zu den Brückenköpfen wurde ein Helikopter benötigt.

Auch der mit rotem Granit gepflasterte Platz vor den Kämmen ist sehenswert. Eigentlich müsste man hörenswert sagen. Immer wieder beugen sich Besucher über faustgroße Aussparungen im Boden. Bei starker Brandung sollen meterhohe Fontänen aus ihnen herausschießen. Heute erzeugt der leichte Wellengang allerdings nur dumpf gurgelnde Geräusche.

Ein weiteres künstlerisches Highlight ist der Fußgängertunnel durch den ausladenden Felssporn, der beide Strände trennt. In Kooperation mit dem Architekten Barrutieta schuf der Künstler Goikoetxa ein Erlebnis der besonderen Art, indem er die gewölbte Tunneldecke mit farbigen Platten versah, die den Passanten das Gefühl vermitteln, sich auf dem Meeresboden zu befinden und dabei nach oben zu blicken.

Was wäre *San Sebastian* ohne seine zahlreichen Bars und Restaurants mit den legendären *pinxos*, diesen auf kleinen Weißbrotscheiben servierten Köstlichkeiten. Der Fantasie der Köche sind bei den Kreationen aus Eiern, Gemüse, Wurst, Fisch und Meerestieren keine Grenzen gesetzt. Mit einem Glas Wein oder einem frisch gezapften Bier ergeben die *pinxos* ein vorzügliches Abendessen.

Gegen 21 Uhr kehre ich ins Hotel zurück.

Donnerstag, 20.07.2023 / San Sebastian - Zumaia (31 km)

Als ich das Hotel kurz nach sieben Uhr verlasse, hängt eine dichte Wolkendecke über der Bucht. Auf der Uferpromenade sind lediglich ein paar Jogger unterwegs, ansonsten schläft die Stadt noch. Noch konkurriert das matte Licht der Laternen mit der einsetzenden Dämmerung. Auch von dem ansonsten so dominanten Geschrei der Möwen ist noch nichts zu hören.

Kurz vor den Windkämmen führt der *camino* in Höhe des Tennisclubs an der Westflanke der Bucht steil den Berg hinauf, oberhalb der letzten Häuser nur noch als steiniger Pfad. Über eine von Farnkraut überwucherte Bergkuppe erhasche ich einen letzten Blick auf *San Sebastian*.

Mit einem steten Auf und Ab verläuft der *camino* von nun an als Höhenweg direkt an der Küste entlang. Überall blühen Hortensien in zartem Blau oder Altrosa. An einem Zaun stehen eine Thermoskanne und Kekse auf einem Brett. Ein handgeschriebener Zettel weist darauf hin, dass Pilger sich gratis bedienen können. Eine Pilgerin fragt mich, ob ich nicht auch zugreifen möchte. Doch noch ist es für eine Rast zu früh, weshalb ich dankend abwinke. Nach einer Weile geht es wieder bergab. Rechter Hand liegt neben der Straße der Hof der *Twelve Tribes*. Hier haben vermutlich Julia und Monika übernachtet. Eine ältere Frau kehrt den Boden und winkt zu mir herüber.

Hinter dem Hof folgt der *camino* bis auf wenige Ausnahmen der steil abfallenden Küste. Würde man das Meer ausblenden, könnte man genau so gut in einer Bergwelt mit Almwiesen sein. Aufgelockert von niedrigen Bäumen, Baumgruppen, Buschwerk oder mit roten Ziegeln gedeckten Häusern, bestimmen immer wieder sattgrüne Wiesen das Landschaftsbild. An Stellen mit großem Gefälle bedecken Steinplatten den schmalen Weg, den überwiegend Kiefern oder kniehoher Farn säumen. Eidechsen huschen über den Weg. Schmetterlinge lassen sich auf Blüten nieder und schlürfen den Nektar. Gelegentlich führt der *camino* jedoch auch über Asphaltstraßen. Auf einem Straßenabschnitt steht in großen weißen Lettern *„Mendietan Ez"*, daneben Symbole und Akronyme. Die Bedeutung erschließt sich mir nicht. Derlei auf den Asphalt gemalte Sprüche finde ich häufiger. Abgesehen von der sich gelegentlich ins Blickfeld schiebenden Autobahn, die in der bergigen Landschaft wie ein Fremdkörper auf mich wirkt, überzeugt der *camino* immer wieder durch wunderbare Fernblicke.

Abb. 9: Kapelle San Martin kurz vor Orio

Ein Höhepunkt auf dem Weg ist die Kapelle *San Martin*. Von ihrer ehemaligen Umfassungsmauer steht nur noch ein kleiner Rest.

Ein äußerst gepflegter Garten voller blühender Büsche umgibt die Kapelle, deren Türen leider verschlossen sind. Auch wenn sie direkt neben der Landstraße liegt, lädt die Kapelle zum Verweilen ein.

Nach einem Kilometer erreiche ich *Orio*. Der Ort erscheint mir ideal für eine kurze Rast. Auf einem teilweise überdachten Platz setze ich den Rucksack ab und gönne mir den ersten Kaffee des Tages und ein Croissant.

Mit seinen kleinen Gassen und einer trutzig anmutenden Kirche strahlt das in eine hügelige Landschaft eingebettete *Orio* etwas Beschauliches aus. Eine Kaimauer, hinter der ein Fluss gleichen Namens träge dahinfließt, begrenzt seine westliche Flanke. Einen Kilometer weiter mündet er hinter einer hohen Autobahnbrücke ins Meer. Der Gezeitenhub macht sich bis hierhin bemerkbar. Zurzeit ist Ebbe. Auf der anderen Flussseite liegen im schlammigen, von Steinen und Unrat übersäten Uferbereich Kähne, Nachen und kleine Motorboote im Schlick. Stillgelegte Werften deuten darauf hin, dass Schiffsbau und Fischfang einst die Wirtschaftsgrundlage von *Orio* ausmachten.

Auf der anderen Seite des Flusses setze ich meinen Weg später fort. Er führt unter der das Tal auf hohen Pfeilern überspannenden Autobahnbrücke hindurch. Kurz dahinter geht es steil einen Berghang hinauf. Kein Meerblick entschädigt für den schweißtreibenden Aufstieg, da der *camino* nun auf der dem Meer abgewandten Seite verläuft.

Auf der Bergkuppe folgt das große Aha-Erlebnis. Gesäumt von einem ebenso langen wie breiten Sandstrand taucht in der Ferne *Zarautz* auf. Selbst die dahinter auf einer Halbinsel liegende Stadt *Getaria* ist von hier aus zu sehen.

Abb. 10: Blick auf Zarautz mit Getaria im Hintergrund

Beim Anblick des langgezogenen Sandstrandes verstehe ich plötzlich, warum der *Camino del Norte* gelegentlich auch als *Camino de la Playa* bezeichnet wird.

Der Strand von *Zarautz* teilt sich in zwei Abschnitte. Der vordere geht in einen grünen Dünengürtel über, während der hintere von modernen mehrstöckigen Bauten bestimmt wird. Diese wollen so gar nicht in die Landschaft mit der breiten Bucht passen. Vor hundert Jahren standen hier vermutlich nur einige Fischerhütten.

Seit Beginn der Pilgerreise ist der Himmel bedeckt, so auch heute. Nur selten kommt die Sonne hervor. Wie schön es wäre, hier bei Sonne über den Sandstrand zu laufen und die Tristesse des Ortes ausblenden zu können. Ein Lichtblick ist der am Ortsausgang in Form eines aus goldgelben Quadern erbaute Palast *Narros Jauregia* (oder *Palacio de Narros*) auf. Auf einer Seite flankiert ihn eine ausladende Terrasse mit Gastronomie, auf der anderen ein Denkmal für ertrunkene Seeleute in Form einer großen, von Rost überzogenen Ruderpinne. Hinter dem Denkmal endet der Ort mit einem von einer hohen Mauer gesäumten Hafenbecken. Es ist Ebbe. Ein Großteil der Boote liegt auf dem Trockenen. Der hintere Bereich, mit einem derzeit verwaisten Sprungbrett, wird bei Flut als Schwimmbad genutzt. Momentan laufen Kinder über den Schlick und spielen mit einem Ball.

Auf dem Meer zieht ein mit zehn Ruderern und einem Steuermann besetztes Boot vorbei. Ähnliche Boote habe ich bereits in *Pasaia* gesehen. Rudern scheint ein baskischer Nationalsport zu sein.

An diesem Ende der Bucht erstrecken sich flache, langgestreckte Felsen mit einer eigenartig vertikalen Schichtung vom Strand ins Meer. Die wie Rippen wirkenden Felsen sind kaum breiter als zwanzig Zentimeter. Sie stellen ein Naturphänomen dar, *Rasa Mareal* oder *Flysch* genannt. Es ist das Resultat der Auswaschung weicherer Gesteinsschichten durch die beständige Meeresbrandung. Das Phänomen ist typisch für diesen Teil der baskischen Küste.

Hinter dem kleinen Hafen verläuft der *camino* kilometerlang neben der Küstenstraße N 634 über eine breite, auskragende Promenade bis nach *Getaria*. Ein Band mächtiger Steinquader schützt die einige Meter höher gelegene Straße samt Promenade gegen das Meer. Das ungewohnte Gehen ohne Steigung und Gefälle macht Spaß. Die Monotonie in der Abfolge der Schritte lässt Gedanken aufsteigen, welche die körperliche Anstrengung ansonsten verhindert hätte.

Schon von Weitem fällt neben dem Kirchturm von *Getaria* auch eine merkwürdige Formation ins Auge. Beim Näherkommen entpuppt sie sich als geflügelte Siegesgöttin auf einem trutzigen Sockel, die einer Gallionsfigur nachempfunden ist. Mit diesem Denkmal erinnert der Ort an den 1486 hier geborenen Kapitän Juan Sebastían Elcano, dem es 1522 als Erstem gelang, die Welt zu umsegeln. Eigentlich hätte der Ruhm dem Seefahrer Fernando Magellan zugestanden, wäre dieser nicht nach der Umrundung Südamerikas auf den Philippinen getötet worden. Im Inneren des Sockels erinnert eine Inschrift an die wenigen überlebenden Matrosen aus Spanien, Griechenland, Portugal und Deutschland, die mit ihm zurückkehrten.

Getaria liegt wie ein Sattel zwischen dem bergigen Hinterland und der ins Meer hinausragenden Landzunge, auf deren höchsten Punkt ein alter Wehrturm steht.

Die Altstadt von *Getaria* ist sehr pittoresk. Eine von Geschäften, Bars und Restaurants flankierte Gasse führt zur gotischen Kirche *Iglesia de San Salvador*, die unterhalb eines Hügels mit Wehrturm liegt. Durch ihre Lage am Fuß des Hügels trägt die Kirche den Zusatz *Inclinada*, die Schrägstehende. In ihr wurde der berühmte Seefahrer Elcano getauft, dessen Abbild auf dem Platz zu Beginn der bereits erwähnten Gasse steht. Auf dem Sockel ist sein Nachname allerdings mit k geschrieben, vermutlich die baskische Variante. Sein rechter Fuß ruht auf einer Taurolle, in der rechten Hand hält er eine Ruderpinne. Sein Blick schweift in die Ferne.

Der einzige Wermutstropfen *Getarias* - aber das gilt für viele Orte an der Nordküste Spaniens - ist der industriemäßige Charakter der ausladenden, im vorletzten Jahrhundert angelegten Hafenanlage mit ihren langgestreckten Hallen.

Noch ist es zu früh, um an eine Übernachtung zu denken. Weiter geht es also durch das bergige Hinterland über schmale, mit Bruchsteinen gepflasterte Wege und lehmige Pfade in Richtung *Askizu*. Ab und zu tauchen Apfelbaumplantagen in dem von eingezäunten Wiesen geprägten hügeligen Gelände auf. Aus den kleinen, nicht zum Verzehr gedachten Äpfeln wird der in ganz Nordspanien beliebte Cidre hergestellt.

In *Askizu* ist die Herberge wegen Renovierung geschlossen. Andere Übernachtungsmöglichkeiten gibt es in dem kleinen Ort nicht. Dann also weiter in

Richtung *Zumaia*. In der großen, an der Mündung des *Urola* gelegenen Stadt wird es hoffentlich keinen Mangel an Schlafplätzen geben.

Am Ortsausgang von *Askizu* laufen in einiger Entfernung zwei Pilger auf der Straße, die aufgrund der Farbe der Rucksäcke und einem weißen Hut nur Julia und Monika sein können. Ich beschleunige meine Schritte. Sie sind es wirklich. Die Überraschung über das unverhoffte Wiedersehen ist groß. Beide glauben kaum, dass ich sie trotz meines Stopps in *San Sebastian* eingeholt habe. Augenzwinkernd fragen sie mich, ob ich vielleicht den Bus genommen hätte, denn immerhin waren sie durch ihre Übernachtung im Bauernhof der *Twelve Tribes* kurz vor *Orio* schon knapp zehn Kilometer weitergekommen als ich.

Gemeinsam setzen wir den Weg fort. Bis *Zumaia* sind es nur noch vier Kilometer. Nach einiger Zeit gewährt eine Lücke in der Hecke, welche die Straße begrenzt, einen ersten Blick auf das tief unter uns im Tal gelegene *Zumaia*, genauer gesagt, auf eine lange Mole, an deren Flanke der *Urola* ins Meer mündet. Die Steilküste zieht sich kilometerlang in die Ferne, bis sie als bläulich gezackte Linie und von weißen Wolken bekrönt mit dem Horizont verschmilzt. Natur ist doch etwas Wunderbares. Erneut bedauere ich, an solch einzigartigen Orten nicht länger verweilen zu können.

Abb. 11: Mündung des Urola bei Zumaia mit Blick auf die Steilküste

Wenig später rückt die Stadt ins Blickfeld. Sie erstreckt sich zu beiden Seiten des *Urola*, mit einem natürlichen Hafen in ihrem Zentrum. Die tiefe Fahrrinne erlaubt auch großen Schiffen die Einfahrt. Zurzeit liegt die mit Planen abgedeckte *Edda Goela*, ein Arbeitsschiff für die im Küstenbereich errichteten Windparks, am Pier. Sie wird gerade überholt.

Um den Hafen herum führt der *camino* ins Stadtzentrum. Mein erster Eindruck ist wie in *Zarautz*. Wohin man auch schaut, fast nur neue Gebäude. Historische Bauwerke sind eher die Ausnahme.

Neben dem Schifffahrtsmuseum (*Museo Naval de Zumaia* oder *Kantauri Ondare Museoa*), das früher vielleicht einmal eine Fisch- oder Markthalle gewesen ist, begegnen wir Sven, einen jungen Mann aus dem Osten Deutschlands, den Julia und Monika bereits in *Orio* kennengelernt, doch dann wieder aus den Augen verloren hatten. Ihn wie auch uns beschäftigt die Frage, wo wir heute Abend schlafen werden. Zum Glück ist das Fremdenverkehrsamt nur wenige Meter entfernt.

Das Ergebnis fällt ziemlich deprimierend aus. Bis auf zwei Zimmer im Hotel *Zumaia* zum Preis je hundert Euro sind alle Herbergen und Pensionen komplett belegt. Was tun? Um sich erneut auf den Weg zu machen, ist es schon zu spät. Wir beratschlagen und finden eine ganz passable Lösung: Sven und ich werden uns ein Zimmer teilen, ebenso Julia und Monika. So zahlt jeder „nur" fünfzig Euro. Immerhin ist das Frühstück im Zimmerpreis inbegriffen.

Abb. 12: *Schifffahrtsmuseum von Zumaia am Urola*

Nach einem gemeinsamen Abendessen, mittlerweile hat es sich merklich abgekühlt, kehren wir ins Hotel zurück. Jeder von uns durfte im Restaurant ein Tischset aus Papier mitnehmen, auf dem die wichtigsten baskischen Phrasen in Spanisch, Katalanisch, Galicisch, Französisch und Englisch übersetzt sind. Baskisch und Galicisch sind Sprachen, bei denen mir schon die Aussprache Probleme bereitet.

Sich das 1,60 Meter breite Doppelbett mit einem Vierundzwanzigjährigen zu teilen, fällt mir leichter als gedacht. Sven arbeitet als Innenausstatter, will allerdings nach dem *camino* das Metier wechseln. Bevor wir das Licht kurz vor Mitternacht löschen, entwickelt sich lebhaftes Gespräch über Gott und die Welt.

Trotz zwei Gläsern Wein liege ich noch lange wach.

Freitag, 21.07.2023 / Zumaia - Deba (14 km)

In der Nacht regnete es, so dass wir die auf der Terrasse aufgehängte Wäsche mit dem Föhn trocknen müssen.

Sven bricht nach einem gemeinsamen Frühstück auf der Terrasse kurz nach sieben Uhr auf, gerade als die beiden Frauen erscheinen. Sie wollen es heute Morgen langsamer angehen lassen. Da ich eh das Bedürfnis verspüre, wieder mal ein Stück allein unterwegs zu sein, schultere ich den Rucksack und verabschiede mich mit einem *„buen camino"*. Bestimmt sieht man sich wieder.

Noch stehen überall Pfützen auf den Straßen. Eine geschlossene Wolkendecke lässt die Aussichten auf einen angenehm verlaufenden Tag schrumpfen. Ab und zu fallen aus den dunklen Wolken einige Tropfen herab.

In der Oberstadt umstehen ältere Wohnhäuser einen gepflasterten Platz. Also existiert doch ein alter Ortskern. Ein Brunnenbecken, auf dessen geschwungenem Rand sich eine lebensgroße Frau aus Bronze nachdenklich mit der Hand abstützt, zieht meinen Blick auf sich.

Auf der stetig ansteigenden Straße bleibt die Stadt schnell hinter mir zurück. Einige Kilometer weiter weist ein Schild auf die *Pension Santa Klara* hin. Vielleicht hätte ich mir die teure Übernachtung sparen können.

Kurz darauf verschwindet *Zumaia* hinter einer Hügelkuppe.

Der *camino* zeigt sich heute von seiner besten Seite. Anfangs führt er durch eine hügelige Landschaft mit beeindruckender Fernsicht auf die zum Teil in den Wolken verschwindenden Bergketten und nebelverhangene Täler.

Auf der anderen Seite des Weges taucht zwischen den grünen Hügel immer wieder das Meer auf. Schafe, hellbraune Rinder und vereinzelt auch Esel weiden auf den Wiesen.

Abb. 13: Weidende Esel hinter Zumaia

Lichte Eukalyptuswälder sorgen für Abwechslung in der Landschaft. Diesen jährlich ungefähr fünfzig Zentimeter wachsenden Bäumen scheint man im Norden Spaniens bei Neuanpflanzungen den Vorzug zu geben. Ihr Holz besitzt eine große Härte, ist sehr resistent gegen Schädlingsbefall und durch seine Harze und Öle widerstandsfähig gegen Pilze - vergleichbar mit der deutschen Eiche.

Heute lässt der Wind den Regen der vergangenen Nacht von den sichelförmigen Blättern der Eukalyptusbäume sanft abtropfen. Bei vierundzwanzig Grad und ohne Sonne ist abperlende Nass kein Vergnügen, weshalb ich mich bemühe, die Waldstücke möglichst schnell hinter mir zu lassen.

Entlang des Weges blühen zahlreiche Pflanzen: blaue Feldblumen, Anemonen, gefiederte Callistemonen, blaue Disteln, Flieder, Heide, Majoran, Mimosen, Passionsblumen, Thunbergien, Wegwarten, Wilde Möhren und immer wieder die orange leuchtenden Gold-Montbretien. Den beiden im Süden Spaniens so stark verbreiteten Pflanzen Oleander und Bougainvillea scheint es in der kühleren und regnerischen nördlichen Region nicht warm genug zu sein. Ungeachtet der Wetterlage sind zahlreiche Schmetterlingsarten unterwegs. Manchmal krabbeln Hirschkäfer über den Boden oder huschen Eidechsen über den Weg.

Ich erinnere mich an die Begeisterung eines Pilgers aus *Barcelona* über das viele Grün hier im Norden, da an der Mittelmeerküste bereits seit Wochen alles Grün vertrocknet oder verdorrt sei. Nicht umsonst wird der Norden *España verde* (grünes Spanien) genannt.

Heute begegnen mir nur wenige Pilger. Dass auf dem *Camino del Norte*, verglichen mit dem *Camino Francés*, bedeutend weniger Pilger unterwegs sind, liegt am Schweregrad des Küstenwegs und der schwächer ausgeprägten Infrastruktur, besonders in puncto Übernachtungen. Trotzdem lässt sich generell über die Qualität der Ausschilderung auf dem Küstenweg nicht klagen. Auch wenn es an einigen Stellen hapert, ist der *camino* auch hier durch gelbe Pfeile oder Muschelsymbole gut ausgeschildert. In einem Punkt übertrifft der Küstenweg sogar den *Camino Francés*: bei Abzweigungen kennzeichnen zwei sich kreuzende Balken in Rot und Weiß den falschen Weg.

Weiter geht es in Richtung *Deba*, das wie die meisten Orte an der spanischen Atlantikküste an einer Flussmündung liegt. Eine Gleichnamigkeit von Stadt und Fluss wie in *Deba* ist eher die Ausnahme. Schon von Weitem ist die gotische Pfarrkirche, die *Iglesia Parroquial de Santa Maria*, deren Turm die Ziegeldächer überragt, auszumachen. Über steile Treppen führt der Weg zur Altstadt hinab.

Was bei den meisten Städten an der Nordküste Spaniens von oben gesehen noch recht homogen wirkt, erweist sich bei näherem Hinsehen meist als ein Mix aus alter Kirche und modernen, uniformen Wohnbauten. *Deba* bildet da eine wohltuende Ausnahme, da im Zentrum noch viele alte Gebäude erhalten sind. Auf Grund ihres gepflegten Strandes ist der Ort mit dem eindrucksvollen Bergpanorama ein beliebtes Urlaubsziel der Spanier. In *Debas* Gassen, die sich zu luftigen Plätzen mit Brunnen und Denkmälern weiten, verspüre ich irgendwie das Gefühl, angekommen zu sein.

Begrenzt wird die Altstadt vom *Deba* und einer langen Kaimauer, vor der ein parkartiger Gürtel liegt, durch den Bahngleise verlaufen. Ein langgestreckter Bau im antikisierenden Stil mit Arkadengang und modernen Wandgemälden schirmt die Gleise zur Stadt hin ab. Man würde nicht vermuten, dass es sich hierbei um die ehemalige städtische Markthalle handelt. Seitlich von ihr liegt der zu einer Pilgerherberge umfunktionierte alte Bahnhof.

In der zweistöckigen Pilgerherberge (*Estacíon del Peregrinos*) sind noch genügend Betten frei. Die Übernachtung muss vorab im Fremdenverkehrs-amt gebucht und bezahlt werden. Das mir zugewiesene Etagenbett befindet sich unter dem Dach. Die Fenster bleiben die Nacht über geöffnet. Obwohl die Außentemperatur nach Sonnenuntergang nur noch siebzehn Grad be-trägt, genügt mir mein Laken als Zudecke. Nach dem üblichen Prozedere von Bett beziehen, T-Shirt, Socken und Slip waschen, mache ich mich auf den Weg in die Stadt.

In einer Nische im Westportal der im 15. Jahrhundert aus hellem Sandstein erbauten Pfarrkirche *Santa Maria* an der *Plaza Zaharra* steht eine kleine, aus Stein gehauene Figur des heiligen Jakobus. Nische und Heiliger wurden je-doch erst vor noch nicht allzu langer Zeit eingebracht. Die Kirche, eine der bedeutendsten baskischen Sakralbauten, strahlt mit ihrem gedrungenen vier-eckigen Glockenturm und den Wasserspeiern in Tierform etwas Wehrhaftes aus. Seit 1932 gehört sie zu den nationalen Denkmälern Spaniens. Leider sind die Kirche wie auch das benachbarte Kloster mit der von dem Deutschen Gerhard Grenzing gebauten Orgel bereits geschlossen. Nur allzu gerne hätte ich mir das flämische Triptychon aus dem 16. Jahrhundert angeschaut oder den aus dem Übergang von der Renaissance zum Barock stammenden Retabel.

Abb. 14: Pfarrkirche Santa Maria in Deba

Die *Plaza Mayor* und die vor der Pfarrkirche gelegene *Plaza Zahara* sind beliebte Treffpunkte von Touristen und Einheimischen. Zahlreiche Bars und Restaurants laden hier zum Verweilen ein. Auf der *Plaza Mayor* begegne ich Julia, die auf der Suche nach Monika ist. Kurz darauf trifft sie ein. Wir trinken zusammen einen Kaffee. Schon bald brechen die beiden auf. Sie wollen noch den steilen Aufstieg ins benachbarte *Anoate* hinter sich bringen und dann entscheiden, ob sie dort übernachten werden.

Ich lasse mich weiter durch die Gassen von *Deba* treiben. Im Verbund mit *Bilbao* und *Santander* war *Deba* einst einer der wichtigsten Exporthäfen für Wolle aus *Kastilien*. Daneben sicherten Walfang und maritimer Handel den Wohlstand der Stadt, der seinen Niederschlag in den prächtigen Gebäuden der Altstadt fand. Begierig nehme ich mit offenen Sinnen alles in mir auf. Zum Abschluss meiner Besichtigungstour setze ich mich auf eine Bank an der von Bäumen gesäumten Uferpromenade. Kinder springen von der Kaimauer in den Fluss, Fußgänger mit Hunden eilen an mir vorbei und, man glaubt es kaum, für einen kurzen Moment schafft es die Sonne die Wolkendecke zu durchbrechen. Beim Aufstehen entdecke ich einen Knirps auf der Rasenfläche. So durchfeuchtet wie er ist, muss er schon länger hier liegen. Ich betrachte es als Wink des Schicksals, ihn gegen meine Regenpelerine auszutauschen.

Das Pilgermenü im *Restaurante Alvarez Jatetxea* an der *Plaza Zahara* weckt mein Interesse: ein Dreigangmenü bestehend aus Spaghetti mit *chorizo* (typisch spanische Paprikawurst), Kalbsschnitzel mit Kartoffeln, Käse und Wein für 13,50 Euro! Ein zusätzliches Glas Bier sorgt für die nötige Bettschwere. Während des Essens führt eine spanische Laienspielgruppe vor den Fenstern des Restaurants eine Parodie des *European Song Contests* auf. Leider schirmen die Fenster des Lokals den Gesang ab.

Samstag, 22.07.2023 / Deba - Markina Xemein (20 km)

Gut ausgeschlafen breche ich bereits um halb sieben auf. Noch liegt der Ort verlassen da. Wenige Meter hinter der Herberge führt eine Brücke über den *Deba*.

Eigentlich geht man davon aus, morgens am belastbarsten zu sein, doch wenn es nach einigen Metern ohne Steigung sofort wieder steil bergauf geht, hat man nach kurzer Zeit eher das Gefühl, im Zeitraffer bereits das Ende des Tages erreicht zu haben. Bisher war dies jeden Tag so.

Das ständige Bergauf und Bergab des *Camino del Norte* stellt für mich eine echte Herausforderung dar. Spektakuläre Fernblicke auf hohe Berge und das weite Meer entschädigen für die schweißtreibenden Aufstiege, dennoch lassen die Konzentration auf das Atmen oder die Widrigkeiten des Wegs zu wenig Zeit zum Nachdenken. Und gerade die mir wichtig erscheinende Reflexion über grundlegende Phänomene und Probleme des Lebens, die sich beim gemächlichen Wandern auf dem *Camino Francés* bei mir ganz von selbst einstellten, bleiben hier aus. Im Vergleich der beiden Wege fällt zudem auf, dass es an der Küste kaum Wechsel zwischen verschiedenen Landschaftstypen gibt. Hier variieren allein die Höhe der Steilküste oder die Länge und Breite der Strände.

Je weiter sich der *camino* von *Deba* entfernt, desto mehr rückt das Meer aus dem Blickfeld. Schließlich ist man nur noch von Bergen umgeben. Gelegentlich zeigt sich die A8, die auf hohen Stelzen die tiefen Täler zwischen *Irun* und *Baamonde* überquert. Häufig bleibt die Autobahn nur ein hellgraues Band in der Ferne, dann wiederum schiebt sie sich in den Vordergrund, wird über- oder unterquert, bis sie schließlich tagelang nicht mehr zu existieren scheint.

In *Arnope*, noch immer ist der Scheitelpunkt der ersten Aufstiegsetappe nicht erreicht, komme ich am Ende des Dorfes an einer privaten Pilgerherberge vorbei. Auf der Terrasse sitzen einige Pilger beim verspäteten Frühstück. Die Anlage macht einen gepflegten Eindruck. Bestimmt haben Julia und Monika hier übernachtet.

Monika begegne ich einige Kilometer hinter dem Dorf auf einem Waldweg. Mit der Übernachtung habe es keine Schwierigkeiten gegeben, berichtet sie, gut gegessen haben sie dort auch und zudem auch noch nette Pilger kennengelernt. Für Julia sei sie heute allerdings zu langsam gewesen. Sie wollen sich in *Markina-Xemein* treffen. Für einen Kilometer laufe ich mit ihr zusammen, doch ziehe auch ich dann eine schnellere Gangart vor.

Auf den Wiesen grasen Pferde, viele von ihnen in Begleitung ihrer nur wenige Tage alten Fohlen. Um welche Rasse es sich bei den hellbraunen Tieren handelt, kann ich nicht sagen. Mit Bestimmtheit jedoch nicht um die heimischen *Asturcon*-Ponys, denn dafür ist ihr Stockmaß viel zu groß. Werden die Wiesen nicht als Weiden genutzt, so wird das Gras gemäht und als Heu im Winter als Tierfutter verwendet. Bis wird dahin wird es in den für die Region so typischen kegelförmigen Gebilden zum Trocknen aufgehäuft. Mit ihrem aus der Mitte herausragenden Pfahl erinnern sie mich an Eierwärmer. Eine

Kappe aus Plastik schützt die ungefähr drei Meter hohen Heuhaufen vor Regen.

Das entschleunigte Landleben wirkt sehr beruhigend auf mich. Ich laufe gern durch diese grüne, hügelige Region, in der immer wieder hellblaue Hortensienbüsche für Farbtupfer sorgen.

Abb. 15: Camino zwischen Arnope und Markina-Xemein

Beim Abstieg sind kaum noch Wolken am Himmel. Endlich! Ankunft in *Markina-Xemein* bei Sonne gegen dreizehn Uhr.

Im Fremdenverkehrsbüro erklärt man mir, dass die Herberge in einem Teil des Klosters *Convento de los Padres Carmelitas* untergebracht ist. Sophia, eine in *Berlin* lebende Österreicherin, bekommt das Gespräch mit und fragt, ob sie sich mir auf Weg zur Herberge anschließen dürfe. Sie ist froh über jede Hilfestellung, da sie nur wenige Brocken Spanisch spricht. Erstaunlicherweise kam sie mit Englisch aber bisher gut zurecht.

Ein Aushang am *convento* weist darauf hin, dass der Einlass für Pilger erst ab fünfzehn Uhr erfolgt. Es bleibt also genügend Zeit, um im gegenüberliegenden Café etwas zu essen und zu trinken.

Kurz vor fünfzehn Uhr hat sich bereits eine beachtliche Schlange vor dem Kloster gebildet, doch bei der Menge verfügbarer Betten braucht man sich keine Gedanken zu machen. Die Höhe der Spende für die Übernachtung mit Frühstück bleibt jedem selbst überlassen. Ehrenamtlich tätiges Personal übernimmt im Gang hinter dem Eingang die Anmeldung. Bis man abgefertigt ist, das heißt seinen Pilgerpass sowie Personalausweis vorgelegt, die Wanderschuhe im Gang abgestellt und sein Bett zugewiesen bekommen hat, vergeht einige Zeit. Danach beziehe ich mein Bett und wasche die Kleidung. Die Wäscherecks im Innenhof des Klosters füllen sich schnell.

Abb. 16: Convento de los Padres Carmelitas in Markina-Xemein

Nach zwei Stunden verlasse ich das Kloster voller Neugierde auf den Ort. In einem geschützten Tal, einige Kilometer von der Küste entfernt gelegen, erhielt sich die im 14. Jahrhundert gegründete Stadt bis heute ihre mittelalterliche Struktur. Die zahlreichen historischen Gebäude laden zu einem Bummel durch die Altstadt ein. Herausragend sind außer dem Kloster drei ehrwürdige Herrenhäuser, von denen eines heute das Rathaus beherbergt, der Turm *Antxia* und die *Iglesia de Nuestra Senora del Carmen*.

In der Welt des Sports ist *Markina-Xemein* vor allem durch seine *Pelota*-Spieler bekannt. *Pelota* ist ein typisch baskisches Ballspiel, in dem zwei Spieler mit überdimensionierten, löffelähnlichen Schlägern den Ball gegen eine vor ihnen liegende Wand schlagen.

Auf der Terrasse des *Hotel Vega* unweit vom Kloster treffe ich Julia und Monika mitten in einer Gruppe von Pilgern sitzend wieder. Die Gespräche drehen sich wie üblich um das auf dem *camino* Erlebte und die Tücken schlechter Ausrüstung. Ein kleiner, dickbäuchiger Spanier schmeißt eine Runde nach der anderen.

Die Übernachtung im Kloster wird für mich eine der schlimmsten auf dem bisherigen Weg. Zum einen vergaß ich vor dem Lichtlöschen noch einmal die

Toilette aufzusuchen, weswegen ich mich eine Stunde später durch den stockdunklen langen Schlafsaal taste und mir dabei die Schienbeine an Betten und Tischen stoße, zum anderen kühlt es sich in der Nacht so stark ab, dass ich trotz des Bettlakens friere. Aber nicht nur die Kälte drang durch die geöffneten Fenster, sondern auch Fledermäuse, die lautlos und gespenstisch durch Säle und Flure streiften.

Sonntag, 23.07.2023 / Markina Xemein - Gernika (25 km)

Nach einem klösterlich kargen Frühstück geht es bereits um sieben Uhr los. Zum ersten Mal seit Beginn der Reise verläuft der erste Abschnitt des *camino* fast ohne Steigung. Anfangs entlang eines Bachlaufs, in dem zahlreiche Forellen hin und her huschen, dann durch ein schmales Tal.

Abb. 17: Überraschende Entdeckung am Wegesrand

Vor einem Haus steht, nahezu vollständig von Pflanzen überwuchert, eine Rarität: ein altes Fahrrad mit Hilfsmotor der Marke *Orbita MX5*. Der winzige Verbrennungsmotor sitzt unter dem Sattel, der Tank unter der Querstange. Die Kraftübertragung auf das Hinterrad erfolgt wie bei der legendären *Velosolex* über eine Rolle. Zusätzlich hat es Kettenschaltung. Ich bin fasziniert, befreie es vom Bewuchs und schieße ein Foto.

Am Ende des Tals geht es wie gewohnt wieder steil bergauf geht. Obwohl ich unausgeschlafen bin, fällt mir der Aufstieg merkwürdigerweise leicht.

Bei guter Fernsicht verläuft der *camino* auch heute durch eine liebliche Landschaft mit sanft geschwungenen Hügeln. Das Wetter scheint sich langsam wieder zu verschlechtern. Noch überwiegen die Sonnendurchbrüche.

Einige Kilometer vor *Bolibar* treffe ich Ruta wieder, mit der ich in den ersten Tagen ein kurzes Stück gemeinsam unterwegs war. Mir kommt es vor, als seien seitdem Monate vergangen.

Mit einer Größe von mehr als 1,80 Meter ist sie unter den Pilgern auf dem Weg schon von weitem auszumachen. Beim ersten Treffen erzählte sie, dass ihr Name von einer Blume abstammt, sie als Architektin in *London* arbeite und in den USA studiert habe. Ruta, gebürtig aus Litauen, ist eine lebenslustige und witzige Person mit einem Faible für Hunde. In der Tat laufen ihr die Hunde in jedem Dorf schwanzwedelnd entgegen. Es macht Spaß, sich mit ihr zu unterhalten.

In Zentrum von *Bolibar*, einem beschaulichen Dorf umgeben von Bergen, steht neben der Kirche eine Säule mit einer bronzenen Büste von Simón Bolívar, der mehrere südamerikanische Länder von der spanischen Vorherrschaft befreite und in die Unabhängigkeit führte.

Der gefeierte Freiheitskämpfer und Freimaurer Bolívar erhielt deshalb den Beinamen *„El Libertador"*. Bolívar wurde allerdings nicht hier geboren, sondern lediglich sein vor circa zweihundert Jahren nach Südamerika ausgewanderter Großvater. Weder er noch ein Enkel kehrten je nach Spanien zurück.

Für die Rückkehr anderer Auswanderer finden sich in den Städten der Nordküste hingegen zahlreiche Belege, denn nicht selten führte der im Ausland erworbene Reichtum zur Belebung der Wirtschaft in ihrer alten Heimat.

Hinter *Bolibar* verläuft der *camino* über schmale, mit unregelmäßig behauenen Steinen gepflasterte Wege an Felshängen vorbei und über Bergrücken, die teilweise fast gänzlich von Farnen überwuchert sind.

Erst einmal geht es jedoch hundertfünfzig Höhenmeter bergauf. Ein Highlight ist danach das auf dem Hügel liegende Kloster von *Zenaruzza*. Den aus dem letzten Drittel des 14. Jahrhunderts stammenden Bau bewohnen seit 1996 Trappisten- beziehungsweise Zisterziensermönche. Ruta und ich besichtigen den schlichten Kreuzgang und das in seiner Einfachheit sehr beeindruckende Retabel im Innern der Kirche. Alles ist sehr gepflegt. Die Tatzenkreuze und Jakobsmuscheln in den Kreuzgangbögen sehen so neu aus, als hätten

Steinmetze sie erst gestern aus dem Stein geschlagen. Wie in *Markina-Xe-mein* steht Pilgern auch hier ein Teil des Klosters als Herberge zur Verfügung.

Abb. 18: Kloster von Zenaruzza

Nach weiteren hundert Höhenmetern ist für heute der höchste Punkt erreicht. Abgesehen von einem kurzen Anstieg hinter *Munitibar* geht es bis *Olabe* nur noch bergab. An Bäumen und Zäunen hängen ab und zu in Klarsichtfolie eingeschweißte Zettel mit Werbung für ein Restaurant oder eine Herberge.

In *Olabe* treffen wir auf der Terrasse eines Lokals einen Teil der Gruppe, die in *Markina-Xemein* mit dem spendierfreudigen Spanier vor dem Hotel *Vega* saß. Diesmal überrascht er mit immer wieder neuen Bestellungen von Tapas und mit Schinken oder Käse belegten *bocadillos*. Er heißt Tomás und ist Deutschargentinier. Mehr will er über sich nicht preisgeben. Da Ruta noch ein wenig länger hierbleiben möchte, verabschiede ich mich kurz darauf.

Abb. 19: Puente Artzubi

In einem Waldstück taucht unvermittelt die *Puente Artzubi* auf, eine vom Grün überwucherte Bogenbrücke aus dem 16. Jahrhundert, die fast mit ihrer Umgebung verschmilzt.

Auch wenn der höchste Punkt der heutigen Etappe bereits hinter mir liegt, heißt es nicht, dass keine Steigungen oder kein Gefälle mehr folgen. Noch zweimal sind mehr als hundert Höhenmeter nach oben und nach unten zu bewältigen. Erst vor dem Abstieg nach *Gernika* (früher *Guernica* geschrieben) gönne ich mir eine Rast mit Blick auf die Kirche von *Ajangiz*. Gerade will ich wieder den Rucksack schultern, da trifft Ruta ein. Sofort läuft einer der frei herumlaufenden Hunde auf sie zu und lässt sich von ihr streicheln. Sie hat eben eine besondere Affinität zu Hunden. Bevor ich gehe, machen wir noch ein Foto von uns.

Auf den Hinweisschildern nach *Gernika* steht stets nur *Gernika-Lumo*, was vermutlich, wie auch im Fall von *Markina-Xemein,* auf eine Zusammenlegung zweier Ortschaften zurückzuführen ist.

Gernika liegt etliche Kilometer von der Küste entfernt am Rand des Naturschutzgebiets *Urdaibai* im *Oka*-Tal, das bereits in der Frühgeschichte der Menschheit besiedelt war. Unter anderem belegen das circa 16.000 Jahre alte Wandmalereien in der Höhle *Santimamiñe* in *Kortezubi*.

Abb. 20: Foru Plaza mit Schautafeln zum Bombenangriff am 26. April 1937

Gernika, unauslöschlich mit der deutschen *Legion Condor* und Pablo Picassos großformatigem Ölgemälde *Guernica* verbunden, präsentiert sich als moderne Stadt mit historischem Flair. Zahlreiche Gedenktafeln und eines der drei Museen erinnern an die großflächige Bombardierung der Stadt am 26. April 1937.

Auf Bitten des faschistischen Generals Franco schickten Hitler und Mussolini ihre todbringenden Luftwaffengeschwader zur Unterstützung im Bürgerkrieg gegen die Republik. Mit dem Angriff wollte man ein Exempel an der Zivilbevölkerung der Stadt statuieren. An diesem Tag wurden sechsundachtzig Prozent der Stadt zerstört. Über die Anzahl der Zivilisten, die an diesem Tag starben, sind sich die Historiker uneinig. Einige sprechen von dreihundert, andere von zweitausend Toten. Zwei Tage nach dem Bombardement besetzten Francos Truppen die in Trümmern liegende Stadt und richteten weiteres Unheil an. Noch im gleichen Jahr verewigte Pablo Picasso im französischen Exil das unsägliche Leid in einem riesigen, grau-weißen Gemälde in der Größe von 3,49 x 7,77 Metern für die Pariser Weltausstellung. Er verfügte, dass das Gemälde erst dann nach Spanien gebracht werden dürfe, wenn die Diktatur der Faschisten beendet sei. Den Anstoß für Picassos künstlerische Auseinandersetzung mit der Bombardierung von *Gernika* sollen Artikel des britischen Kriegsjournalisten George L. Steer gegeben haben, die 28. April 1937 in der britischen Tageszeitung *The Times* sowie der amerikanischen *New York Times* erschienen waren. Auf meinem Weg ins Zentrum komme ich in der *Calle San Juan Kaleo* an dem Denkmal des mit sechsunddreißig Jahren verstorbenen Journalisten vorbei. Es besteht aus einer Bronzebüste mit Gedenktafel.

Warum Franco gerade *Gernika* für einen Schlag gegen die Zivilbevölkerung auswählte, hat historische Gründe. Leisteten hier doch die kastilischen Könige nach ihrer Inthronisierung zwischen dem 14. und 16. Jahrhundert einen Eid auf die *Fueros*, die zum Teil bis heute gültige Rechtsordnung. Die Basken interpretierten diese als Pakt zwischen ihnen als souveränem Volk und den kastilischen Königen. Daraus entwickelte sich im Laufe der Zeit eine Art baskische Autonomie. Die ihnen von der Zentralregierung belassene Selbstbestimmtheit war Franco ein Dorn im Auge. Zudem wollte er den Republikanern, die sich gegen ihn stellten, seine Macht beweisen.

Von den Kriegsschäden ist längst nichts mehr zu sehen. Die Fassaden, die den Luftangriff überstanden, wurden beim Wiederaufbau geschickt einbezogen.

Auf der Suche nach einer Übernachtungsmöglichkeit gehe ich mit offenen Augen durch die Straßen. Leider kann ich das Umfeld nicht so recht genießen, teilt man mir doch in jeder privaten oder öffentlichen Herberge mit, dass man *completo* sei, also vollständig belegt. Auf einem Platz setze ich mich schließlich auf eine Bank, greife zum Wanderführer und telefoniere die Herbergen in den sechs bis acht Kilometern entfernten Orten *Pozueta* und *Gerekiz* ab. Überall erhalte ich die gleiche Antwort. Was tun? Durch Zufall stoße ich hinter dem *Museo de la Paz de Gernika* (Friedensmuseum) in einer ruhigen Seitenstraße, der *Barrenkalea Kalea,* auf die Pension *Akelarre Ostatua*. Nur noch ein einziges Zimmer steht für sechzig Euro zur Disposition. Da gibt es kein langes Überlegen, auch wenn der Preis wieder einmal mein Tagesbudget sprengt. Check-in und Schlüsselausgabe erfolgen über einen Automaten an der Außenwand der Pension, nachdem dort alle persönlichen Daten eingegeben wurden. Das Zimmer im zweiten Stock mit Blick auf die Straße ist recht einfach.

Am späten Nachmittag erkunde ich die Stadt. Die Kunstbegeisterung der Spanier findet auch in *Gernika* ihren Niederschlag. Kein Platz, keine große Allee ohne eine Figur oder einen Brunnen. Bei den Brunnen begeistert mich im *Jardines del Ferial* vor allem die Darstellung eines Knaben mit Trauben und Schnittmesser in den Händen. Bei den Skulpturen sind es drei aus der Werkstatt des Bildhauers Lurdes Umerez stammende Bronzen, die sich alle im Zentrum der Stadt befinden.

Da ist zum einen die Bronzefigur eines Gitarrenspielers, der seine Jacke lässig über einen Stuhl geworfen hat, das *Monumento à José María Iparraguirre*.

Iparraguirre war ein bedeutender Dichter, Schriftsteller und Musiker des 19. Jahrhunderts, der im Baskenland besonders für seine Komposition *Gernikako Arbola* (Baum von *Gernika*) sehr geschätzt wird. Dieser Baum (*Arbol Viejo*), eine Eiche, symbolisiert für die Basken ihre Freiheitsrechte. Unter ihm versammelten sich früher die Honoratioren der Stadt und trafen politische Entscheidungen. Damals stand er an der Stelle, an der sich heute das Haus der Generalversammlungen (*Casa de Juntas de Gernika* oder *Gernikako Batzar Etxea*) befindet, weshalb das Gebäude auch als *Arbol Nuevo* (neuer Baum) bezeichnet wird. Erhalten ist lediglich ein Stück des entrindeten Baumstamms, das heute unter einem Säulenpavillon an der *Santa Klara Kalea* steht.

Die zweite Bronzefigur stellt den mit einem Frack gekleideten baskischen Politiker José Antonio Agirre dar, der ein Schriftstück in Händen hält. Er war der erste Ministerpräsident (*lehendakari*) der baskischen Regierung. Die Amtszeit von *Jose Antonio Agirre*, der 1936 inauguriert wurde, währte nicht lange, denn bereits ein Jahr später ließ Franco das Baskenland besetzten. Mit der auf dem auf der *Geltoki Plaza* stehenden Skulptur wird seine Leistung für das sein Vaterland gewürdigt.

Abb. 21: Denkmal für den baskischen Freiheitskampf im Spanischen Bürgerkrieg

Zu guter Letzt gibt es noch die zwischen zwei historischen Gebäuden der ehemaligen *Escuelas Publicas* eingebettete Skulpturengruppe *Escultura Hommenaje a los Gudaris*, ein Monument zur Erinnerung an den baskischen Freiheitskampf. Die beiden äußerst realistisch wirkenden Kämpfer der republikanischen Brigade, in Kampfausrüstung sowie Baskenmützen auf den Köpfen, erinnern mich an das *Portable War Memorial* des US-amerikanischen Künstlers Edward Kienholz. Einer der Freiheitskämpfer stellt seinen Fuß auf einen Felsen. In der Hand hält er die baskische Fahne, ein weißes Kreuz auf rotem Grund. Der andere hält ein Gewehr in Händen. Auf der vor ihnen in den Boden eingelassenen Plakette ist auf Spanisch zu lesen: „Wir geben alles für die Freiheit, die wir lieben."

Am frühen Abend fallen erste Regentropfen. Rund um das *Museo de la Paz de Gernika* scharen sich Bars, *bodegas* und Restaurants. Genau der richtige Ort und der richtige Zeitpunkt, um den Tag ausklingen zu lassen. Das Angebot in der *Taberna Auzokoa* klingt vielversprechend. Die Terrasse ist überdacht und voll besetzte Tische sind vermutlich ein Garant für eine akzeptable Küche. Im Schankraum hängt ein Plakat mit der Darstellung des Biosphärenreservats *Urdaibai* und dem Schriftzug „*Stop Guggenheim Urdaibaien*". Der Protest bezieht sich auf die für dort geplante Erweiterung des *Guggenheim-Museums* von *Bilbao*.

Abb. 22: Protestplakat gegen die Erweiterung des Guggenheim-Museums

Montag, 24.07.2023 / Gernika - Bilbao (36 km)

Vergangene Nacht habe ich gut und tief geschlafen. Ein Frühstücksraum für Selbstversorger befindet sich im Dachgeschoss des Hotels. Bei gutem Wetter könnte man auf der Terrasse sitzen, doch heute Morgen ist es noch zu frisch. Außerdem hat es nachts wieder geregnet. Andere Pilger haben überschüssige Teebeutel und Milchtüten stehen gelassen, so dass ein erstes heißes Getränk an diesem Morgen gesichert ist.

Gegen acht Uhr werfe ich den Schlüssel in den Briefkasten und verlasse das Hotel - zum Glück im Trocknen. Der erste Gang führt mich zum Fremdenverkehrsbüro, da ich in meinem Pilgerpass unbedingt einen Stempel von *Gernika* haben möchte. Bedauerlicherweise öffnet es erst um zehn Uhr. Also hole ich mein Buch heraus, setze mich auf eine Bank und lese.

Erst kurz nach zehn Uhr geht es weiter. Durch den nächtlichen Regen hat es sich stark abgekühlt. Bei den Temperaturen bin ich froh, in Bewegung zu sein. Über die *Foru Plaza*, auch *Plaza de los Fueros* genannt, dessen eine Flanke das *Museo de la Paz de Gernika* einnimmt, vorbei an einer fest installierten Stellwand mit historischen Fotografien der zerstörten Stadt und dem Denkmal für den Conde Don Tello, dem Grafen von Kastilien und Gründer der Stadt. Er hält die in einer Pergamentrolle verbürgten Freiheitsrechte sowie ein Schwert in Händen. Über verschachtelte Treppen geht es hinauf zur gotischen Kirche *Santa Maria*. Das mit Szenen aus dem Leben Jesu und Heiligendarstellungen geschmückte Portal scheint sich in der trutzigen, nahezu fensterlosen Westfassade zu verlieren. Vis-à-vis der Chorflanke liegt das historische Museum *Euskal Herria Museoa*. Gern hätte ich mir die Zeugnisse der baskischen Kultur und das Friedensmuseum angesehen, doch das hätte eine weitere Übernachtung erfordert. So bewundere ich nur das mehrstöckige, von einem stattlichen Wappen gekrönte gelbe Sandsteingebäude, das hinter einem schmiedeeisernen Zaun liegt.

Kurz danach durchquert der *camino* ein Neubaugebiet, ehe er hinter der *Ermita Santa Lucia* die Stadt verlässt. Obwohl mein Körper sich langsam erwärmt, kriecht mir die Feuchtigkeit in die Glieder. Wieder einmal verbirgt sich die Sonne hinter einer dichten Wolkendecke. Auf einem Rasenstück neben der *ermita* steht die aus einer Eisenplatte gesägte Figur eines Pilgers, ganz so, als wolle er allen Vorbeieilenden ein „*buen camino*" wünschen.

Kurz danach sorgt eine Kiwi-Plantage am Wegesrand für Überraschung. Die ursprünglich aus China stammende Frucht ist inzwischen auch in Europa anzutreffen. Wie ich später erfahre, nimmt der Anbau der tropischen Kletterpflanze im Norden Spaniens seit Jahren stetig zu.

Innerlich wappne ich mich für die nächsten zweihundert Höhenmeter. Zu allem Überfluss beginnt es auch noch zu regnen. In kurzer Zeit werden die schmalen Pfade schlammig und sind von Pfützen bedeckt. Der Aufstieg gerät zur Rutschpartie. Unter diesen Gegebenheiten erweisen sich die Noppensohle meiner einfachen Sportschuhe als Vorteil. Auf Wanderstiefel hatte ich aus Gewichtsgründen verzichtet - meines Erachtens sind sie besser für Geröllstrecken geeignet.

Weiter geht es durch den Weiler von *Pozueta*. Danach schwingt sich der *camino* über den Pass von *Gerekiz*, ehe er hinter *Eskerika* kontinuierlich Höhe abbaut.

Abb. 23: Waldweg mit einfacher Planke als Brücke

Endlich lässt der Regen nach. Ich genieße es immer wieder aufs Neue, wenn mein Körper sich nach zwei bis drei Stunden so aufgewärmt hat, dass alle Muskeln vollkommen elastisch sind. Dann kann ich die moderaten Temperaturen auf dem *camino* - selbst bei Regen - gut ertragen. Gelegentlich komme ich dann in einen Zustand, in dem ich nicht mehr darüber nachdenke, wie viele Kilometer es noch bis zum Zielort sind, ob der Rucksack zu schwer ist oder mir die nächste Steigung zu schaffen machen wird. Dabei lässt auch das Kopfkino nach oder hört sogar vollständig auf. Die Abgrenzung zur umgebenden Natur wird aufgehoben und ich empfinde alles als untrennbare Einheit.

Auf dem Kirchplatz von *Larrabetzu* lege ich eine kurze Rast ein. Einen Moment lang schwanke ich, ob ich bereits hier übernachten soll, doch ein vorbeikommender Pilger teilt mir mit, dass die Herberge bereits *completo* sei. Hinter *Larrabetzu* verläuft der *camino* bis *Lezama* über die Nationalstraße. Auch hier winkt man in der Herberge ab, alle Schlafplätze sind vergeben. Dann bleibt nur noch *Zamudio*. Langsam spüre ich, wie die Kraft nachlässt. In *Zamudio* ist die Luft dann endgültig draußen. Die Füße schmerzen und ich schlurfe mehr vor mich hin als ich gehe.

Von den Randbezirken *Zamudios* bis zum Zentrum begleiten mich an

Hauswänden oder Mauern Parolen wie *„Freedom for the Basque country and their political prisoners"* oder *„This is not Spain nor France. Euskal herriak independentzia"*. Die politische Lage im Baskenland scheint immer noch instabil zu sein.

An einem Platz im Zentrum setze ich den Rucksack ab, genehmige mir einen kräftigen Schluck aus der Wasserflasche und überlege, wie ich möglichst schnell eine preiswerte Übernachtungsmöglichkeit finde. Während ich noch darüber sinniere, ziehen in geringer Höhe Flugzeuge über mich hinweg. Der Flughafen von *Bilbao* scheint nicht mehr weit entfernt zu sein. Mit einem Mal kommt Frederico, der gestern einige Kilometer mit Ruta unterwegs war, die Straße entlang, setzt sich neben mich und hört sich mein Leid an. Er überredet mich, noch die letzten zehn Kilometer nach *Bilbao* mit ihm gemeinsam zu gehen. Meine Einwände zerstreut er mit viel Geschick, vor allem durch sein Angebot, für mich im Internet ein preiswertes Hotel suchen zu wollen.

Vor uns liegt der steile Aufstieg auf den dreihundertsechzig Meter hohen *Monte Avril* und ein ebenso steiler Abstieg nach *Bilbao*. Wäre Frederico nicht gewesen, ich glaube ich hätte mich in *Zamudio* einfach erschöpft auf die nächste Parkbank gelegt. Frederico ist eine Frohnatur und scheint trotz seines malträtierten Fußes nie die gute Laune zu verlieren. Hin und wieder motiviert er sich durch ein besonderes Lied, das auf seinem Mobiltelefon gespeichert ist. Zwischendurch erzählt er mir Geschichten aus seinem Leben. Unter anderem, dass er bei seinen Großeltern in *Venetien* aufwuchs, sein Opa Wein angebaut habe, doch viel zu früh an einem Herzinfarkt gestorben sei. Studiert habe er Ingenieurwissenschaften (Metallverarbeitung). Nach dem Jakobsweg will er sich mit einem Freund zusammen selbständig machen. Am liebsten hätte ich ihn drücken mögen, lenkt er doch meine Gedanken vom Laufen und den schmerzenden Füssen ab.

Frederico ist ein sehr gläubiger Mensch. Vor einigen Wochen brach er von seinem Heimatort in der Nähe von *Venedig* auf, besuchte die Grotte von *Lourdes* sowie weitere heilkräftige Orte, bevor er die Pyrenäen überquerte. Er will über *Santiago de Compostela* und *Fisterra* bis nach *Muxía* pilgern. Mir erscheint er als wahrhaftige Verkörperung der beiden alten Pilgergrüße *ultreia* (weiter so, vorwärts) und *suseia* (nach oben bzw. die Verbindung zu Gott). Heutzutage erhalten *ultreia* sowie *suseia* häufig eine andere Bedeutung. *Ultreia* wird als Fortsetzung der Pilgerreise bis *Fisterra* an der Atlantikküste interpretiert und *suseia* als Hinweis auf den nördlich verlaufenden Abschnitt von *Fisterra* nach *Muxía*. In *Muxía* sind dann ultimativ alle Jakobswege zu Ende.

Bevor wir den Stadtrand von *Bilbao* erreichen, arrangiert Frederico für mich per Mobiltelefon eine preiswerte Übernachtung. Was für ein Glück, dass ich ihn getroffen habe. Wir trennen uns in Höhe des Bahnhofs, da sein Hotel unterhalb, meines hingegen oberhalb der Schienenstränge liegt.

Bilbao, die Hauptstadt der Provinz *Biskaya*, ist die größte Stadt der *Autonomen Gemeinschaft Baskenland*. Die Stadt erstreckt sich entlang der Ufer des *Nervión* und reicht bis weit in die angrenzenden Nebentäler hinein. Von den Hängen des *Monte Avril* aus betrachtet kam mir *Bilbao* wie ein riesiges Neubaugebiet vor, aus dem Wolkenkratzer wie Pilze herausragen. Verglichen mit der Gesamtfläche der Stadt nimmt das historische Zentrum nur einen Bruchteil davon ein.

Das *Ekoos-Hotel*, ein moderner, fast futuristisch anmutender Bau aus Glas und Beton, liegt an einer steil den Hang hinaufführenden Straße und fügt sich unauffällig in die Fassaden der Oberstadt ein. Nur wenige Gehminuten vom Bahnhof entfernt, bietet das Hotel auf zwei Schlafsäle verteilt Platz für vierundzwanzig Personen. Wie in *San Sebastian* sind auch hier die Schlafkojen durch Holzwände voneinander getrennt. Den Preis von zwanzig Euro pro Übernachtung erscheint mir äußerst moderat. Allerdings entfällt auch hier die Möglichkeit, seine Kleidung zu waschen. Ein Vorteil des *Ekoos-Hotels* ist, dass die Gäste einen Schlüssel erhalten und deshalb kommen und gehen können, wann immer sie wollen. Ich werde zwei Nächte bleiben, um die Stadt ausgiebig zu erkunden.

Das Viertel rund um das *Ekoos* scheint fest in afrikanischer Hand zu sein. Überall stehen Nord- und Schwarzafrikaner in kleinen Gruppen beisammen, reden, telefonieren, tippen auf ihren Smartphones herum oder rauchen. Fast habe ich das Gefühl, in einer westafrikanischen Stadt zu sein.

Fußläufig erreichbar sind zahlreiche Restaurants, natürlich mit afrikanischer Küche. Aus dem *Woodhouse Grill* schallt mir laute Highlife-Musik entgegen. In Erinnerung an meine Reisen in die Länder Westafrikas ist es genau der richtige Ort für das Abendessen. An den Tischen sitzen Männer vor ihren traditionellen Gerichten, meist *Fufu*-Klöße oder Reis mit Soße. Mit den Fingern wird ein Stück Kloß oder etwas Reis zu einem Klumpen geformt, der dann in die Schale mit der Soße getunkt wird.

Die Wirtin, eine korpulente Frau aus *Ghana*, trägt eine Perücke aus langen geflochtenen roten Zöpfen. Sie begrüßt mich auf Englisch mit den Worten: „Hier kommt einer derjenigen, die unser Land kolonialisiert haben". Für sie sind anscheinend alle Weißen Engländer. Meinen Einwand, Deutscher zu sein, ignoriert sie. Die witzige, mit einem schelmischen Lachen vorgetragene Begrüßung nehme ich ihr jedoch nicht krumm und bestelle ein typisches Gericht aus ihrer Heimat. Das Essen, Hähnchen mit scharfer Soße und Kochbananen, ist äußerst schmackhaft und preiswert. Während ich esse, kommt ein Schwarzafrikaner herein, wirft eine Plastiktüte mit Fladenbrot auf die Theke und beschwert sich, dass er es erst vorgestern gekauft habe, es heute aber bereits trocken sei. Sie soll ihm ein neues dafür geben. Man kann es ja versuchen, denke ich, doch ist er bei der Wirtin an die Falsche geraten, denn die ist alles andere als auf den Mund gefallen.

Nach dem Essen kehre ich direkt zurück ins Hotel. Gegen dreiundzwanzig Uhr lösche ich das Licht in meiner Koje.

Dienstag, 25.07.2023 / Bilbao

Was für eine Stadt! Trotz mehr als einer Million Einwohner machen die breiten Alleen und Straßen nicht den Eindruck, als sei irgendwann am Tag mit einer Rushhour zu rechnen. Hohe Gebäude mit sieben bis acht Geschossen, die zum Großteil aus der Wende vom 19. zum 20. Jahrhundert stammen, prägen das Bild der Innenstadt. Ihre gediegenen, zum Teil mit Figuren oder Köpfen bestückten Fassaden künden von einstigem Reichtum der Stadt. Zahlreiche Geschäfte mit Kunst, Kleidung, Möbeln und diversen anderen Artikeln laden zu einer ausgedehnten Einkaufstour ein. Bilbao verströmt ein sehr spezielles Flair, das mich spontan begeistert. Mein erster Eindruck von *Bilbao* muss zwingend revidiert werden.

Bei Sonnenschein macht es Spaß, die Stadt zu erkunden. Eigentlich hatte der Wetterbericht für heute Regen angesagt, doch zum Glück irrten sich die Wetterfrösche. Zwar ist die Nordküste Spaniens im Vergleich zum Mittelmeer für moderate Temperaturen und häufige Regenfälle bekannt, doch einen Hochsommer stelle ich mir anders vor. Bislang kann ich die Sonnentage an einer Hand abzählen.

Unterhalb der Innenstadt liegt am Ufer des *Nervión* das 1997 eingeweihte *Guggenheim-Museum* mit der spektakulären Architektur von Frank Gehry. Das Museum entwickelte sich schnell zu einem Publikumsmagneten erster

Güte. Ein flaches Wasserbecken begrenzt die ungewöhnlich gestaltete Fassade aus silberglänzender Titanhaut zur Uferpromenade hin. Es dient ebenfalls der Präsentation moderner Kunst. Seerosen gleich sind darin unterschiedlich große kreisrunde rote Objekte installiert.

Abb. 24: Guggenheim-Museum am Nervión

Umrundet man den futuristischen Bau, eröffnen sich immer wieder neue, beeindruckende Perspektiven. Von der *Puente de la Salve* (baskisch: *Salbeko Zubia*) mit ihrem markanten magentafarbenen Brückenpylon, die an der Südostseite des Museums vorbeiführt, zeigt sich das Museum von seiner Schokoladenseite.

Vor dem Eingang des Museums empfängt die Besucher die fast dreizehn Meter hohe Skulptur *Puppy* des US-amerikanischen Künstlers Jeff Koons.

Die aus dem Jahr 1992 stammende Arbeit stellt einen sitzenden Hund dar, dessen Körper aus verschiedenfarbigen Blumenarrangements besteht. Die in einer besonderen Unterkonstruktion befestigten Blumentöpfe wie auch die Schläuche der Bewässerungsanlage sind nur sichtbar, wenn man unmittelbar davorsteht.

Auf seiner zum Flussufer weisenden Seite überrascht das Museum mit der überdimensionalen Skulptur einer Spinne, unter der die Besucher durchgehen können. Das *Maman* genannte Werk schuf die französisch-US-amerikanische Künstlerin Louise Bourgeois 1999.

Obwohl ich heute sehr langsam gehe und ohne Eile unterwegs bin, macht mir der ganze Bewegungsapparat Probleme. Die gestrige Strecke war wohl doch zu lang und kräftezehrend.

So mache ich aus der Not eine Tugend und setze mich auf dem Weg durch die Stadt auf jede sich bietende Bank und lese einige Seiten in dem Buch „Der letzte Pilger". Der spannende Roman von Gard Sveen bezieht sich allerdings nicht auf einen echten Pilger, sondern den Tarnnamen eines Agenten.

Je tiefer ich in die Stadt eintauche, desto mehr erliege ich ihrem Charme. Insbesondere die stattlichen Gebäude von Ende des 19. und Anfang des 20. Jahrhunderts mit ihrem üppigen Fassadenschmuck ziehen mich in ihren Bann, allen voran das Schauspielhaus (*Teatro Arriaga*). Rund um die *Frederica Moyúa Plaza* gruppieren sich Geschäfte der Nobelmarken, während rund um die neugotische *Bilboka Donejakue Katedrala* an der *Fuente Plaza Santiago* unzählige Bars und Restaurants in engen Gassen auf Besucher warten.

Der Platz mit dem Brunnen vor der Kathedrale ist als Treffpunkt bei Jugendlichen sehr beliebt. Auf dem Brunnenrand sitzen zwei Gitarrenspieler und spielen traditionelle Lieder. Die Kathedrale ist dem heiligen Jakobus geweiht und war früher eine wichtige Station auf dem *camino*.

Ein Stück weiter überrascht eine *Starbucks*-Filiale mit einer äußerst originellen Wandgestaltung. Unzählige funkelnde Amethysten bedecken die hintere Wand des Cafés vom Boden bis zur Decke. Es sieht aus, als würden tausende LED-Lämpchen die Wand illuminieren.

In der *Iglesia de San Vicente de Abando* wird gerade eine Messe zelebriert.

Wie viele Kirchen an der Atlantikküste Spaniens, so stammt auch sie aus dem 16. Jahrhundert und erfuhr im Verlauf der Jahrhunderte zahlreiche Veränderungen. Im Innern zieht das mit Blattgold überzogene Retabel aus dem Jahr 1860 das einfallende Licht magisch an. Im Seitenbereich hängt ein modernes Triptychon mit biblischen Szenen in gedämpften Farben.

Ich genieße es, dem Verlauf der Messe von einer Bank im hinteren Bereich zu folgen, empfinde die Abgeschiedenheit des Kirchenraums und die Entkopplung vom städtischen Treiben als wohltuend und lasse die Seele baumeln. Die ungeplante Unterbrechung tut nicht nur meiner Seele gut, sondern auch meinen geschundenen Füßen und Muskeln.

Abb. 25: Iglesia de San Vicente de Abando

Einer Skulptur des Stadtgründers von *Bilbao* und Herrschers der Provinz *Bis-kaya*, Don Diego López V. de Haro, begegne ich auf dem Rückweg zum Hotel inmitten der vom Verkehr umtosten *Plaza Biribila*. Mit der rechten Hand streckt er den Bürgern der Stadt die Gründungsurkunde aus dem 13. Jahr-hundert entgegen. Um einen Blick auf die vier im Podest eingelassenen Bronzeplatten werfen zu können, bedarf es eines waghalsigen Sprints, denn der Verkehr lässt nur wenige Lücken. Im Halbrelief stellen sie wichtige Ereig-nisse der Stadtgeschichte *Bilbaos* dar.

Bei meinem Gang durch die Stadt stoße ich an Laternenpfählen und Strom-kästen immer wieder auf Proteste gegen die Erweiterung des *Guggenheim-Museums*.

In den Straßen fällt mir auf, dass Tattoos mittlerweile auch in Spanien bei allen Altersklassen zur Normalität gehören. Man sieht sie auf Armen, Beinen, Schultern und manchmal sogar im Gesicht. Zunehmend sind es nicht nur geometrische oder figürliche Tätowierungen, sondern auch Schriftzüge. Auf dem Oberarm einer Spanierin prangt zum Beispiel „Hakuna Matata", ein Spruch, der vielen aus dem Musical Der König der Löwen bekannt ist. Der eigentliche Ursprung liegt in der afrikanischen Sprache Swahili und bedeutet: Es gibt keine Probleme, Schwierigkeiten.

Das Restaurant Woodhouse Grill hat heute leider geschlossen, da der 25. Juli im Baskenland, wie auch in einigen anderen Regionen Spaniens, ein Feiertag ist: Santiago Apóstol (Jakobstag).

Was hat es mit dem Feiertag auf sich? Der heilige Jakobus, einer der zwölf Apostel Jesu, missionierte der Überlieferung zufolge vor fast zweitausend Jahren in Spanien. Dabei soll ihm die Jungfrau Maria im Januar des Jahres 40 n. Chr. auf einer Säule stehend am Ufer des Ebros erschienen sein. Sie bestärkte ihn darin, in seinem Elfer nicht nachzulassen und forderte ihn auf, erst nach erfolgreicher Missionsarbeit nach Jerusalem zurückzukehren. Obwohl seiner Mission nicht der angestrebte Erfolg vergönnt war, reiste er schon wenige Jahre später in seine Heimat zurück. 43 n. Chr. ließ Herodes Agrippa I. ihn enthaupten.

Gemäß einer Legende legten die Anhänger des Apostels seinen kopflosen Leichnam in aller Heimlichkeit in ein Boot und überließ es der Meeresströmung. Dieser Akt war ein letzter Liebesdienst, denn den Leichnam eines zum Tode Verurteilten wegzubringen oder gar zu bestatten, war in der damaligen Zeit strengstens untersagt. Nach einer langen und mysteriösen Seefahrt landete das Boot an der Atlantikküste Spaniens in der Nähe von Santiago de Compostela an. Nach einigen Stationen bettete man ihn im 9. Jahrhundert in Santiago de Compostela zur letzten Ruhe. Übrigens erheben drei Städte im Vorderen Orient den Anspruch, im Besitz des abgeschlagenen Kopfes des Heiligen zu sein. Eine davon ist Jerusalem.

Der heilige Jakobus ging als bedeutender Märtyrer in die Geschichte der Christenheit ein. Infolge seiner vollbrachten Wunder, besonders post mortem bei der siegreichen Vertreibung der Mauren von der iberischen Halbinsel, wurde er sukzessive zum Nationalheiligen.

Eigentlich hätte es mir bereits am Vormittag auffallen müssen, dass heute kein normaler Wochentag ist, da die Messe in der Kirche sehr gut besucht war. In Ermangelung anderer Pläne kehre ich erst einmal ins *Ekoos* zurück, lege die Beine hoch, lese und schreibe.

Obwohl *Bilbao* noch über zehn Kilometer vom Meer entfernt ist, können Seeschiffe auf dem *Nervión* bis nahe an die Stadt heranfahren.

Abb. 26: Docks am Nervión in Bilbao

In früherer Zeit garantierten der Erzabbau und seine Verhütung die Prosperität der Stadt. Ihre wirtschaftliche Blütezeit lag im 15. und 16. Jahrhundert. Durch den Bau der Eisenbahn im 19. Jahrhundert erfuhr der Erzabbau noch einmal einen Aufschwung, bis er im letzten Drittel des vergangenen Jahrhunderts völlig an Bedeutung verlor. Das Streckennetz der Minenbahn, über welches das Erz aus den umliegenden Bergen nach *Bilbao* transportiert wurde, fungiert heute als Radweg. Die *Via verde de los montes de hierro* (grüne Straße der Eisenberge), mit einer Länge von knapp fünfzig Kilometern, ist bei den Einheimischen sehr beliebt und wird vor allem für Ausflüge in die nähere Umgebung genutzt.

Ende des 20. Jahrhunderts begann die erfolgreiche Transformation von einer Industriestadt zu einem von Kultur geprägten urbanen Zentrum, woran der 1993 begonnene Bau des *Guggenheim-Museums* einen bedeutenden Anteil hatte.

Versorgt mit Informationen zur Stadtgeschichte aus dem Internet verlasse ich am späten Nachmittag das Hotel und schlendere zum *Nervión* hinab, wo eine Brücke zur Altstadt (*Casco Viejo*) hinüberführt. Die im 13 Jahrhundert angelegte Altstadt mit ihren Gassen, Plätzen und der Markthalle La *Ribera* (baskisch: *Erriberako merkatua*) nennt man auch *Las Siete Calles* (die sieben Straßen).

Die erste, unmittelbar am Ufer des *Nervión* erbaute Markthalle geht auf das 14. Jahrhundert zurück. Der heutige Bau mit circa zehntausend Quadratmetern Ausstellungsfläche stammt aus dem Jahr 1929.

Im Eingangsbereich steht eine Fotowand, die den Besucher über die wirtschaftliche Entwicklung *Bilbaos* in sowie die verheerende Überschwemmung aus dem Jahr 1983 informiert.

In jenem Jahr wütete in der Nacht vom 26. auf den 27. August im gesamten Baskenland ein Unwetter ungeahnten Ausmaßes. Dämme brachen und zahlreiche Städte auf Meeresniveau versanken in bis zu fünf Metern Hochwasser. Große Teile der Stadt wurden von Schlamm und Unrat bedeckt. Dreiundvierzig Menschen starben.

Die hohe Zahl der Toten ist unter anderem auf eine *Fiesta* zurückzuführen, die zum Zeitpunkt der Naturkatastrophe in *Bilbao* gefeiert wurde. Heute erinnern in der Altstadt Schilder an den Stand des Hochwassers.

Auf dem *Nervión* zieht ein mit zwölf Personen besetztes Ruderboot in Höhe der Markthalle vorüber. Ein Trainer begleitet es im Motorboot und gibt Anweisungen. Mannschaftsrudern ist an der gesamten Nordküste Spaniens eine sehr beliebte Sportart, nicht nur auf den Flüssen, sondern auch im küstennahen Bereich.

Der Gastronomiebereich der Markthalle mit Blick auf den *Nervión* ist genau der passende Ort für mein Abendessen.

Mittwoch, 26.07.2023 / Bilbao - Pobeña (21 km)

In einer der Kojen des *Ekoos*-Hotels klingelt um halb sieben ein Wecker. Ich bin hellwach. An erneutes Einschlafen ist nicht mehr zu denken. Also stehe auch ich auf.

Entgegen dem Wettbericht regnet es heute Morgen zum Glück nicht. Über die *Puente de la Salve*, mit ihrem weithin sichtbaren und eigenwillig geformten magentafarbenen Brückenpfeiler, geht es auf die andere Seite des *Nervión*.

Abb. 27: Brücke Puente de la Salve neben dem Guggenheim-Museum

Anfangs haben auch die hier liegenden Stadtteile noch städtisches Flair. Auf dem turmartigen Aufsatz eines mehrstöckigen Bankgebäudes steht die monumentale Figur eines Löwen. Kräftig schreitet er in Richtung des Flusses aus, ganz so, als wolle er allen die Kraft des Unternehmens demonstrieren.

Der *camino* zieht sich am rechten Ufer des *Nervión* entlang. Je weiter ich mich von der Brücke entferne, desto mehr wird in den hier liegenden Vororten die industrielle Vergangenheit *Bilbaos* sichtbar. Unzählige lang gestreckte Industriegebäude und Lagerhallen, teilweise leerstehend, säumen beidseitig die Flussufer. Ein Plakat wirbt mit dem Slogan *„Vive en la isla"* für ein neues Wohnviertel.

An der Uferpromenade stoße ich hin und wieder auf fest installierte Servicestationen mit angekettetem Werkzeug und Luftkompressor für Radfahrer. Sie erinnern an Ladestationen für Elektroautos. Ob man diese auch auf der *Via verde de los montes de hierro* findet?

Wieder einmal geht es unter der Autobahn her, die auf hohen Stelzen den Fluss überspannt. Am gegenüberliegenden Ufer ankern Seeschiffe. Große Kräne schwenken die Lasten aus ihren großen Bäuchen ans Ufer.

Merkwürdig, obwohl der *camino* entlang des Ufers des *Nervión* jeglicher Steigung entbehrt, ermüdet das Laufen auf dem grauen Asphaltband doch sehr. Ich bin ich froh, nach zweieinhalb Stunden in *Getxo* anzukommen und freue mich darauf, hinter *Portugalete* wieder in die Natur eintauchen zu können. Im

Osten brauen sich dunkle Wolken zusammen. Sie versprechen nichts Gutes.

Getxo, an der Mündung des *Nervión* gelegen, wirkt kühl und modern. Im Gegensatz zu *Bilbao* gibt es hier keinen opulenten Figurenschmuck an den Häusern, verschönern keine Brunnen oder Skulpturen die Plätze und Straßen. Zur postindustriellen Tristesse gehört, dass viele Gebäude einfach dem Verfall überlassen werden. Fenster und Türen leerstehender Gebäude werden im Erdgeschoss einfach zugemauert. So verfährt man auch bei längerem Leerstand mit Geschäften. Ein Phänomen, das an der gesamten Nordküste Spaniens zu beobachten ist.

Auf der anderen Seite des Flusses, vis-à-vis von *Getxo*, liegt der Ort *Portugalete*. Sein gesamtes Erscheinungsbild ist anspruchsvoller. Über lange Zeit standen die beiden Orte bei der Ferienplanung der spanischen Hautevolee hoch im Kurs, obwohl zwischen *Getxo* und *Portugalete* bis zum Ende des 19. Jahrhunderts lediglich eine Fähre verkehrte. Eine Brücke wäre für den Tourismus zwar hilfreich gewesen, hätte die Seeschifffahrt aber behindert.

Abb. 28: Blick von Portugalete auf die Schwebefähre

Erst Alberto de Palacio y Elissague, ein Schüler Gustave Eiffels, gelang die Lösung des Problems. Zwei fünfundvierzig Meter hohe Türme aus genieteten Eisenträgern mit einem Verbindungsstück von hundertsechzig Metern Länge, unter dem ein auf Schienen fahrender Elektroantrieb saß, sollte eine an Stahlseilen aufgehängte Fähre bewegen. Mit ihr, so Palacio, würden sich Passagiere und Autos leicht und unkompliziert von einer Seite des Flusses auf die andere bringen lassen. Die *Puente de Vizcaya*, eine grandiose

Ingenieurleistung, wurde am 18. Juli 1893 eingeweiht und anschließend in Europa, Afrika und Amerika zwanzig Mal kopiert. Fototafeln an der Ticketstation von *Getxo* illustrieren die Geschichte dieser technisch äußerst gelungenen Eisenkonstruktion. Auch nach hundertdreißig Jahren hat die Schwebefähre, die zu den Wahrzeichen im Großraum Bilbao zählt, nichts von ihrer Attraktivität eingebüßt.

Für sechs Euro kann man die in die Brückenpfeiler integrierten Fahrstühle nutzen, um den Fluss in luftiger Höhe zu überqueren. Oder aber sich für fünfzig Cent mit der Schwebefähre auf die andere Seite bringen lassen. Der Transfer dauert gerade mal eine Minute. Die zum *UNESCO*-Weltkulturerbe gehörende Schwebefähre, ist die älteste auf der ganzen Welt. Fähren auf dem *Camino del Norte* sind das einzige Verkehrsmittel, das Pilger ohne schlechtes Gewissen benutzen können - es sei denn, sie könnten, wie Jesus, über Wasser gehen.

Der am *Nervión* gelegene Teil von *Portugalete* besticht durch malerische Bauten, allen voran das Rathaus, und schöne, mit Denkmälern versehene Plätze. Von hier aus stach der berühmte Seefahrer Elcano ein letztes Mal vor seinem Tod in See. Die Stadt kann sich nicht weit kaum in der Fläche ausdehnen, da es bereits hinter der zweiten oder dritten Bebauungsreihe von einer steilen Bergwand begrenzt wird. Auf einer der nach oben führenden Straßen erleichtern überraschenderweise zwei lange, hintereinander liegende Rollbänder den Aufstieg. Wer hätte das in diesem historischen Ambiente erwartet?

Als ich von oben einen Blick auf die Schwebefähre und die zerklüftete Küste werfe, bedauere ich für einen Moment, mir in *Getxo* keine Zeit für einen Abstecher zu den berühmten Drachenfelsen genommen zu haben. Das kleine, direkt vor der Küste liegende Eiland, das an ein Drachenmaul erinnern soll, liegt circa dreißig Kilometer von *Getxo* entfernt. Der Umweg hätte eine zusätzliche Übernachtung erfordert. Gereizt hätte es mich schon, denn auf dem höchsten Punkt des Drachenfelsens erhebt sich die Einsiedelei *San Juan de Gaztelugatxe*, die Johannes dem Täufer geweiht ist. Vor einigen Jahren wurden hier Szenen für die Fernsehserie „*Game of Thrones*" gedreht. Das Bild des schmalen, zur Einsiedelei führenden und von der Brandung umtosten Wegs geht mir nicht aus dem Kopf. Vielleicht ein anderes Mal.

Erneut kreuzt die Autobahn den *camino*. Strecken, für die man zu Fuß Tage braucht, lassen sich auf ihr im Zeitraffertempo bewältigen. Aber gerade die Entschleunigung ist das Reizvolle beim Jakobsweg. Über lange Zeit folgt der *camino* dem Straßenverlauf, passiert Dörfer und Weiler, läuft an Bahntrassen entlang, ehe er endlich wieder in die Natur eintaucht

In *Ortuella* verpasse ich die richtige Abzweigung, bemerke es aber zum Glück bereits nach wenigen hundert Metern. Also zurück zur letzten Gabelung. Der richtungsweisende gelbe Pfeil liegt hinter einem Busch verborgen und war daher leicht zu übersehen.

Kurz darauf begegne ich Jan aus *Stuttgart* und wir setzen den Weg gemeinsam fort. Der Dreißigjährige studiert Maschinenbau in *Barcelona* und gönnt sich gerade eine Pause von der Masterarbeit. Von seinem Studienort ist er mit dem Motorrad bis *Bilbao* gefahren. Dort stellte er die Maschine bei einem Freund unter. Jan hat nur zwei Wochen für den Jakobsweg eingeplant. Dann geht es wieder zurück. Eventuell wird er nach seinem Studienabschluss die restliche Strecke bis *Santiago de Compostela* in Angriff nehmen.

Abb. 29: Auslage einer Bäckerei in Zierbena

In *Zierbena* wirbt eine Bäckerei in ihrem Schaufenster mit fünfzehn verschiedenen Brotsorten: *Pan Castellano* mit wenig Salz, *Picado Andaluz*, *Pan Gallega*, *Pan Francés*, *Pan Corazón de Chia*, *Pan Rústica*, *Hogaza de Mais* (Brotlaib aus Mais), *Pan de Pueblo*, *Hogaza Integral*, *Pan Premium*, *Pan Bogabante*, *Pan del Norte*, *Campesino Mediteraneo*, *Camesino Artesano*, jodhaltiges *Suprema Yodada*, *Pan Paris* und *Pan Provenzal*. Da sage noch einmal jemand, nur in Deutschland gäbe es ein reichhaltiges Angebot an verschiedenen Brotsorten! Bei näherer Betrachtung entpuppt sich die Vielzahl allerdings als Variation von lediglich drei Sorten. Einer braunen bis dunklen Kruste entbehren sie alle und oft liegt der Unterschied lediglich in der Reduktion von Salz oder der Beimischung bestimmter Cerealien. Ich teste das *Picado Andaluz* und das *Hogaza de Mais*. Nicht schlecht, aber in Konsistenz und Geschmack wenig unterschiedlich.

Ein Stück weiter zieht eine bunt bemalte Giebelwand auf der Durchgangsstraße meine Aufmerksamkeit auf sich. Im unteren Bereich treten Konfuzius und Buddha als Halbreliefs aus der Wand. Sie werden durch den Schriftzug *„En el principio la tierra era informe y vacia y las tinieblas cubrian la faz del abismo"* (Am Anfang war die Erde formlos und leer und Dunkelheit bedeckte das Antlitz des Abgrunds) verbunden.

Abb. 30: Kunstvoll gestaltete Hauswand in Zierbena

Zwischen den beiden Philosophen tritt eine Säule plastisch aus dem Stamm eines aufgemalten Baumes heraus. Seine blattlosen Äste enden am First des Hauses in einem bunten Mix aus Bildern: angefangen bei der berühmten Szene aus der *Sixtinischen Kapelle*, in der sich die Finger Gottes und Adams berühren, über Dalís zerfließende Uhr und Andy Warhols *Campell's Soup Cans* bis hin zu der die Trikolore schwenkenden *Marianne* aus den Tagen der französischen Revolution. In den obersten, mit Sonnenblumen verzierten Verästelungen, stehen die Namen Karl Marx, Friedrich Nietzsche und Sigmund Freud; darüber der Spruch *„Cuando desperté, el dinosaurio seguía allí"* (Als ich wach wurde, war der Dinosaurier noch da).

Wie auch immer man das Kunstwerk deuten mag, bei einem kann man sicher sein: Es entstand aus Begeisterung für die Kunst. Mir entlockt die Fassadengestaltung ein Lächeln, wobei ich an eine Aussage des US-amerikanischen Künstlers Willem de Kooning denken muss: „Kunst ist eine Art zu leben, wenn auch nur für einen winzigen Augenblick".

Lediglich die letzten Kilometer vor *Pobeña* verlaufen durch unberührte Natur. Steigungen und Abstiege halten sich zum Glück in Grenzen. Das recht gute Wetter hält sich den gesamten Tag über. Es ist schon ein gewaltiger Unterschied, wenn man den *camino* nicht nur unter einer dichten Wolkendecke laufen muss.

Am frühen Nachmittag erreiche ich den Strand von *La Arena* an der Mündung des *Barbadun*. Hier liegt *Pobeña*, das Ziel meiner heutigen Etappe. Für Jan geht es noch weiter. Mit einem *„buen camino"* zieht er von dannen.

Abb. 31: Badestrand von La Arena

Von der modernen Fußgängerbrücke bietet sich flussaufwärts ein beeindruckendes Panorama auf die Berge und die vor ihnen auf hohen Pfeilern verlaufende Autobahn nach *Santander*.

Pobeña, ein aus wenigen Häusern bestehender Ort, wartet nicht nur mit einer guten Pilgerherberge auf, sondern auch mit mehreren Restaurants und Bars. Vermutlich ist ihre Vielzahl dem nahegelegenen Strand von *La Arena* zu verdanken.

Die unscheinbare, hinter einem kleinen Platz liegende eingeschossige *Albergue Pobeña* verfügt über zwei Schlafsäle mit Duschen und Toiletten. Was für eine Überraschung, als ich bei der Anmeldung auf Teresa stoße, die zuvor die Herberge in *Pasaia* betreute und jetzt hier aushilft. Für ehrenamtliche Helfer sind Unterkunft und Essen frei, und natürlich erstattet man ihnen auch die Fahrtkosten. Teresa nimmt mich in die Arme und schenkt mir spontan eine kleine Plastikhand mit gespreizten Fingern. Der verblichene Spruch auf dem Handrücken ist kaum noch zu entziffern. Wenn ich es recht verstehe, ist es ein Anhänger für *hospitaleras* und *hospitaleros*.

Noch bin ich mit Johannes aus *Berlin* der einzige Gast im Schlafsaal. Er ist im gleichen Alter wie Jan, der sein Tagesziel mittlerweile erreicht haben dürfte. Im Vergleich mit den beiden wie auch mit anderen Pilgern, die ich auf dem Weg getroffen habe, bin ich mit weitem Abstand der Älteste.

An der Rückseite der Herberge gibt es zwei Becken zum Wäschewaschen sowie Wäscherecks. Nach getaner Arbeit setze ich mich in eine *bodega*, trinke etwas und schreibe am Reisebericht. Die Wolken haben sich verzogen. Am späten Nachmittag dominiert die Sonne den Himmel. Was für eine Wohltat.

Nach und nach spüre ich die positiven Auswirkungen des *camino* auf Körper und Geist. Immer häufiger gelingt es mir, im Jetzt zu verweilen, ohne einen Gedanken an Vergangenheit oder Zukunft zu verschwenden. Gehen die Gedanken unterwegs zu häufig in Richtung Vergangenheit, behelfe ich mir mit einer einfachen Technik. Ich reiße die Augen weit auf und sage laut zu mir selbst: „Schau nach vorn und sag' mir, was Du siehst". Sofort kommen die Gedanken durch das konzentrierte Schauen zum Stillstand. Es ist erstaunlich, wie unmittelbar die Energie der Aufmerksamkeit folgt, wenn man sie auf einen bestimmten Punkt ausrichtet. Nicht länger über Ziel oder Entfernung nachdenken zu müssen beziehungsweise sich dem ständigen Auf und Ab des *camino* auszuliefern, empfinde ich als wohltuende Befreiung. Der Weg ist schlicht das, was er ist. Nicht mehr und nicht weniger.

Nach dem Besuch der *bodega* schlendere ich zur Bucht von *La Arena* mit ihrem breiten, von Bergen umgebenen Sandstrand. Immer noch liegen dort sonnenhungrige Menschen unter Sonnenschirmen oder auf Badetüchern. Auf dem Meer ziehen große Frachtschiffe vorbei. Eine rote Fahne warnt vor starker Brandung und Wellengang.

Bei meiner Rückkehr in die Herberge stelle ich mit einem Blick auf die vollen Wäscheleinen fest, dass Johannes und ich nicht mehr die einzigen Gäste sind.

Das Licht in der Herberge wird um zweiundzwanzig Uhr gelöscht. Da mein Bett genau vor einem Fenster steht, kann ich durch das von der Straßenlaterne hereinfallende Licht noch etwas länger lesen. In dieser Nacht schlafe ich tief und fest.

Donnerstag, 27.07.2023 / Pobeña – Islares (23 km)

An manchen Tagen steckt überall der Wurm drin. Verschlafen suche ich um halb sieben im Dunkeln schier endlos in meinem Rucksack nach den Waschsachen, öffne einen Reißverschluss nach dem anderen, bis mir einfällt, dass ich die Sachen bereits gestern Abend neben das Kopfkissen gelegt hatte. Murren aus den umliegenden Etagenbetten begleiten meine Aktion.

Auf den ersten Metern des sofort wieder einmal kräftig ansteigenden *caminos* holt mich wenig später die Sinnfrage ein, die sich jeder Pilger irgendwann stellt: Warum tue ich mir das Ganze eigentlich alles freiwillig an? Gestern noch war ich noch felsenfest davon überzeugt, die Niederungen überflüssiger Gedanken überwunden zu haben, doch heute ist bereits wieder alles anders. Körper und Geist sind eben nicht dauerhaft eins. An den Steigungen kann es an diesem Morgen nicht liegen, fallen sie doch recht moderat aus. Wenn ich es richtig bedenke, ist es keine Sinnfrage, sondern vielmehr der körperlichen Erschöpfung beziehungsweise den Widrigkeiten des Wegs gestundet. Die aufkeimenden Zweifel verfliegen genauso schnell, wie sie gekommen sind, und würden deshalb nie zum Abbruch der Pilgerreise führen. Im Gegenteil: Hat man den inneren Schweinehund überwunden, läuft es sich umso leichter.

Das nächste Ungemach ist meiner Unaufmerksamkeit geschuldet, da ich kurz hinter *Pobeña* den Einstieg in den richtigen Weg verpasse, der unmittelbar an der Küste entlangführt. Anstatt ein kurzes Stück nach *La Arena* zurückzukehren, gehe ich einfach weiter. Erst in *Campomar* gelingt es mir, in Richtung Küste abzubiegen. Der nun folgende Küstenweg ist der bisher schönste auf meiner Reise. Er folgt dem Verlauf der ehemaligen Minenbahn (*Antiguo Ferrocarril Minero*). Endlich kommt die Sonne hinter den Bergen hervor und überzieht Hänge, Küste und Meer mit ihrem goldenen Glanz. Von einer Klippe bietet sich ein kilometerweiter Blick auf die Steilküste. In der Ferne ist *Castro Urdiales* zu sehen.

Abb. 32: Küste hinter Campomar

Vor *Cobaron* verlässt der *camino* kurzfristig die Küste, eher er sich ihr hinter dem Ort wieder annähert. Kurz darauf überschreite ich die Grenze zwischen den *Autonomen Gemeinschaften Baskenland* und *Kantabrien*. Die Autonomen Gemeinschaften Spaniens sind vergleichbar mit unseren Bundesländern. Vor *Ontón* verlässt der *camino* erneut die Küste. Wie *Cobaron* liegt auch dieser Ort im Hinterland.

Auf dem Weg lerne ich Tomás kennen, der seine Pilgerreise in *Bilbao* begann. Tomás lebt und arbeitet in *Soller,* an der Westküste *Mallorcas*. Unsere Schrittlänge und Schnelligkeit passen gut zusammen; zudem entdecken wir im Gespräch viele Gemeinsamkeiten. Wie ich hinterfragt auch Tomás alles und jedes und gibt sich erst zufrieden, wenn er eine plausible Antwort gefunden hat. Die Zeit mit ihm vergeht wie im Flug.

Den Aufstieg über hundert Höhenmeter, gefolgt von einem ebenso langen Abstieg, nehme ich deshalb kaum wahr. Die Gespräche sind einfach zu fesselnd. Von der Strecke bleibt mir nur der Ausblick auf die Bucht von *Mioño* mit dem breiten Sandgürtel der *Playa de Dícidio* im Gedächtnis.

Auf der gegenüberliegenden Seite der Bucht ragt die an einen großen Kran erinnernde, ehemalige Verladestation weit ins Meer hinaus. Dort wurden früher die der in der Region abgebauten Erze auf Schiffe verfrachtet.

Ein 2001 vor dem ehemaligen Versammlungshaus der Minenarbeiter errichtetes Denkmal würdigt ihre Leistung. Die nahezu lebensgroße Bronzefigur eines erschöpften Mannes mit Schutzhelm und nacktem Oberkörper kniet auf einem Felsbrocken. Mit gesenktem Kopf stützt er sich auf eine Spitzhacke. Ein Gefühl für die Umstände unter Tage erhält man hinter *Mioño* in einem ungefähr hundert Meter langen Tunnel, durch den vor Jahrzehnten der Abtransport des Erzes erfolgte. Heute verläuft dort der *camino*. Zum Glück ist er ausreichend beleuchtet.

Abb. 33: Tunnel der ehemaligen Erzminenbahn

Auf *Mioño* folgt als nächster Ort *Castro Urdiales*. Wie *Getaria* liegt auch er auf einer Landzunge. Die wehrhafte Kirche *Iglesia del Sagrado Corazón* des beliebten Ferienorts mit Yachthafen ist bereits von weitem zu sehen. Zurzeit wird die Fassade der Kirche renoviert. Hinter Planen versteckt, könnte es fast ein Kunstwerk von Christo sein.

Auf der Spitze der Landzunge erhebt sich eine mächtige Burg aus dem 16. Jahrhundert. Ihr Erhaltungszustand lässt vermuten, dass sie nie eingenommen oder zerstört wurde. Auf Grund ihrer exponierten Lage errichtete man 1970 auf einem ihrer Ecktürme den Leuchtturm *Castillo-Faro de Santa*

Ana. Zur Burg gelangt man von der Hafenseite aus über eine eindrucksvolle Bogenbrücke aus Stein. Von hier oben bietet sich ein herrlicher Rundblick auf die den Ort beidseitig flankierenden Strände *Playa de Brazomar* und *Playa de Ostende.*

Etwas unterhalb der Burg liegt die eingerüstete gotische Kirche. In puncto Mächtigkeit steht sie der Burg in nichts nach.

Im Zentrum der Stadt stoßen wir auf der von Palmen bestandenen *Plaza de La Barrera* auf Stellwände mit großformatigen Leuchtbildern des bekannten US-amerikanischen Fotografen Steve McCurry. Die von der Bank *La Caixa* gesponserte Ausstellung *Colores del mundo* zeigt Menschen und Lebensräume aus unterschiedlichen Ländern dieser Welt. Eine Präsentation, die mich begeistert.

Nach einem Kaffee in einer der Bars verlassen Tomás und ich die Stadt und nehmen die letzte Etappe dieses Tages in Angriff. Das Wetter könnte nicht besser sein. Hinter der Stadt treffen wir auf Frederico. Er sitzt am Wegesrand, hat seine Schuhe ausgezogen und verarztet die geschundenen Füße. Nach einem kurzen Austausch über die zurückliegenden Stationen gehen wir zunächst ein Stück gemeinsam. Doch Frederico bleibt immer mehr zurück, bis wir ihn schließlich völlig aus den Augen verlieren.

Gegen vierzehn Uhr Ankunft in der auf einem Hügel liegenden, privat geführten Herberge von *Islares*. Der Übernachtungspreis einschließlich Frühstück beträgt zwanzig Euro. Die Herberge, ein moderner kubischer Bau mit zwei Schlafräumen, einem gemeinsamen Duschraum und Küche mit Aufenthaltsraum macht einen sehr guten Eindruck. Die Wäsche kann man hinter dem Haus in einem umzäunten Garten mit Sitzgelegenheiten aufhängen. Für das Abendessen empfiehlt uns die *hospitalera* ein Restaurant auf dem nahen Campingplatz *Camping Playa Arenillas.*

Obwohl die heutige Strecke keine großen Schwierigkeitsgrade aufwies, fühle ich mich ausgepumpt und zerschlagen. Deshalb setzte ich mich nach dem Check-in erst einmal in den Garten und schließe für einen Moment die Augen. Eine halbe Stunde später weckt Tomás mich. Er hält ein Brot und ein Stück *chorizo* in der Hand. Nach dem Imbiss fühle ich mich endlich erfrischt genug, um das Bett zu beziehen, mich zu duschen und die Wäsche zu waschen.

Im Garten komme ich später mit einem spanischen Paar aus *Barcelona* ins Gespräch. Die zierliche junge Frau mit großen Augen und ausgeprägter Nase erinnert mich an eine Schauspielerin aus den Filmen Pedro Almodóvars. Ihr Freund, ein Hüne von Mann, bildet ein optisches Kontrastprogramm. Trotz gewisser Sprachprobleme albern wir herum und lachen viel. Gemeinschaftsunterkünfte haben eben unbestreitbar Vorteile. Für viele Pilger sind gerade diese Begegnungen das Salz in der Suppe. Hier tauscht man sich über alles Mögliche aus, kocht, spielt oder musiziert zusammen. Zahlreiche Freundschaften sind so entstanden, manchmal sogar von lebenslanger Dauer. Wohltuend ist dabei, dass die Kommunikation unter Pilgern immer von gegenseitigem Respekt und Verständnis geprägt ist, unabhängig von Herkunft oder gesellschaftlichem Status.

Im Lokal des Campingplatzes lernen Tomás und ich drei Schweizer aus *Bern* kennen, ein älteres Ehepaar mit ihrer Freundin. Tomás ist dem Trio bereits zwei Tage zuvor begegnet. Die Schweizer laden uns zu sich an den Tisch ein. Im Verlauf des sehr lebendigen Gesprächs stellt sich heraus, dass der Mann unter ALS (Amyotrophe Lateralsklerose) leidet, einer unheilbaren Erkrankung des Nervensystems. Ob er es bis *Santiago* schaffen wird, ist noch völlig ungewiss. Heute Morgen hatte er beim Aufwachen das Gefühl, seine Beine nicht mehr bewegen zu können. Doch nach dem Aufstehen war alles wieder in Ordnung.

Will er sich an der Unterhaltung beteiligen, muss er sich sehr konzentrieren und spricht deshalb sehr bedächtig und langsam. Seine Ehefrau merkt an, dass er früher für seinen Witz und seine Schlagfertigkeit bekannt war, doch lasse ihm die Krankheit dafür keinen Raum mehr. Dennoch hadert der Mann nicht mit dem Schicksal und genießt es trotz allem, auf dem Jakobsweg unterwegs zu sein.

Es ist ein sehr harmonischer Abend. Beim Abschied bedanken wir uns und wünschen besonders ihm viel Glück auf dem Weg.

Kurz vor Mitternacht treffen wir in der Herberge ein. Für die Haustür gibt es einen Nummerncode, der täglich wechselt, so dass man zeitlich ungebunden ist.

Die Begegnung mit den drei Schweizern begleitet mich bis in den Schlaf. Kurz vor dem Einschlafen denke ich über das Phänomen Flüchtigkeit nach. Warum bleiben uns kurze Begegnungen oder Gesprächsfetzen manchmal so stark im Gedächtnis? Eigentlich verbinden wir mit Flüchtigkeit doch gerade das Gegenteil. Wie kommt es, dass sich trotz der großen Anzahl an flüchtigen

Begegnungen und Eindrücken, die jeder von uns auf dem *camino* täglich erfährt, einige davon dennoch dauerhaft im Gedächtnis bleiben? Was sorgt für ihren unvermutet hohen Stellenwert? Hängt es damit zusammen, dass das Gehirn das Erlebte nicht sofort verarbeiten und abspeichern kann? Mir kommt es so vor, als würde die Qualität flüchtiger Begegnungen unterschätzt, besonders wenn ihnen ein Fragezeichen, eine unentdeckte oder nicht eingestandene Hoffnung oder schlicht ein fehlender Abschluss anhaftet. Das verbleibende Fragezeichen kann aus einer nicht gestellten Frage, aus einem zu schnellen Abschied resultieren oder aber mit einer geweckten, jedoch nicht gestillten Neugierde zu tun haben. Bleibt dieser Fragenkomplex unbeantwortet, erlangt die Flüchtigkeit unverhoffte Dauerhaftigkeit.

Freitag, 28.07.2023 / Islares - Santoña (34 km)

Der Himmel ist nahezu wolkenfrei. Was für ein Geschenk. Eine leichte Brise weht vom Meer herüber. Heute Morgen lasse ich mir Zeit. Tomás ist bereits früh aufgebrochen. Es ist schon acht Uhr, als ich meine Sachen nach dem Frühstück zusammenpacke und am Campinglatz vorbei den Weg nach *Nocina* einschlage.

Gestern Abend ist mir in der Dämmerung nicht aufgefallen, dass der Campingplatz unmittelbar an der *Playa de Arenillas* am Rand einer sehr schönen Bucht liegt. Hier mündet der *Agüera* ins Meer.

Ich folge der Straße flussaufwärts. Nach einigen Metern steht eine Jesusfigur auf schwarzem Marmorsockel am Wegesrand. Sie erinnert an Angel Diaz Vela, den Pfarrer von *Castro Urdiales*. Am 28. Oktober 1980 wurde der Neununddreißigjährige an dieser Stelle zum letzten Mal gesehen, als er zu Fuß zu einer Messe unterwegs war. Danach verschwand er spurlos und tauchte nie wieder auf.

Das breite, sandig-sumpfige Delta des *Agüera* erstreckt sich einige Kilometer weit bis ins Hinterland. Abgesehen von der Autobahn, die das Tal auf hohen Stelzen quert, hofft man bis *Nocina* vergebens auf eine Brücke. Im Ort muss ich mich zwischen dem sieben Kilometer längeren Weg über die Berge oder der kürzeren Strecke über die N 634 entscheiden, die durch das von Bergen gesäumte Tal von *Liendo* führt. Aufgrund des geringen Verkehrsaufkommens wähle ich letztere. Kürzer bedeutet jedoch nicht weniger anstrengend. In unzähligen Bögen windet sich die Straße bergauf.

Abb. 34: Blick von Nocina in Richtung Meer

Entlang der Nationalstraße wachsen Clematis (Waldreben) und gelb blühender wilder Fenchel. Der Blütenreichtum steht im starken Kontrast zu den nackten Felskuppen der umliegenden Berge.

Endlich ist die Spitze des Berges erreicht. Oberhalb der Autobahn führt der *camino* über grüne Hügel hinab ins Tal von *Liendo*. Im Vergleich mit der Steilküste und dem tief eingeschnittenen Tal des *Agüera* verströmt das lichte und weite Tal einen großen Liebreiz. Durch die plötzliche Windstille hat man das Gefühl, eine verwunschene Welt betreten zu haben. Leider gibt es in *Liendo* weder eine Bank zum Ausruhen noch ein Café zum Verweilen.

Schweren Herzens verlasse ich das friedliche Tal und steige die grünen Hügel hinauf. Über zweihundert Höhenmeter gilt es, bis *Laredo* zuerst hinauf- und dann wieder hinabzusteigen.

Der Anblick von *Laredo* ist überwältigend. Von oben gesehen besticht der Ort durch seine einzigartige Lage an einer weiten Bucht mit kilometerlangem Sandstrand. Im Westen begrenzt der Fluss *Ria de Treto* die Stadt. Kurz vor seinem breiten, ausladenden Delta heißt er noch *Ria de Limpias*, doch ändert sich sein Name nach dem Zusammenfluss mit dem *Ria de Rada*. Aus der Vogelperspektive betrachtet wirkt *Laredo* sehr modern. Von zwei mächtigen Kirchenbauten abgesehen, scheint die Stadt kaum über nennenswerte historische Gebäude zu verfügen.

Abb. 35: Bucht von Laredo

Auf der anderen Seite des *Ria de Treto* liegt *Santoña*, mein Ziel für den heutigen Tag.

Im Nachhinein kann ich nicht mehr sagen, warum ich zur Fähre von *La Puntal* nicht die einfachere Strecke über den Strand gewählt habe, statt mitten durch die Stadt zu gehen. Die Entscheidung war desaströs, denn ich verlaufe mich im Außenbezirk der Stadt immer wieder und weiß schließlich nicht mehr weiter. Immer wieder münden Straßen in sandige Wege und umgekehrt, ohne dass ich mich dem Flussufer mit der Fähre nach *Santoña* nähere.

Entnervt und völlig erschöpft erreiche ich zu guter Letzt einen Campingplatz. Neben einem Auto unterhalten sich zwei Frauen, die ich nach dem Weg frage. Eine von ihnen lacht und sagt, es sei viel zu kompliziert, mir den Weg zu erklären, und deshalb werde sie mich schnell hinfahren. Unterwegs stellt sie sich als Besitzerin des Campingplatzes vor. Bei der Verabschiedung einige Minuten später, deutet sie auf ihre Armbanduhr und empfiehlt mir, mich zu sputen, denn das Fährboot werde gleich ablegen.

Zuerst gehe ich in Richtung des Piers, folge dann jedoch intuitiv einem Mann mit Badetasche, der an mir vorbei hetzt und hinter einer Düne verschwindet. Erst jetzt sehe ich die kleine, am Strand liegende Fähre. Zum Glück ist die Rampe noch ausgefahren. Kaum bin ich eingestiegen, legt das mit zwanzig Fahrgästen besetzte Boot auch schon ab. Die Überfahrt dauert knapp fünf Minuten. Unter den Passagieren befindet sich auch Frederico. Allerdings ist er heute nicht zum Plaudern aufgelegt. Kurz angebunden erklärt er, in

Santoña einen Freund treffen zu wollen und deshalb keine Zeit für anderes zu haben.

Abb. 36: Fährboot nach Santoña in La Puntal

An der Uferpromenade von *Santoña* begrüßt ein auf zwei kannelierten Säulen ruhendes Segelschiff zum Gedenken an Juan de la Cosa die Ankommenden. De la Cosa war ein in der Mitte des 15. Jahrhunderts hier geborener Kartograf, Seefahrer und Entdecker, der als Kapitän Christoph Kolumbus auf seiner ersten Fahrt gen Westen begleitete. Auf seiner fünften Reise in die *Neue Welt* starb er in Kolumbien durch einen Pfeil.

Hinter dem Denkmal führen schmale Gassen und Straßen in die Stadt. In der *Calle Virgen del Puerto* häufen sich *bodegas* und Restaurants.

Aber egal wo ich nach einem Zimmer frage, die Pensionen sind bereits belegt. Bestimmt liegt es daran, dass in der *Autonomen Gemeinschaft von Kantabrien* heute ein Feiertag ist.

Endlich habe ich Glück. Ein Gastronom schickt mich zur öffentlichen *Auberge municipal de Santoña* (oder *Albuerge Juvenil des Santoña*), die am Ortsrand in einer Ausbuchtung des Flussdeltas liegt. Sie sei leicht zu finden, sagt er, ich müsse einfach nur der Uferpromenade bis zu einer Brücke folgen, dahinter läge die Herberge.

Am Ende der langgezogenen Uferpromenade komme ich an einem futuristischen Gebäude vorbei, welches an das verglaste Oberdeck einer mondänen Yacht erinnert: dem *Centro de Interpretación del Parque Natural de Las Marismas de Santoña, Victoria y Joyel - Naturea Cantabria*. Es beherbergt ein

Museum sowie ein Tagungszentrum.

Abb. 37: Centro de Interpretación del PN de Las Marismas de Santoña

Dahinter geht es bis zur Brücke nur noch an Lagerhallen entlang. Hier dreht sich alles um Sardellen und ihre Konservierung, denn *Santoña* ist das spanische Zentrum für Anchovis.

Die Herberge, untergebracht in einem modernen Neubau, unterscheidet sich kaum von den Lagerhallen. Noch sind viele Betten frei. Ich nutze die Chance für einen Mittagsschlaf, eine Mücke wiederum mich als williges Opfer. Ich gönne es ihr, denn sie ist die erste auf dieser Reise.

Auch wenn die Temperatur immer noch weit unter dem Durchschnitt eines spanischen Hochsommers liegt, ist es heute mit sechsundzwanzig Grad zum ersten Mal richtig warm. Ich bin für jeden Sonnenstrahl dankbar. Zudem trocknen meine Sachen auf dem Wäschereck im Nu. Diesmal werde ich sie nicht, wie so häufig an verhangenen oder verregneten Tagen, am nächsten Morgen feucht einpacken müssen.

Am Nachmittag kehre ich noch einmal in die Stadt zurück. Die *Bar Bahia*, in einer ruhigen Seitenstraße abseits des Trubels gelegen, bietet frische und preiswerte Gerichte.

Gestärkt und erfrischt geht es zurück zur Herberge. Dort genieße ich den Spätnachmittag auf einer Bank vor dem Gebäude, schreibe an meinem Reisebericht und lese bis zum Sonnenuntergang.

Langsam ziehen dunkle Wolken auf. Vorsichtshalber packe ich meine Sachen zusammen und drehe noch eine Runde um die Herberge. Durch die direkte Lage am Meer ist der Tidenhub hier deutlich sichtbar. Kleine Boote liegen auf dem Trockenen. Auf der anderen Seite der Herberge breitet sich Schwemmland aus. Das sumpfige Terrain lässt sich leider nicht zu Fuß erschließen.

Ich mache ein paar Fotos und kehre in die immer noch nicht voll belegte Herberge zurück.

Abb. 38: Schwemmland hinter der Herberge von Santoña

Samstag, 29.07.2023 / Santoña - Isla (13 km)

Erstaunlich, wie lange es dauert, bis sich der Körper abends entspannt. Haben sich Anspannung und Nervosität gelegt, ist für einen erholsamen Schlaf nur noch eine gute Matratze erforderlich. Aber diese sind leider oft viel zu hart.

Um acht Uhr stehe ich abmarschbereit vor der Herberge. Der Wind hat die Wolkendecke vom gestrigen Abend aufgelockert, so dass immer wieder die Sonne durchbricht. Ich mache mich auf die Suche nach einer Bar, um zu frühstücken. Einige Straßen hinter der Brücke stoße ich auf ein einfaches Café. Der Start in den Tag ist gesichert.

Wenig später geht es in Sichtweite an dem vierhundert Meter hohen *Monte Buciero* vorbei, der *Santoña* zur Küste hin abschirmt. Dann weiter entlang der Mauer des Gefängnisses *El Dueso*, der einzigen spanischen Haftanstalt mit Meerblick. Verbunden mit dem Gefängnis ist die Geschichte eines Drogendealers, der hier einsaß, später *hospitalero* wurde und eine Pilgerin aus den

Niederlanden heiratete. Falls er immer noch die Herberge in *Isla* leitet, werde ich ihn heute Abend kennenlernen.

Der Himmel zieht sich immer mehr zu. Mit dem schönen Wetter scheint es wieder einmal vorbei zu sein.

Nach kurzer Zeit erreiche ich *Berria* mit seinem breiten Sandstrand. Um diese Uhrzeit und bei diesem Wetter sind kaum Menschen am Meer unterwegs. Am hinteren Ende des Strands führt ein steiniger schmaler Weg zur Steilküste hinauf. Der *camino* ist in dem von kniehoher Macchia bestandenen felsigen Terrain kaum auszumachen. Auf abenteuerliche Weise umrunde ich eine dicht bewaldete Felsnase. Dahinter taucht in der Ferne *Noja* auf. Kam mir der Strand von *Berria* bereits groß vor, so übertrifft ihn der von *Noja* um ein Vielfaches. Zudem ist er derart lang, dass die Stadt am anderen Ende so winzig erscheint, als würde man sie durch ein umgedrehtes Fernglas betrachten. Der Strandabschnitt, zu dem der *camino* hinabführt, ist nahezu menschenleer.

Abb. 39: Strand von Noja

Abgesehen von dem kurzen Aufstieg zur Steilklippe von *Berria*, waren heute keine großen Höhen zu bewältigen.

Polizisten auf Squads patrouillieren am weitläufigen Strand, ermahnen Hundebesitzer die Tiere anzuleinen oder fordern Camper auf, ihre Zelte wieder abzubauen.

Je näher ich *Noja* komme, desto mehr häufen sich in Ufernähe schwarze, ungefähr zwei Meter hoch aus dem Meer ragende Felsformationen. Die ausgewaschenen, scharfkantigen Gebilde sind nicht zu unterschätzen. Bereits bei leichter Brandung läuft man Gefahr, sich an ihnen die Haut heftig aufzureißen. Zurzeit herrscht Ebbe. Nahezu frei liegend, erinnern sie an eine Herde Walrosse, die sich im flachen Wasser tummelt. Bei Flut sind vermutlich nur ihre Spitzen zu sehen.

Der Himmel verdunkelt sich zusehends. Eine Zeitlang sieht es so aus, als würde es jeden Augenblick anfangen zu regnen. Doch mehr als ein paar Tropfen kommen zum Glück nicht herunter.

Von *Noja* bis *Isla* folgt der *camino* der Nationalstraße. Eine halbe Stunde später weist ein Schild neben dem Straßenrand auf die nahegelegene Gezeitenmühle von *Olaja* im Mündungsgebiet des *Ria de Ajo* hin. Noch liege ich gut in der Zeit. Also spricht nichts gegen einen kleinen Abstecher. Unabhängig vom Wasserstand ist die in einem Schwemmland liegende Gezeitenmühle über hölzerne Stege jederzeit trockenen Fußes zu erreichen.

Abb. 40: Gezeitenmühle von Olaja

In dem parkartig angelegten Areal informieren Schautafeln über Flora, Fauna sowie Funktionsweise und Geschichte der aus dem 18. Jahrhundert stammenden Mühle. Sie stellte 1953 ihren Betrieb ein, blieb aber zum Glück als wichtiges Kulturdenkmal erhalten.

Gegen Mittag treffe ich in *Isla* ein. Anfangs hatte mich die Ausschilderung irritiert, da eine größere Zone, die sich vom Meer einige Kilometer ins Hinterland erstreckt, ebenfalls als *Isla* bezeichnet wird. Der historische Ortskern liegt vier Kilometer von der Küste entfernt auf einem Hügel. Dort stehen die Pfarrkirche *San Julián y Santa Basilisa* und in direkter Nachbarschaft die *Albergue de Peregrinos de Isla*. Noch ist die Herberge geschlossen.

Es bleibt genügend Zeit für einen Besuch der Pfarrkirche, in der gerade ein Taufgottesdienst stattfindet. Von einer der hinteren Bänke aus verfolge ich die Aufnahme des neuen Kirchenmitglieds. Das Kind macht seinen Eltern alle Ehre und gibt während der gesamten Zeremonie keinen Laut von sich. Zum Abschluss versammelt sich die Gemeinde vor dem opulent vergoldeten dreiflügeligen Hochalter mit seinem reichhaltigen Figurenschmuck. Eine solche Pracht hätte man in einem solch kleinen Ort nicht vermutet.

Eine Besonderheit ist der Second Hand-Buchladen unterhalb der Kirche. In den Regalen verführt eine unglaubliche Menge Bücher aus unterschiedlichen Sachgebieten in mehreren Sprachen zum Stöbern. Sogar esoterische tibetische Romane sind im Angebot.

Voller neuer Eindrücke setzte ich mich eine Stunde später in das Café vis-à-vis des Buchladens und bestelle einen Kaffee, ehe ich erneut an die Herbergstür klopfe. Es dauert lange, bis geöffnet wird. Vor mir steht allerdings nicht der berühmte *hospitalero* Felipe, der einst wegen Drogenhandels im Gefängnis *El Dueso* in *Santoña* einsaß, sondern Jorge, ein peruanischer Informatikstudent. Felipe, so erklärt er, sei gestern mit dem Notarztwagen ins Krankenhaus nach *Santander* gebracht worden und seitdem helfe er hier aus. Schon seit längerem habe der *hospitalero* über Atemnot geklagt, die sich jetzt, im Alter von neunundsechzig Jahren, verschlimmert habe.

Wenig später lerne ich Felipes Frau Silvia kennen, der es körperlich kaum besser geht. Wie der Schweizer Pilger vom Campingplatz in *Islares*, leidet auch sie seit einigen Jahren an der Nervenkrankheit ALS. Obwohl an den Rollstuhl gefesselt, hält sie nichts davon ab, kreuz und quer durch das Haus zu flitzen und nach dem Rechten zu sehen. Wirklich bewundernswert. Zurzeit wird sie von ihrer aus den Niederlanden angereisten Schwester unterstützt.

Noch bin ich der einzige Gast. Die Übernachtung kostet zehn Euro. Für das Frühstück kommen weitere drei Euro hinzu. Am späten Nachmittag trifft eine Gruppe Spanier auf ihren Rädern ein. Sie legen pro Tag sechzig bis neunzig Kilometer zurück.

Am Abend sitzen wir mit Silvia im Aufenthaltsraum und erzählen. Silvia, die nie ihr Lächeln und ihren Humor verliert, berichtet, dass sie früher als Krankenschwester gearbeitet habe und verschiedene Jakobswege gelaufen sei, bis sie Felipe kennenlernte, sich in ihn verliebte und in einem spontanen Entschluss alle Zelte hinter sich abbrach, um bei ihm zu bleiben. Den Entschluss habe sie bis heute keinen einzigen Tag bereut. Ihre Stimme ist sanft und melodisch. Bevor sie sich verabschiedet, empfiehlt sie uns den Film „*The Song of Dance*". Für sie enthalte er alles Lebenswichtige.

Ursprünglich hatte ich geplant, in *Güemes* zu übernachten, da die dortige Herberge von einem Priester mit Kultstatus geleitet wird. Er ist nicht nur als interessanter Gesprächspartner bekannt, sondern auch dafür, dass er abends für alle musiziert und bisweilen auch seelsorgerisch tätig wird. Doch für *Güemes* hätte ich noch weitere zwölf Kilometer zurücklegen müssen. Dass ich in *Isla* blieb, obwohl Felipe nicht da war, lag allein an der freundlichen Begrüßung durch den Peruaner.

Sonntag, 30.07.2023 / Isla - Santander (24 km)

Der Tag fängt wieder einmal gut an. Bei geschlossener Wolkendecke fallen ab und zu einige Regentropen und sorgen bei mir für gedämpfte Stimmung. Wenigstens halten sich Steigung und Gefälle in Grenzen. Aus nicht nachvollziehbaren Gründen verpasse ich zuerst hinter *Arnuero* die Abzweigung nach *Güemes* und danach in *Galizano* auch noch die zur Steilküste. Bis *Somo* muss ich deshalb auf der Nationalstraße bleiben. Da tröstet es auch nicht, dass der Wanderführer auf gelegentliche Tücken in puncto Ausschilderung hinweist.

Ein glatt asphaltiertes Straßenband bietet gegenüber Feld-, Wald- und Wiesenwegen eigentlich den Vorteil, auf ihm leichter und schneller voranzukommen, ohne im Nu verschwitzt zu sein. Doch auf Dauer ist es sehr öde und langweilig.

Lichtblicke sind die bunt bemalten runden und kubischen Türme entlang der Straße sowie auf den Wiesen, die früher vermutlich als Silos zur Bevorratung von Feldfrüchten dienten. Geschickt komponierte der Künstler aus farbigen Dreiecken Gesichter, Tiere oder Pflanzen, die mit den zahlreichen blaugrauen Blüten der Wegwarte um die Gunst der Vorbeiziehenden buhlen.

Abb. 41: Bemalte Silos am Wegesrand

Die Landschaft bleibt hügelig. Felder, Wiesen, Baumgruppen oder kleine Wäldchen sorgen für Auflockerung. Eingestreut sind Weiler und kleine Dörfer. Mich erstaunt, dass die Geschäfte trotz des heutigen Sonntags in den meisten Dörfern geöffnet sind.

Nach vier Stunden kommt das an der *Bahia de Santander* gelegene *Somo* in Sicht. Bis auf seinen Sandstrand mit dem Dünengürtel *Dunas del Puntal y Estuario del Miera*, der wie ein knochiger Finger ins Meer hineinragt, ist es ein unspektakulärer Badeort. In Sichtweite ziehen riesige Fracht- und Containerschiffe vorbei. Lotsenboote gehen längsseits, um sie in den Hafen von *Santander* zu führen.

Pilger können in *Somo* die Fähre nach *Santander* nutzen und dadurch zwanzig Kilometer einsparen. Anderenfalls müssen sie die gesamte Bucht umrunden. Während der Bootsfahrt bricht zum ersten Mal die Sonne durch die Wolken. Zwanzig Minuten später legt die Fähre an der langen Uferpromenade in Höhe des futuristischen Kulturzentrums und Museums *Centro Botin* an.

Santander nimmt die linke Seite der Bucht ein. Bedingt durch die schmale Küstenzone dehnt sich die Stadt bis weit in die dahinterliegenden Hügel aus und erstreckt sich von einem Industriegebiet mit Bahnhof und Busstation bis zum *Palacio de la Magdalena*. Der Palast, die ehemalige Sommerresidenz der spanischen Königsfamilie, liegt auf einer kleinen Halbinsel am Ende der Bucht. Heute nimmt die Internationale Universität *Menéndez Pelayo* den weitläufigen Gebäudekomplex ein. Gelegentlich werden Teile auch als Kongress-

und Versammlungszentrum genutzt. Links und rechts neben der Halbinsel liegen die stark frequentierten Badestrände der Stadt: Richtung Innenstadt die *Playa de los Peligros* und zum Leuchtturm hin die *Primera Playa de El Sardinero*, auch *Ensenada de El Sardinero* genannt. Weitere beliebte Badestrände finden sich auf der *Isla de la Horadada* in Sichtweite der Halbinsel.

Santander, die Hauptstadt der *Autonomen Gemeinschaft Kantabrien*, blickt auf eine wechselhafte Geschichte zurück. In den vergangenen hundertvierzig Jahren ereigneten sich hier zwei schlimme Katastrophen. Am 3. November 1893 explodierte das im Hafen ankernde Dampfschiff *Cabo Machichaco*. Wegen einer Unachtsamkeit beim Entladen entzündeten sich die in seinem Bauch lagernden dreiundvierzig Tonnen Sprengstoff und führten zu einer gigantischen Explosion. Durch die enorme Druckwelle stürzten Häuser in der näheren Umgebung ein und nahezu sechshundert Menschen verloren ihr Leben. Ebenso viele wurden verletzt. Knapp fünfzig Jahre später, am 15. Februar 1941, suchte eine gewaltige Feuerbrunst *Santander* heim. Auch dieses Mal ging das Unglück wieder vom Hafen aus. Starke Winde fachten das Feuer so stark an, dass der historische Teil der Stadt mitsamt der gotischen Kathedrale nahezu völlig zerstört wurde. Der Wiederaufbau dauerte Jahre. Vielleicht wirkt das von der Wasserseite her betrachtete Stadtbild deshalb so uniform.

Auf dem Weg von der Anlegestelle zur privaten Herberge *Isabel* kann ich mir kaum vorstellen, dass ein Großfeuer hier einst alles zerstörte. Im Gegenteil, die Gebäude entlang der Uferpromenade wirken alt und gediegen, wie zum Beispiel das der Post (*Correos*), der *Banco Santander* oder die Bauten an der *Plaza Porticada*. Und natürlich die gotische Kathedrale *Catedral de Nuestra Señora de la Asunción* (auch *Catedral de Santa Maria de la Asunción*). Vermutlich konnten beim Wiederaufbau einige der alten Fassaden sowie die Außenmauern der Kathedrale erhalten werden.

Auf die Herberge *Isabel* wurde ich durch einen Zettel in der Herberge von *Islares* aufmerksam. Gegenseitige Werbung scheint unter privaten Herbergen üblich zu sein. Gelegentlich finden sich Hinweise auch an Bäumen auf dem *camino*. Für die Herberge *Isabel* sprach ihre zentrale Lage in einer ruhigen Seitenstraße hinter der Kathedrale im Stadtzentrum. In einem alten Wohnhaus nimmt sie den gesamten dritten Stock ein. Ein enges Treppenhaus führt nach oben.

Beim Check-in will die Wirtin wissen, ob ich sie durch den *Outdoor-*

Wanderführer gefunden hätte. Mit einem gewissen Stolz schiebt sie nach, dass der Autor des Wanderführers jedes Mal hier absteige. Da ich beabsichtige, zwei Tage zu bleiben, nehme ich kein Etagenbett, sondern das teurere Einzelzimmer. Viel Komfort gibt es nicht. Dusche und Toilette liegen am Ende des Flurs. Bei Komplettbelegung der Herberge ist das mit Sicherheit eine logistische Herausforderung.

Heute geht in *Santander* ein zehntägiges Kulturfestival zu Ende. Am späten Nachmittag treten auf der *Plaza Porticada* zahlreiche Musikgruppen in traditionellen Kostümen auf. In den ihr gegenüberliegenden *Jardines de Pereda* stehen ein buntes Kinderkarussell, Buden mit Kunsthandwerk, Essen und Getränken. Außerdem zahlreiche Tische und Bänke. Ein Denkmal erinnert an den verheerenden Brand von 1941.

Abb. 42: Traditionelle Musikgruppe auf der Plaza Porticada

Als das Feuerwerk um Mitternacht losgeht, schlafe ich bereits tief und fest.

Montag, 31.07.2023 / Santander

Der lange Schlaf tat gut. Beim Verlassen der Herberge empfängt mich ein strahlend blauer Himmel. Ideale Voraussetzungen, um in einem Café in der Sonne sitzend zu frühstücken.

Bestückt mit einem Buch und der Kladde für den Reisebericht schlendere ich anschließend durch die Straßen. Es macht Spaß, sich ohne Ziel treiben zu lassen. Auf einer Bank im Zentrum lasse ich das Flair der Stadt auf mich wirken.

In der Nähe des Großmarkts *Mercado del Este* erleichtern Rollbänder den Aufstieg zu den auf dem Hügel gelegenen Stadtteilen. Die Rollbänder von *Portugalete* besitzen also kein Alleinstellungsmerkmal. Ein anderer Großmarkt, die 1839 von Antonio de Zabaleta erbaute *Galeria Comercial Peñacastillo,* war der erste seiner Art in ganz Spanien.

In der *Universidad de Cantabria*, einem Flachbau aus weißem Stein mit einem von Säulen geschmückten Eingang, stoße ich unverhofft auf Fresken von Luis Quintanilla, einem Freund Hemingways und Modiglianis.

Während seines siebzehnjährigen Exils in den USA malte er 1939 im Rahmen der Weltausstellung in New York fünf Fresken mit dem Titel *„Love Peace and Hate War"* für den spanischen Pavillon. Sie zeigen in zarten Pastelltönen Menschen in unterschiedlichen Gruppierungen. Auf Umwegen gelangten die Wandgemälde hierher und zieren seitdem die Wände der Eingangshalle. Darüber hängen mächtige Gebilde von der gewölbten Glasdecke herab. Sie erinnern mich an ein ähnliches Objekt im Kölner Rathaus. Vermutlich stellen sie auch hier Wolken dar.

Am frühen Nachmittag gehe ich zur Uferpromenade, um mir das 2017 erbaute *Centro Botin* anzusehen. Der auf Stelzen stehende Mehrzweckbau, der an einen aufgeklappten Lautsprecher erinnert, ist Museum und Kongresszentrum zugleich. Im verglasten Bereich zwischen den Stelzen sind ein Restaurant und ein Café untergebracht sowie der Eingang zu den oberen Bereichen.

Um das *Centro* herum laden Stühle zum Verweilen ein. Von außen gelangt man über eine Treppe oder einen Aufzug zu einer Aussichtsplattform, von der man einen herrlichen Ausblick auf die Bucht von *Santiago* hat.

Bis auf das Karussell ist in den *Jardines de Pereda* bereits alles wieder abgebaut. Vielleicht springt mir deshalb beim heutigen Besuch das Denkmal für den Schriftsteller José Maria de Pereda sofort ins Auge. De Pereda thront auf einem hohen Felsen, um den herum sich Menschen und Tiere aus seinen Büchern gruppieren. In ihnen verklärt und idealisiert er *Kantabrien* und seine Wahlheimat *Santander*. Nur eines seiner Werke wurde ins Deutsche übersetzt.

Das herrliche Wetter erscheint mir ideal für einen Bootsausflug zur *Isla de la*

Horadada. Nach einer kurzen Fahrt landet die Fähre in *La Puntal* an der Südspitze der Insel an. Die Strände sowie das Inselrestaurant sind voller Menschen. Die kleine, lang gestreckte Insel ist schnell umwandert. Bis zur Rückfahrt in zwei Stunden setze ich mich in die Dünen und genieße den Ausblick auf das Meer und die gegenüberliegende ehemalige Sommerresidenz des spanischen Königshauses.

Zurück an der langgezogenen Uferpromenade schlendere ich am Fluss entlang und schaue mir die zahlreichen, dort installierten Kunstwerke an. Zum Beispiel die lebensgroße Gruppe von Kindern aus Bronze, die auf der Kaimauer sitzen. Eines will gerade ins Wasser springen. Oder etwas weiter ein aus mehreren dicken Eisenplatten geformtes Objekt, bei dem sich die unterschiedlichen Aussparungen der Platten zu einem Gesicht formen.

Abb. 43: Kunst auf der Uferpromenade von Santander

Nicht unerwähnt bleiben darf das zwischen Bänken und Bäumen stehende Denkmal für die Gefallenen der Seeschlacht von Trafalgar, in der 1805 die französisch-spanischen Streitkräfte den Briten unterlagen.

Auch in den Straßen der Stadt gibt es viel zu entdecken. So in der Nähe der Markthalle, wo die Figur einer Frau auf einer mehrere Meter hohen blauen, Säule steht und durch ein Fernrohr schaut. Oder das Denkmal in Nähe des

Busbahnhofs, wo eine trauernde Frau die Katastrophe des 3. November 1893 beklagt, bei der ein Schiff im Hafen explodierte.

Am späten Nachmittag gehe ich zum Hügel von *Somorrostro*, um mir die nach dem Brand von 1941 wiederaufgebaute Kathedrale anzuschauen. Dass die Apsis der mächtigen und wehrhaft wirkenden Kirche in Folge des 1953 abgeschlossenen Wiederaufbaus in ein breites Querschiff umgewandelt wurde, fällt nicht auf. Nach wie vor erscheint sie wie aus einem Guss. Kaum vorstellbar, dass der große Brand vor über 80 Jahren nichts bis auf die Außenmauern und Säulen verschonte. Der Bau beeindruckt mich durch seine Schlichtheit und besonderen Lichtverhältnisse.

In der Kathedrale ruhen die sterblichen Überreste der beiden Schutzpatrone der Stadt: *San Emeterio* und *San Celedonio* (lateinisch: *Emeterius* und *Chelidonius*).

Abb. 44: Reliquienbehälter in der Kathedrale von Santander

Die als Heilige verehrten Brüder lebten im dritten nachchristlichen Jahrhundert in Nordspanien und standen im Dienst des römischen Heers.

Als bekennende Christen wurden sie verfolgt, gefoltert und 298 n. Chr. in *Calahorra (Autonome Gemeinschaft La Rioja)* enthauptet. Die Römer warfen ihre Köpfe achtlos in den Fluss. Heute befinden sich diese in silbernen Reliquienbehältern in einer Nische der Kathedrale hinter Panzerglas, während ihre Gebeine unter dem Hauptalter zur letzten Ruhe gebettet wurden.

Im Internet kursiert eine abenteuerliche Geschichte, der zufolge die Köpfe, genau wie die Gebeine des heiligen Jakobus, auf wundersame Weise in einem Boot nach *Santiago de Compostela* gelangt und dort bestattet sein sollen. Diese Behauptung entbehrt allerdings jeglicher Realität.

In der Kathedrale von *Santander* befindet sich auch das Grab von Marcellino Menéndez Pelayo, eines der bedeutendsten Historiker und Literaturwissenschaftler Spaniens, der unter anderem ein viel zitiertes Werk über die Geschichte der Häretiker schrieb. Den Deckel des Sarkophags ziert sein aus Stein und Marmor gefertigtes Ebenbild. Das Haupt ruht auf Büchern. Ein aufgeschlagenes Buch bedeckt die Brust. Geschaffen hat das Kunstwerk Victorio Macho, einer der bedeutendsten Bildhauer der spanischen Moderne.

Auf einer Bank im Kirchenschiff lasse ich die diaphane Ordnung auf mich wirken und denke über den Wechsel von Zerstörung und Aufbau nach. Nichts scheint in der materiellen Welt von Dauer zu sein. Es herrscht ein stetiger Wandel, ein ständiger Fluss von Entstehen und Vergehen. Hier sitzend, frage ich mich, was hat der *camino* bei mir bisher bewirkt oder bereits verändert? Ich gehe die Erlebnisse der vergangenen Wochen in meinem Kopf durch. Das Erste, das ich aktiv anging, war, den Weg aus dem Kopf zu bekommen, ihn jedoch nicht aus den Augen zu verlieren. Bereits am ersten Tag wurde mir klar, dass nichts unergiebiger und hinderlicher ist, als sich ständig zu fragen, wie weit es noch ist, wie der vor mir liegende Weg beschaffen sein wird, welche Steigungen noch zu bewältigen sein werden, wann endlich der Scheitelpunkt eines Hügels oder Bergs erreicht sein wird oder wann es endlich wieder bergab geht. Also weg dem gedanklichen Ballast. Gleiches gilt auch für Gedanken an Vergangenheit und Zukunft. Zu akzeptieren, dass es so ist, wie es ist, und sich dem *camino* ganz hinzugeben, ist der beste Weg zu innerer Entspannung und Gelassenheit. Dabei die Achtsamkeit für sich und jeden Schritt auf dem Weg zu bewahren, das ist die Herausforderung, die es zu meistern gilt. Denn nur allzu oft führen Nachlässigkeit oder Unachtsamkeit zu Blasen, Stürzen und anderen Verletzungen.

Kirchen sind für Pilger immer besondere Orte. Nach stundenlangem Wandern in der Natur, abseits täglicher Hektik und Betriebsamkeit, bieten sie die Möglichkeit, die Erfahrung von Stille und innerer Einkehr fortzusetzen. Das Gefühl, mit allem verbunden beziehungsweise in alles eingebettet zu sein, ist hier wie dort gleich. Ob man es als eine Erfahrung des Göttlichen bezeichnen will oder schlicht als eine besondere Form innerer Einkehr, das Resultat ist immer das Gleiche. Man verspürt eine Verbundenheit mit der Schöpfung.

Dienstag, 01.08.2023 / Santander - Queveda (26 km)

Nach dem Aufstehen überschattet ein Disput mit der Wirtin den Start in den Tag. Um viertel vor acht, ich ziehe gerade die Schuhe an, klopft sie an meine Zimmertür und teilt mir in einem herrischen Ton mit, dass bereits alle Gäste die Pension verlassen haben und ich mich beeilen solle. Überheblich und selbstgefällig gestattet sie mir nach meinem Hinweis, dass der Check-out laut Aushang bis acht Uhr erfolgen muss, noch die restlichen Minuten zu bleiben.

Als ich das Zimmer kurz vor acht Uhr verlasse, erspare ich mir eine hämische Bemerkung. Die Putzkolonne ist bereits im Einsatz. Vielleicht lag es daran. Man sollte sich doch immer auf sein Bauchgefühl verlassen, denn die Frau war mir vom ersten Augenblick an unsympathisch. So empfanden es auch andere Pilger, die in der Pension übernachteten.

Zu allem Überfluss regnet es. Ich hole den Schirm heraus. Mit Schirm unterwegs zu sein erscheint mir praktischer, als ein Regencape überzuziehen. Nur einmal trug ich die Pelerine. Doch ich schwitzte darunter derart, dass ich sie auch genauso gut hätte weglassen können. So oder so sind Beine und Schuhe nicht geschützt.

Abb. 45: Mit Protesten überklebte Stierkampfwerbung in Santander

In den Straßen hängen immer wieder Plakate, die auf Stierkämpfe hinweisen. Auch in Spanien sind Stierkämpfe in den letzten Jahren ziemlich in Verruf geraten. Davon zeugen von Gegnern angebrachte Aufkleber mit Zitaten berühmter Persönlichkeiten. Der Anführer der indischen Unabhängigkeitsbewegung, Mahatma Ghandi, wird mit den Worten zitiert, dass die Kultur einer Gemeinschaft sich daran messen lassen muss, wie sie Tiere behandelt. Der Mediziner und Nobelpreisträger Ramón y Cajal verkündet, dass es ihn stolz mache, nie etwas mit der Klientel zu tun gehabt zu haben, die Stierkämpfe bejaht.

Nach zwei Stunden sind meine Hosenbeine und Schuhe völlig durchnässt. Was spricht dagegen, heute einfach so lange weiter zu laufen, bis die Sachen wieder trocken sind? Noch ist die Wolkendecke fest geschlossen, doch bei weitem nicht mehr so schwarz wie in *Santander*. Die Steigungen halten sich glücklicherweise in Grenzen. Mehr als hundert Höhenmeter sind nicht zu bewältigen.

Überwiegend verläuft der *camino* durch hügeliges, teilweise von Pinien und Farnen bestandenes Terrain, dann für ein kurzes Stück parallel zu einer Bahnlinie, ehe er vor einer Eisenbahnbrücke abknickt und in die benachbarten Hügel hinaufführt. Vermutlich haben einige Pilger die von vielen Zügen befahrene Brücke als Abkürzung benutzt, denn das Lebensgefahr-Schild warnt ausdrücklich vor dieser Abkürzung, die lediglich drei Kilometer einspart.

Einige Kilometer hinter der Eisenbahnbrücke geht es steil nach oben und zum wiederholten Mal rückt die Autobahn ins Blickfeld. Eine Zeitlang folgt er ihrem Verlauf.

Zum wiederholten Mal frage ich mich an diesem Morgen, warum mir die kurze und eigentlich bedeutungslose Episode mit der Wirtin so lange nachläuft. Was hindert mich daran, den Vorfall einfach zu vergessen? Hat es mit Verzeihen können zu tun oder liegt es an der Überbewertung meines Egos? Was mir hilft, die Gedanken zu vertreiben, ist das lautlos formulierte „Schau nach vorne und sage mir, was Du siehst". Automatisch weiten sich dabei meine Augen. Plötzlich verstehe ich, warum Statuen einiger fernöstlicher buddhistischer Meister, zum Beispiel Padmasambhava, gelegentlich mit weit aufgerissenen Kulleraugen dargestellt werden. Sie scheinen Ausdruck ihrer Gegenwärtigkeit sowie ihrer Fokussierung auf das Hier und Jetzt zu sein.

Gegen Mittag reißt die Wolkendecke auf. Nach und nach kommt die Sonne hervor. Welch ein Genuss! Nach vier Stunden Regen kann ich den Schirm endlich wieder einpacken.

In *Arce* führen zwei Brücken über den *Pas*. Über eine rollt der Verkehr der Nationalstraße, während ein Stück flussaufwärts eine alte Steinbrücke von Pilgern und Anrainern benutzt wird. Die aus mächtigen Steinquadern erbaute Brücke mit Bögen unterschiedlicher Spannweite wurde vor einigen Jahren aufwändig restauriert. Lange Zeit war sie die einzige Verbindung zwischen *Arce* und *Oruña de Piélagos*. Bei Sonne wechselt das Grau-beige ihrer Quader zu einem Gelb-beige, was wunderbar mit dem üppigen Grün entlang der Flussufer kontrastiert. Das Wasser ist kristallklar. Für ein erfrischendes Bad ist es leider nicht warm genug.

Abb. 46: Steinbrücke über den Pas in Arce

Neben der Brücke steht ein Gedenkstein mit einem Kreuz als Aufsatz für José Antonio Primo de Rivera. Der faschistische Politiker und sein Vater Miguel, der Spanien von 1923 bis 1930 als Diktator regierte, bereiteten den politischen Boden für General Franco. Dafür bedankte sich Franco bei Primo de Rivera unter anderem dadurch, dass er in jedem Dorf eine Gedenktafel für die im Bürgerkrieg gefallenen Nationalisten errichten ließ. Der Name Primo de Rivera stand dabei stets an erster Stelle. Aus Protest gegen die Verherrlichung des Faschismus hat jemand das Denkmal mit roter Farbe übergossen.

Über *Polanco* und *Requejada* geht es weiter bis in die von Industrie geprägten Außenbezirke *Torrelavegas*. Von nun ab verläuft der *camino* neben der Straße an einem Zaun entlang, hinter dem die chemische Fabrik *Solvay* ihren

Sitz hat, ehe er die Gleise einer Industriebahn kreuzt und auf einer Brücke den *Saja* überquert.

Der durch eine liebliche Auenlandschaft mäandernde Fluss begrenzt das Chemiewerk zur anderen Seite. Im silbrig glitzernden Wasser schwimmen Forellen. Eine solche Idylle in der Nähe einer Chemiefabrik hätte ich nicht vermutet.

Abb. 47: Chemiewerk Solvay am Saja

Am Zentrum von *Torrelavega* vorbeiführend, steigt der *camino* hinter der Stadt langsam wieder an.

In *Quevada*, wenige Kilometer vor *Santillana del Mar*, habe ich das Gefühl, dass mein Tagespensum für heute mehr als erfüllt ist. Außerdem möchte ich vermeiden, aufgrund der fortgeschrittenen Tageszeit in der dortigen Herberge kein freies Bett mehr zu bekommen.

Vor einem Campingplatz weist ein Schild auf die *Albergue Osa de Andara* hin. Die Herberge wie auch die *hospitalera*, eine ältere Frau, machen einen sehr guten Eindruck. Außer mir ist noch ein weiterer Gast hier: Mike aus *Dänemark*.

Nach der Dusche und dem Waschen der Wäsche sitzen wir vor dem Haus und tauschen uns über den Jakobsweg aus. Zur Begrüßung stellt uns die *hospitalera* eine Schale mit Obst auf den Tisch. Für das Abendessen empfiehlt sie das Restaurant auf dem nahen Campingplatz. Das Essen dort sei gut und preiswert.

Bei einem Pilgermenü und einer Flasche Wein setzen wir dort wenig später unser anregendes Gespräch fort. Nichts drängt uns, da wir einen Schlüssel für die Herberge bekommen haben.

Mittwoch, 02.08.2023 / Queveda - Santillana del Mar (3 km)

In puncto *hospitalera* müssen wohl doch einige Abstriche gemacht werden, denn für das von ihr mit fünf Euro berechnete Frühstück bietet sie lediglich Instantkaffee, dazu einen kläglichen Rest Milch, einige trockene Kekse und zwei noch trockenere Orangen. Ob sie sich deshalb heute Morgen nicht blicken lässt?

Mike bricht noch vor mir auf. Auf meinen Rat hin will er sich die nahe gelegene *Cueva de Altamira*, eine Höhle mit prähistorischen Malereien, ansehen. Sein Plan ist, noch einige Tage weiter in Richtung *Santiago de Compostela* zu laufen und dann nach *Bilbao* zurückzukehren. Dort wird er seine Frau treffen und sich mit ihr erneut auf den Jakobsweg begeben.

Ein schmerzhaftes Ziehen in der Leistengegend lässt für mich die wenigen Kilometer bis *Santillana del Mar* zur Qual werden. Ich humple mehr, als ich gehe. Vermutlich ist die Ursache ein gequetschter Nerv, der sich nach meiner Leisten-OP hin und wieder bemerkbar macht.

Noch regnet es nicht, doch die dunklen Wolken versprechen nichts Gutes. Der Weg führt an einem Hotel vorbei, dessen Umfassungsmauer mit Köpfen von Elefanten und Schimpansen, Stoßzähnen, Speeren, Schildern und Masken aus bemaltem Stuck verziert ist. Ohne Frage scheint der Eigentümer ein Liebhaber Afrikas zu sein.

Bereits hinter der nächsten Hügelkuppe taucht *Santillana del Mar* auf.

Auf den Besuch von *Santillana del Mar*, genauer gesagt auf die knapp zwei Kilometer davon entfernt liegende *Cueva de Altamira*, habe ich mich schon vor Beginn der Reise gefreut. Zu Studienzeiten hielt ich im Rahmen meines Nebenfachs in Ur- und Frühgeschichte ein Referat über die prähistorischen Wand- und Deckenmalereien in dieser Höhle. Schon damals, vor fast fünfundvierzig Jahren, beeindruckte mich die Brillanz der circa 15.000 Jahre alten Tierdarstellungen zutiefst. Und jetzt werde ich die Höhle endlich besichtigen können.

Zum Glück erreiche ich *Santillana del Mar* noch trockenen Fußes. Die

Herberge *El Convento* (oder *Albergue de peregrinos El Convento*) liegt direkt an der Durchgangsstraße.

Abb. 48: Garten der Herberge El Convento in Santillana del Mar

Das zweistöckige, aus Natursteinen errichtete ehrwürdige Bauwerk mit seinem mächtigen Bogenportal war ehemals ein Kloster. An der Anlage selbst wurde baulich kaum etwas verändert. Sie verfügt über einen von einer Mauer umgebenen Garten mit Obstbäumen und einen Innenhof. Der aus Steinplatten gefügte Boden im Erdgeschoss strahlt Alter und Gediegenheit aus, ebenso die jahrhundertealten Dielen im Obergeschoss. Die unzähligen über sie hinweg gelaufenen Füße haben ihnen einen wunderbaren seidigen Glanz verliehen. Das Erdgeschoss nehmen ein großer Aufenthaltsraum, die Küche, zwei Speisesäle und ein mit Matratzen ausgelegter Gruppenschlafraum ein, der früher vermutlich das Refektorium war. Im Flur wacht eine lebensgroße bärtige Heiligenfigur mit wallendem Haupthaar über das Geschehen in der Herberge. Ihr fehlen die Arme sowie Attribute, die Rückschlüsse zulassen, um welchen Heiligen es sich handelt. Im Obergeschoss liegen die Dusch- und Toilettenräume, ein weiterer Schlafsaal sowie etliche Klosterzellen, die in Zweibettzimmer umgewandelt wurden.

Der ehemalige Konvent ist vom benachbarten Klarissenkloster *Religiosas Clarisas Monasterio Regina Coeli* nur durch eine schmale Gasse getrennt und liegt der aus dem 17. Jahrhundert stammenden Altstadt unmittelbar gegenüber.

Schon nach wenigen Schritten taucht man in die autofreien, mit Kopfsteinpflaster versehenen Gassen voller pittoresker Häuser ein. Das Ende der Altstadt bildet die Stiftskirche der heiligen *Juliana (Colegiata de Santa*

Juliana). Aus dem Namen der Heiligen Juliana wurde im Laufe der Zeit *Santillana*. der heutige Name des Ortes.

Eigentlich dürfen Pilger nur für eine Nacht in den Herbergen bleiben, doch macht man in meinem Fall eine Ausnahme, da ich nicht nur die Stadt, sondern auch die Höhle von Altamira erkunden möchte. Für Übernachtung, Abendessen und Frühstück fallen pro Tag nur einunddreißig Euro an.

Da es noch nicht einmal elf Uhr ist und meine Wäsche bereits zum Trocknen im Innenhof des Klosters hängt und es zudem immer noch nicht regnet, beschließe ich den Besuch der Höhle von Altamira auf den heutigen Tag vorzuziehen. Der Nerv in meiner Leiste hat sich zum Glück beruhigt. Sie liegt nur zwei Kilometer den Berg hinauf. Unterwegs treffe ich auf Mike, eingehüllt in seinen Regenmantel. Der Besuch der Höhle hat ihm gut gefallen. Auf Grund des schlechten Wetters will er weiter und verabschiedet sich rasch.

Altamira heißt „hoher Blick", worauf die Lage der Höhle auf dem Hügel unmissverständlich hinweist. Der Eingang der Höhle wurde vor mehr als 10.000 Jahren durch einen Erdrutsch verschüttet. Erst 1868 entdeckte ein Jäger die Höhle, weil sein Hund plötzlich in einem Loch verschwand.

Anfangs wurden die in Schwarz oder Rotbraun auf Wände und Decken gemalten Wisente, Pferde, Nashörner, Rehe und Hirsche als das Werk von Kindern eingestuft, bis man schließlich ihr wirkliches Alter erkannte. Heute gehört die Originalhöhle mit ihren circa 15.000 Jahre alten Malereien zum Weltkulturerbe.

Abb. 49: Höhlendecke mit Wisenten in Altamira

Aus konservatorischen Gründen ist sie der Öffentlichkeit inzwischen nicht mehr zugänglich. Als Ersatz errichtete die Kommune ein Museum mit einem originalgetreuen Nachbau eines Saals der Höhle. Er war der erste seiner Art. Viele andere Orte mit prähistorischen Höhlen sind diesem Beispiel mittlerweile gefolgt.

Ein Nachbau bietet den Vorteil, dass sich die Besucher ohne Restriktionen an den Repliken erfreuen können. Einige Höhlen mit prähistorischen Wand- oder Deckenmalereien leiden bis heute darunter, dass der Besucherstrom nicht rechtzeitig eingeschränkt beziehungsweise ganz unterbunden wurde. Zahlreiche zehntausend Jahre alten Malereien erlitten dadurch in wenigen Jahrzehnten irreparable Schäden. Verursacher waren eindringende Bakterien aus der Atemluft der Besucher sowie der Temperaturanstieg in den Höhlen, in denen normalerweise eine ganzjährig konstante Temperatur von vierzehn Grad herrscht. Wird diese Grenze überschritten, breiten sich schädliche Bakterien aus. In manchen Höhlen sind daher von einigen der polychromen Gemälde nur noch weiß-graue Flecken übrig.

Vor dem Eingang wartet bereits eine lange Schlange auf Einlass. Das 2001 eingeweihte Museum gliedert sich in zwei Bereiche: in einen mit Schautafeln und Vitrinen bestückten Teil, der über die geographischen und sozialen Bedingungen in der Prähistorie informiert sowie den Nachbau, dessen Decke die einzigartigen Tierdarstellungen schmücken.

Staunend betrachte ich die kunstvollen Malereien, die sich den natürlichen Wölbungen oder Vertiefungen der Höhlendecke äußerst geschickt anpassen, wodurch sie sehr an Plastizität gewinnen. Was mag die prähistorischen Menschen zu diesen Darstellungen bewogen haben? Ähnliche Gemälde finden sich in einigen Höhlen Frankreichs und selbst im fernen Indonesien. Trat diese Kunst, die sich über einen Zeitraum von circa 45.000 bis 10.000 v. Chr. erstreckt, geographisch unabhängig voneinander auf? Abgesehen von der Dominanz der Tierdarstellungen und einigen Handabdrücken sind Abbildungen von Menschen die Ausnahme. Höhlenmalereien werden als Ausdruck eines magischen Jagdzaubers interpretiert, was erklären würde, warum kaum Tiere, die nicht auf dem Speiseplan der Frühmenschen standen, dargestellt sind.

Während der ungefähr halbstündigen Führung setzte heftiger Regen mit starken Böen ein. Mike wird auf seinem Weg bestimmt kräftig durchnässt worden sein. Solange ich in der Cafeteria darauf warte, dass es aufhört zu regnen, lasse ich meine Eindrücke noch einmal Revue passieren. Die äußerst naturalistischen Tierdarstellungen sind fantastisch und in ihrer Qualität kaum zu übertreffen. Kaum vorstellbar, dass den Malern nur Talglampen zur Verfügung standen. Was Menschen nicht alles erschaffen haben!

Das Unwetter zieht zwar nach einer Stunde weiter, doch immer noch fällt auf dem Heimweg zum Konvent der eine oder andere Tropfen.

Mein Zweibettzimmer teile ich mit Jan aus *Toulouse*, der nicht müde wird zu betonen, dass seine Stadt die schönste in Europa ist.

Vor dem Essen, einem empfehlenswerten Dreigangmenü mit Wein, spiele ich mit ihm noch eine Partie Schach im Gemeinschaftsraum. Im Zimmer weist er mich später kurz vor dem Löschen des Lichts darauf hin, dass ich mir nichts dabei denken soll, wenn er nachts merkwürdige Geräusche mache. In der Tat schnarcht er nicht, sondern gibt Laute von sich, die an ein altersschwaches Auto erinnern, dass sich rasselnd und schnaufend einen Berg hinauf quält.

Donnerstag, 03.08.2023 / Santillana del Mar

Das Frühstück ist nicht nur gut und reichhaltig, sondern auch, wie bereits das gestrige Abendessen, ein besonderes Erlebnis von Gemeinschaft. Man lernt neue Menschen kennen, tauscht sich über Sprachbarrieren hinweg aus, gibt sich gegenseitig Tipps und schmiedet Pläne für den Tag.

Beim Verlassen der Herberge regnet es zum Glück nicht mehr, doch versteckt sich die Sonne hinter einer dichten Wolkendecke. Ich überquere die Straße und gehe in die Altstadt. Im Verbund mit den gepflasterten Gassen vermitteln die gepflegten alten Häuser ein eindrucksvolles Bild vergangener Zeiten.

Santillana del Mar beansprucht für sich, eine der schönsten Städte Spaniens zu sein. Warum aber in dieser Oase der Ruhe das *Museo de la Tortura*, ein Museum mit Folterinstrumenten aus der Zeit vom 15. bis zum 19. Jahrhundert, seine Pforten eröffnen durfte, bleibt mir ein Rätsel. In der pittoresken Altstadt wirkt die auf das Museum hinweisende Fahne, auf der ein Scharfrichter mit spitzer Kapuze über dem Kopf sowie langstieliger Axt in den Händen zu sehen ist, völlig fehl am Platz.

Ähnliche Verirrungen gibt es auch anderswo, zum Beispiel in dem zum Museum umgewandelten Landgut *La Granja* auf *Mallorca*.

Sehenswert erscheint mir der aus dem 16. Jahrhundert stammende mehrstöckige *Palacio de Velarde*, auch *Palacio Museo de Velarde* genannt.

Unter den zahlreichen Besitzern des Palastes befindet sich auch die schillernde Gestalt des Prinzen Alfonso de Hohenlohe-Langenburg, der bis zu seinem Tod im Jahr 2003 in *Marbella* lebte.

Abb. 50: Palacio de Velarde in Santillana del Mar

Am Ende der Altstadt steht die imposante Kirche *Santa Juliana*. Mit ihren dicken Mauern, dem mächtigen Portal und den umlaufenden Gaden aus bogenförmigen Fenstern, macht sie einen sehr wehrhaften Eindruck.

Wie die Gassen der Altstadt ist auch der Vorplatz der Kirche mit groben Steinen gepflastert.

An einer Ecke des Kirchengebäudes entdecke ich unterhalb der Dachkante das vertieft eingebrachte Zeichen der Faschisten. Das doppelte Joch über einem Pfeilbündel geht auf den vom Diktator Franco verliehenen Orden *Imperial del Yugo y las Flechas* zurück. Er wurde Personen aus dem In- und Ausland für hervorragende Verdienste für die Nation verliehen. Die Verbundenheit mit der Kirche zu betonen, war den Faschisten wichtig.

Abb. 51: Kirche Santa Juliana in Santillana del Mar

Der Kirche gegenüber befindet sich das Museum des spanischen Bildhauers Jesús Otero. Zahlreiche Skulpturen verschönern den Garten des Hauses.

Zum Abschluss des Rundgangs setze ich mich in ein Café auf der *Plaza Mayor* mit Blick auf das Rathaus (*ayuntamiento*). Immer wieder ziehen Regenschauer über die Stadt hinweg, ehe die Sonne am frühen Nachmittag endlich den Kampf gegen die Wolken gewinnt.

Das ziellose Schlendern durch die Stadt hat gutgetan. Erfrischt kehre ich zur Herberge zurück.

Nach dem Abendessen sitzen alle im Gemeinschaftsraum, der sich zum Garten öffnet, zusammen. Man spielt, unterhält sich oder ruht sich einfach nur in einem der bequemen Sessel aus.

An meinem Tisch spielt ein Holländer auf seiner Gitarre, seine beiden Freundinnen singen dazu. Wie sich herausstellt, ist der Gitarrenspieler professioneller Musiker und eine der Frauen in einem Chor aktiv.

Schnell springt die Stimmung auf die in der Herberge ehrenamtlich tätigen Frauen über. Sie kommen an unseren Tisch und erfreuen alle, begleitet von dem Gitarrenspieler, mit spanischer Folklore.

Freitag, 04.08.2023 / Santillana — San Vicente de la Barqueda (39 km)

Zum Glück hat es in der Nacht nicht mehr geregnet, so dass ich meine Wäsche heute Morgen trocken einpacken kann.

Beim Pilgerfrühstück sitze ich neben dem Holländer Peter, der ebenfalls Musiker ist, und der Luxemburgerin Nadine, der ich zum ersten Mal in den Bergen kurz hinter *San Sebastian* begegnete.

Beim Frühstück verabreden Nadine und ich, gemeinsam bis *Comillas* zu gehen. Die Zeit mit ihr vergeht wie im Flug. Schrittlänge, Geschwindigkeit und Interessen passen gut zusammen. In puncto Jakobsweg hat sie bereits Erfahrung. 2020 ist sie den *Camino Francés* mit ihrem 75-jährigen Vater gegangen.

Wieder einmal ist der Himmel stark bewölkt. Von Sommer keine Spur. Würde man sich nicht bewegen, wäre es mit kurzer Hose und T-Shirt fast zu kalt.

Steigung und Gefälle bleiben heute moderat. Der Höhenunterschied zwischen den einzelnen Orten beträgt maximal hundertzwanzig Meter.

Hinter *Santillana del Mar* verläuft der *camino* erst einmal durch das hügelige Hinterland mit grünen Wiesen und weidenden hellbraunen Kühen.

Kurz vor *Oreña* beginnt es zu tröpfeln. Noch lohnt es sich nicht, den Schirm zu öffnen.

Im Zentrum des kleinen Ortes passieren wir die kleine *Ermita de San Bartolome*, ein Kirchenkleinod aus dem 11. Jahrhundert. Leider lädt das Wetter nicht zum Verweilen ein. Hier begegnen wir Mike. Er befindet sich bereits auf dem Rückweg nach Bilbao. Nach einem Erinnerungsfoto, dass Nadine von uns schießt, wünschen wir uns gegenseitig „*buen camino*".

Wie aus dem Nichts taucht nach einigen Kilometern auf einem Hügel die Kirche *San Pedro* auf. Der langgestreckte, niedrige Kirchenbau steht völlig allein und scheint mit der Landschaft zu verschmelzen.

Eine Gruppe Fahrradfahrer stellt ihre Räder an der Kirchenmauer ab und holt ihre Vesperbrote aus den Packtaschen.

Abb. 52: Kirche San Pedro hinter Oreña

Auffällig sind immer wieder Plakate zum Heiligen Jahr von *Liébana* (*Año Jubilar Lebaniego*), die meist in den überdachten Bushaltestellen entlang des *camino* kleben. Das Jubeljahr findet immer dann statt, wenn der Namenstag des heiligen Turibius auf einen Sonntag fällt. *Liébana* ist für Christen ein wichtiger Ort, da das Kloster *Santa Toribio de Liébana* den mit circa fünfzig Zentimetern größten Splitter vom Kreuz Jesu besitzen soll. Turibius von Astorga brachte ihn im 5. Jahrhundert aus dem Heiligen Land mit.

Irgendwo *in the middle of nowhere* zweigt der *Camino Lebaniego* zum Kloster *Santa Toribio* vom *Camino del Norte* ab. Einen winzigen Moment zögere ich, ob ich den Abstecher wagen soll. Meine Pilgerreise würde sich dadurch um fünf Tage verlängern, was aber nicht das Problem wäre. Schwerer wiegen da schon die Aussagen zahlreicher Pilger, dass die Strecke sehr schlecht ausgeschildert sei, es in den Bergen häufig zu heftigen Regenfällen käme und Übernachtungsmöglichkeiten rar seien. Da Nadine in *Comillas* bereits ein Hotelzimmer reserviert hat, winkt sie ab. Nach den Herbergen der vergangenen Tage möchte sie endlich wieder ein Zimmer für sich allein haben. Also ziehen wir weiter, auch wenn mich das Eintauchen in die malerische Gebirgswelt der *Picos de Europa* mit ihren zahlreichen über zweitausend Meter hohen Bergen gereizt hätte.

Endlich reißt die dichte Wolkendecke auf.

In *Comillas* trifft der *camino* wieder auf die Küste. Als Erstes sieht man den eindrucksvollen langen Sandstrand der Stadt. Da die Sonne sich ihren Platz am Himmel erst langsam zurückerobert, sind dort nur wenige Spaziergänger unterwegs.

Im Zentrum der Stadt verabschiede ich mich von Nadine. Mein Versuch, im Fremdenverkehrsamt eine günstige Unterkunft zu finden, ist nicht von Erfolg gekrönt. Ohne rechtzeitige Reservierung ist kein Zimmer zu bekommen, weder in einem Hotel noch in einer Herberge. So mache ich mich nach einer kurzen Rast auf einem Platz mit Brunnen, an dem Kinder spielen, wieder auf den Weg.

Das Wenige, das ich in der Kürze von *Comillas* mitbekam, gefiel mir gut. *Comillas* war ein berühmter Walfangort, bis 1720 der Fang der großen Meeressäuger eingestellt wurde. Durch den Tourismus gelangte die Stadt Ende des 19. Jahrhunderts zu neuem Reichtum.

Der in der Neuen Welt zu Wohlstand gekommene Geschäftsmann Don Máximo Diaz de Quijano bescherte der Stadt nach seiner Rückkehr zahlreiche bedeutende Bauten. Dafür engagierte er einige der bekanntesten Architekten des *modernismo* (Jugendstils), unter anderem den Katalanen Antoni Gaudí. Die große Unsicherheit bei der Suche nach einer Übernachtungsmöglichkeit lässt mir leider keine Zeit, um wenigstens einen dieser Prachtbauten anzusehen. So muss ich schweren Herzens auf den Besuch der *Villa Quijano* (auch *El Capricho*), des *Parc Güell y Martos* oder der *Puerta de Moro* (auch *Puerta de los Pájaros*) verzichten.

Vorbei an dem auf einem Hügel in einer Parkanlage gelegenen *Palacio de Sobrellano*, in dem einst der Marqués Antonio López y López wohnte, verlasse ich die Stadt in Richtung des Naturparks von *Oyambre*.

Auf dem Hügel gegenüber dem Palast ragt der ehrwürdige Bau der Päpstlichen Universität hinter den Bäumen hervor. Früher wurden hier nur Priester ausgebildet, doch mittlerweile gibt es in der von Jesuiten geleiteten Hochschule auch andere Fakultäten.

Das Problem der fehlenden Übernachtungsmöglichkeit setzt sich fort. *Completo* heißt es auch in den Herbergen und Pensionen von *La Rabia*, *Gerra* und *Oyambre*. Bleibt mir also nur übrig, bis nach *San Vicente de la Barquera* weiterzulaufen. Im Naturpark von *Oyambre* mit seinem beeindruckenden Flussdelta, den breiten Sandstränden und dem angrenzenden Sumpfgebiet gönne ich mir nur wenige Minuten Pause, ehe ich schweren Herzens wieder aufbreche. Dunkle Wolkenbänke ziehen über mich hinweg, doch gelingt es der Sonne immer wieder durchzubrechen.

Abb. 53: Naturpark von Oyambre

Kurz vor siebzehn Uhr überquere ich die alte, zweiunddreißig Bögen zählende Steinbrücke vor *San Vicente de la Barquera*. Langsam drängt die Zeit. Für die Schönheit der Küstenlandschaft, der sich zur Meeresbucht *Ria de San Vicente* verbreiternden Mündung des *Río Escudo* sowie die einzigartige Lage der sich vom Strand bis in die Hügel hinaufziehenden Stadt habe ich keine Augen mehr. Als mir auf der Uferpromenade dann auch noch ein Pilgerpaar, das ich in *Santillana del Mar* kennenlernte, berichtet, dass sie gerade von der einzigen Herberge kämen und dort alles ausgebucht sei, rutscht mir das Herz in die Hose. Doch manchmal zahlen sich Beharrlichkeit und Kontrolle positiv aus. Trotz der niederschmetternden Auskunft steige ich den Hügel hinauf, auf dem die Herberge *Hostel Nómada* zwischen einer Wehrkirche und einer Burg liegt, und erhalte, oh Wunder, das letzte freie Bett. Das Paar hatte Pech, da sie zu zweit waren. Ich danke allen guten Geistern. Wie ich später erfahre, verbrachte das Paar die Nacht auf einer Parkbank an der Uferpromenade.

Völlig erschöpft setze ich den Rucksack ab, lege ich mich aufs Bett und döse eine halbe Stunde vor mich hin, ehe ich duschen gehe, Matratze und Kopfkissen beziehe und mich auf den Weg zu den Restaurants an der Uferpromenade mache.

Samstag, 05.08.2023 / San Vicente de la Baquera - Colombres (17 km)

Bei Sonnenaufgang verlasse ich die Herberge, steige vom Burgberg nach *San Vicente de la Baquera* hinab, laufe am Yachthafen vorbei und verlasse die Stadt über eine moderne Brücke. Über Alt kam ich hinein und über Neu gehe ich hinaus. Mittlerweile wölbt sich ein strahlend blauer Himmel über mir. Was für eine Wohltat.

Hinter der Brücke geht es anfangs steil bergauf, wenig später über die Autobahn hinweg, danach längere Zeit durch eine hügelige Landschaft mit Wiesen und Wäldern.

Abb. 54: Landschaft bei La Acebosa mit Blick auf die Picos de Europa

Herrliche Fernblicke auf die Steilküste laden immer wieder zum Verweilen ein. Auf der anderen Seite ragen die hohen, blau-grauen Berge der *Picos de Europa* in den Himmel. Sie bilden einen reizvollen Kontrast zum Grün der Wiesen und Wälder. Als wolle er die Komposition die Natur noch mit einem i-Tüpfelchen versehen, ist der Mond bis mittags am tiefblauen Himmel zu sehen.

Der *camino* führt durch *La Acebosa* und *Serdio*. In *Serdio* gibt es noch einmal eine Abzweigung nach *Liébana*. Kurz vor *Pesués* stößt der Jakobsweg in Höhe einer alten Bahnstation ein weiteres Mal auf die Autobahn, ehe es über eine Brücke in die Stadt hineingeht. Mit der Brücke über den *Ria Deva*, der die Orte *Unquera* und *Bustio* voneinander trennt, überquere ich die Grenze zwischen *Kantabrien* und *Asturien*.

Die *Autonome Gemeinschaft Asturien* nimmt in der spanischen Geschichte einen besonderen Platz ein, wurden hier doch 722 n. Chr. die Mauren vernichtend von der Streitmacht des christlichen Heerführers Pelayo geschlagen. Die Schlacht kennzeichnet den Beginn der Reconquista, der Rückeroberung der spanischen Halbinsel durch die Christen.

Immer wieder verläuft der *camino* über die *Carretera Nacional*. Blaue Schilder mit dem *Cruz de Espada*, einem roten Lilienkreuz im Schwertstil, der gelben Jakobsmuschel sowie dem Schriftzug *„Atención Peregrinos"*, warnen Autofahrer vor Pilgern auf der Straße.

Abb. 55: Albergue El Cantu in Colombres

Über einen gepflasterten Weg geht es vor *Colombres* noch einmal steil bergauf. Auf dem sich anschließenden Höhenweg taucht kurz darauf in einiger Entfernung die blau gestrichene *Albergue Turístico El Cantu* mit ihren weißen Erkern auf. Noch sind dort zahlreiche Betten frei. Nach dem Check-in setzte ich mich im Garten der Herberge zu den anderen Pilgern. Wie so häufig, tauscht man sich erst einmal über die vergangenen Tage aus.

Eine Stunde später trifft überraschenderweise Nadine in Begleitung von Alain, einem älteren Franzosen aus der Region von *Rochefort*, ein. Nach großem Hallo verabreden wir uns zum gemeinsamen Abendessen. Wir wollen uns selbst versorgen und dazu die Küche der Herberge nutzten. Glücklicherweise ist ein Lebensmittelladen in der Nähe, wo wir Tomaten, Käse, Brot, *jamón serrano* und eine Flasche Rotwein kaufen.

Während des angeregten Gesprächs bei Wein und selbstgemachten *bocadillos*, reden wir natürlich auch über die Schwierigkeit, eine passende Unterkunft zu finden. Alain empfiehlt, Vorabreservierungen vorzunehmen. Aber auch das ist nicht die Lösung des Problems, da öffentliche und kirchliche Herbergen keine Reservierungen annehmen und man außerdem an das gebuchte Ziel gebunden ist. Für jemanden, der täglich nur ein bestimmtes Pensum absolvieren will, ist das bestimmt ideal. Doch wie oft möchte man noch weiter gehen, sei es, dass einem der Ort nicht gefällt oder man einfach noch weitergehen möchte. Es beruhigt ein bisschen, dass nicht nur ich dieses Problem habe.

Sonntag, 06.08.2023 / Colombres - Cué (20 km)

In der Nacht setzte heftiger Regen ein. Als ich vor der Morgendämmerung aufstehe, regnet es immer noch. Ich trage meine Sachen auf die überdachte Veranda, um die Schlafenden nicht durch das Packen meines Rucksacks zu stören.

Leider lasse ich dabei im Dunklen mein Laken auf dem Bett zurück. Als ich den Verlust bemerke, ist es zu spät. Die vielen Kilometer zurückzulaufen, kommt für mich nicht infrage. Bis ich einen geeigneten Ersatz finde, werden die Nächte hoffentlich nicht zu kalt werden.

Es scheint, als würde das Wetter heute nicht besser werden. Bis zur Mitte des Tages hängen die Regenwolken tief in den Tälern. Unter dem Schirm lässt sich der Regen einigermaßen aushalten.

In Sichtweite einer Bahnlinie geht es schließlich an der Nationalstraße bis *La Franca* in regelmäßigem Auf und Ab weiter. Hier bietet sich die erste Gelegenheit für einen *café con leche* mit Croissant.

Auch weiterhin halten sich die Steigungen in Grenzen. Hinter *La Franca* überquert der *Camino* den *Cabra* und danach dem Fluss geht es hoch zur Steilküste. Von hier an ist der *camino* wieder ein echter Küstenweg und überrascht mit wunderbaren Ausblicken. Kurz danach treffe ich auf die *Bufónes de Arenillas*, ein in *Asturien* weit verbreitetes Naturspektakel.

Bufón bedeutet auf Spanisch Hofnarr oder Possenreiter. Und genau das ist es, was man hier in unmittelbarer Nähe des Meeres erleben kann. Wie in *San Sebastian*, so stoßen auch hier bei stürmischer See Wellen in karstige Hohlräume der felsigen Küste und schießen aus kaminartigen Schlünden als meterhohe Fontänen in den Himmel. Bei mäßigem Seegang, so wie heute, ist lediglich ein unheimlich dumpfes Grollen zu hören. Aber auch das sorgt für Überraschung.

Abb. 56: Küste mit Bufónes de Arenillas

Selbst bei schlechter Witterung beeindruckt die zerklüftete, grüne Küste mit ihren abgelegenen Stränden, die häufig von hohen Felswänden eingerahmt werden. Der Szenerie haftet etwas Unwirkliches an, besonders wenn ein einzelner Sonnenstrahl die dichte Wolkendecke durchbricht und punktuell einen Felsen oder die Gischt auf dem Meer beleuchtet und wie einen Solitär aus dem trüben Dunkel hervortreten lässt.

Kurz vor zehn Uhr soll ein zweites Frühstück in der kleinen Bar von *Pendueles* meine Stimmung aufhellen. Schuhe und Hose benötigen außerdem dringend einer Trockenpause. Immer wieder schaue ich aus dem Fenster und hoffe auf Besserung der Wetterverhältnisse. Und dann hört es tatsächlich auf zu regnen.

Von *Andrin* führt der Weg nach *Cué* über grüne Hügel mit weidenden Pferden und Kühen entlang reizvoller Buchten und Strände. So die *Playa de Vidiago* mit ihren verschiedenfarbigen Steinen, die *Playa de Andrin* mit dem hoch über ihr gelegenen Aussichtspunkt *Mirador de la Boriza*, der eine wunderbare Fernsicht beschert oder die verwunschene *Playa de Ballota*, die so verlassen daliegt, dass *Robinson Crusoe* dort hätte gestrandet sein können. Wie an vielen anderen Stränden auf meinem Weg bin ich auch hier der einzige Besucher.

Hinter der *Playa de Vidiago* steigt der *camino* langsam, aber stetig auf hundertfünfzig Höhenmeter an. Heute empfinde ich den Aufstieg nicht als anstrengend. Vielleicht liegt es an den nassen Schuhen und Hosenbeinen, die zum Trocknen viel Bewegungswärme benötigen.

Kurz vor vierzehn Uhr kommt *Cué* in Sicht, ein etwas abseits der Küste gelegenes Dorf. Als preiswerte Unterkunft empfiehlt man mir die *Pension Paulina*. Das Zimmer ist sauber und die Matratze verspricht einen entspannten Schlaf. Heute Nacht wird mir das zurückgelassene Bettlaken keine Probleme bereiten.

Das einzige Restaurant im Ort, die nur wenige Meter von der Pension entfernte *Sidrería La Espuela*, öffnet leider erst um zwanzig Uhr. Wie die Zeit bis dahin nutzen? Ein Spaziergang ins vier Kilometer entfernte *Llanes* bietet sich an.

Llanes liegt beidseits der Mündung des *Rio Carrocedo*. Durch eine mit mächtigen Steinquadern bewehrte Mole wurde dem Meer ein großer, geschützter Hafen abgetrotzt. Die zur Meerseite weisenden Quader bemalte der baskische Maler und Bildhauer Augustin Ibarrola Goicoechea vor über zwanzig Jahren in bunten Farben: die *Los Cubos de la Memoria* (Würfel der Erinnerung). Vom gleichen Künstler stammt auch eine Installation auf der Halde Haniel im Ruhrgebiet. Hier sind es hundert aufgestellte und bunt bemalte Eisenbahnschwellen mit dem Titel „*Totems*".

Die Wolkendecke bleibt geschlossen. Schade, denn bei Sonne wären die *Los Cubos de la Memoria* bestimmt ein toller Anblick.

In den Straßen und auf den Plätzen der Stadt spielen Musikanten für die Besucher der an diesem Wochenende stattfindenden Fiesta. Ich lasse mich treiben, lausche den Straßenmusikern und genieße ein Glas Wein in einer der *bodegas*.

Im historischen Kern des mittelalterlichen Städtchens befinden sich der Burgturm *El Torreón* und Teile der Stadtmauer aus dem beginnenden 13. Jahrhundert. Um den Turm herum gruppieren sich derzeit zahlreiche Buden mit einem bunten Angebot aus Speisen und folkloristischen Waren.

Weitere Sehenswürdigkeiten sind das Casino, welches in einem altrosa gestrichenen Palast mit üppiger Stuckfassade untergebracht ist, sowie zwei schöne Badestrände. Die *Playa de El Sablón* liegt links von der Hafenmole in

Sichtweite des Burgturms, die *Playa de Puerto Chico* rechts der Mündung des *Rio Carrocedo*.

Bei Sonnenuntergang kehre ich nach *Cué* zurück. Bis zum Abendessen lege ich mich noch etwas hin und schreibe an meinem Reisebericht.

Die Speisekarte des Restaurants überrascht mit vielen traditionellen spanischen Gerichten. Nach einem Glas Cidre, einer *ensalada mixta*, gefolgt von *patatas con aioli* und *chorizo*, schlafe ich in der Nacht tief und fest. In meinen Träumen taucht merkwürdigerweise meine vor einigen Jahren verstorbene Mutter auf.

Montag, 07.08.2023 / Cué – San Pedro de Pria (23 km)

Mein Wunsch, die Küste einmal bei strahlendem Sonnenschein zu erleben, geht am Morgen in Erfüllung. Keine einzige Wolke ist am strahlend blauen Himmel zu sehen.

Der schnelle Wechsel zwischen dichter Bewölkung mit oder ohne Regen und Sonne pur ist typisch für die Nordküste Spaniens. Manchmal vollzieht er sich sogar innerhalb einer einzigen Stunde.

Durch den gestrigen Besuch in *Llanes* kann ich die Stadt heute links liegen lassen und den direkten Weg nach *Póo* einschlagen. Die Konturen der Berge heben sich im Morgenlicht ebenso scharf gegen den Himmel ab, wie die wild zerklüftete Küste mit ihren winzigen vorgelagerten Felseninseln gegen das tiefblaue Meer. Anfangs führt ein schmaler lehmiger, von Steinen übersäter Pfad über die mit knöchelhohem Gras bewachsene Steilküste, ehe er in einen breiten Wanderweg übergeht. Vor der Küste liegen Fischerboote und warten auf einen guten Fang. Ihr weißer Anstrich lässt sie im tiefblauen Meer wie Diamanten funkeln.

Der Anblick erfüllt mich mit Freude und lässt im Innern tiefe Ruhe aufkeimen. Muss der *camino* vielleicht so lang und so wechselhaft sein, um diese raren Momente richtig schätzen zu können? Könnte man den Jakobsweg in einer oder zwei Wochen bewältigen, würden sich viele Gedankengänge und Bewusstseinsprozesse vermutlich gar nicht entwickeln, weil man viel zu schnell in die Normalität des Lebens zurückkehren würde. Auch die lange Konfrontation mit Erschöpfung, Frust und den Widrigkeiten des Wetters gehören meines Erachtens zwingend dazu. Unter diesem Aspekt erscheint mir alles, was einem auf diesem Weg begegnet und passiert, als notwendig und sollte möglichst ohne Wertung angenommen werden. Wenn man sich auf den *camino* bedingungslos einlässt, verliert vieles andere plötzlich an Wichtigkeit, was unter anderem dazu führen kann, dass sogar die Ankunft in *Santiago de Compostela* an Bedeutung verliert.

Für mich ist es eine Wohltat, nicht über ein Ziel nachdenken zu müssen, sondern mehr in das Hier und Jetzt einzutauchen. Es tut gut, sich lediglich auf den nächsten Schritt zu konzentrieren, bei Steigungen nur noch auf den Atem zu achten und das Wetter so anzunehmen, wie es sich im Moment präsentiert.

Mit dieser Haltung erhalten nahe und ferne Ziele auf dem Weg eine andere Qualität, was dazu führt, dass man offener für die kleinen Ereignisse auf dem Weg wird, sei es ein herabfallendes Blatt, einen Wassertropfen auf einem Farnwedel oder auch einfach nur das von Herzen kommende *buen camino* eines anderen Pilgers.

In einer Bucht beobachte ich, wie ein Bauer mit der Frontladerschaufel seines Traktors angeschwemmtes Seegras auf einen Anhänger verfrachtet. Dass es ihm dabei nicht um die Säuberung des kleinen Strandes geht, entdecke ich etwas später, als er den Seetang als Dünger auf einem Feld verteilt.

Das sich jährlich erneuernde Seegras erfüllt viele Zwecke. Die bis zu zwei Metern hohen Ablagerungen verhindern die Erosion der Küsten. Darüber hinaus dient es als Dämmmaterial und auf Grund seiner antiallergischen Eigenschaften als Füllstoff von Kissen oder zum Polstern von Möbeln.

Der Tag ist wie geschaffen für ein eine längere Pause in der Sonne. Ein Lokal mit Terrasse an der *Playa de las Cámaras* von *Celorío* lädt dazu ein. Vor den direkt am Geländer der Uferpromenade stehenden Tischen und Stühlen liegt ein goldgelber Strand. Aus dem Meer ragen kleine Felsen hervor. Sanft rollen die Wellen auf den Strand. Sonnenhungrige auf Matten oder Handtüchern bevölkern den hinteren Teil, während Surfanfänger im Uferbereich das richtige Stehen auf dem Brett üben oder das optimale Kraulen im Liegen. Begierig saugt mein Körper die Wärme auf.

Ich genieße das aus Toast mit Marmelade, frisch gepresstem Orangensaft und Milchkaffee bestehende Frühstück und gerate ins Träumen. Erst zwei Stunden später, nachdem ich den Reisebericht geschrieben und Geburtstagstelefonate erledigt habe, mache ich mich wieder auf den Weg.

Abb. 57: Playa de las Cámaras

Die Strecke bleibt auch hinter *Celorío* abwechslungsreich. Vor *Niembro* geht es auf Meeresniveau ein Stück die Straße entlang. Hinter einer Kurve steht am Fuß eines bewaldeten Hügels die weiß getünchte *Capilla de Ànimas 'El Santin'* (auch *Capiya d'animes 'The Santin'*) mit Glockenturm und rotem Ziegeldach.

Abb. 58: Capilla de Ànimas 'El Santin' am Ria de Barro

Die Kapelle markiert das Ende eines knapp zwei Kilometer ins Inland reichenden Meeresarms, dem *Ria de Barro*. Da der Tidenhub bis hierher reicht, schützt eine Mauer die Anlage zur Wasserseite hin. Zurzeit herrscht Ebbe und der Wasserstand ist niedrig. An die Ostseite der Kapelle schmiegt sich ein kleiner, mit einer Mauer eingefasster Friedhof.

Auf der gegenüberliegenden Seite der Straße lädt ein Rastplatz mit Bänken und Tischen zum Verweilen ein. Vermutlich befindet er sich nicht ohne Grund gerade an dieser Stelle, denn hinter der *capilla* führt die Straße steil den Berg hinauf.

Nach nur circa zwei Kilometern ist der Höhenweg zu Ende. Kontinuierlich fällt er nun bis auf Meeresniveau ab und mündet schließlich in eine Uferstraße mit breiter, über die steinige Küste ragende Promenade. Über sie gelangt man von einem traumhaften Strand zum nächsten. An einem der Strände versickert ein breiter, flacher Fluss im kieshaltigen Boden, kurz bevor er das Meer erreicht. Nur wenige Badegäste und Surfer haben den Weg hierher gefunden.

Abb. 59: Strand bei San Antolín

In Richtung *Naves* verlässt der *camino* die Küste und führt ins Hinterland. Mit kaum nennenswerten Höhenunterschieden geht es nach *Nueva* und einige Kilometer weiter über eine Wiese steil nach oben zur kirchlichen Herberge *San Pedro de Pria*. Das Tagesziel ist erreicht.

Die Herberge liegt auf einer Hügelkuppe gegenüber einer kleinen Kirche und ist im ehemaligen Pfarrhaus untergebracht. Der *hospitalero*, ein äußerst freundlicher und lustiger Mann, kümmert sich rührend um jeden einzelnen

Pilger. Er erledigt die Formalitäten, stempelt die Pilgerpässe ab, teilt das Bettzeug aus und weist die Schlafplätze zu. Man muss geduldig sein, denn das alles dauert seine Zeit. Für Getränke und Essen verweist er auf einen zwei Kilometer entfernt liegenden Campingplatz mit Restaurant und Lebensmittelladen.

Die Matratze und das Kopfkissen mit der gazeartigen Bettwäsche zu beziehen, ist für mich eine Herausforderung, denn schon beim geringsten Ziehen reißt sie ein. Gerade als ich lauthals darüber schimpfe, stürmt Nadine in Begleitung zweier Deutscher in den Schlafsaal. Hatte ich mir bisher noch Illusionen über mein Aussehen gemacht, nordet mich Nadines Begrüßung „Hallo schöner alter Mann" unmissverständlich ein. Sie wirft ihren Rucksack aufs Bett und fällt erschöpft daneben.

Kaum hängt die Wäsche auf der Leine, gehe ich zum Campingplatz, um Brot und Aufschnitt zu kaufen. Nadine bat mich, Wein für einen gemeinsamen Umtrunk mit den beiden Deutschen mitzubringen. Entsprechend groß ist meine Enttäuschung, als sie und ihre Begleiter mir auf halber Strecke entgegenkommen und verkünden, dass sie im Restaurant des Campingplatzes zu Abend essen wollen. Da habe ich den Wein wohl umsonst gekauft.

Warum fällt mir gerade jetzt der Spruch ein, den ich in der Herberge auf einer Wand las: "Ser bueno no es sinonimo, de ser idiota. Ser buena es una virtud que algunas idiotas no entienden" (Gut zu sein, heißt nicht ein Idiot zu sein. Gut zu sein ist eine Tugend, die einige Idioten nur nicht verstehen).

Eine gemischte Gruppe von Pilgern aus mindestens vier Ländern sitzt an einer langen Tafel auf der überdachten Veranda und lädt mich ein, ihnen Gesellschaft zu leisten. Jeder hat etwas zum Essen beigesteuert. Auf dem Tisch türmen sich Thunfisch- und Paprikasalat, Würste, Schinken, Empanadas, Brot und Oliven. Da passt mein Wein gut dazu. Zumindest eine der beiden Flaschen wird getrunken. Ich genieße es, mit ihnen gemeinsam zu essen, zu trinken und zu erzählen. Geselligkeit wird auf dem Jakobsweg gerne zelebriert.

Vor dem Schlafengehen gehe ich noch einmal zur Kirche mit ihrem angrenzenden Friedhof hinüber. Der Ausblick ist beeindruckend. In alle Himmelsrichtungen reicht der Blick kilometerweit. Im Vergleich zur abendlichen Bettruhe in den Herbergen, herrscht auf dem Friedhof ewige Ruhe und nicht nur bis zum nächsten Morgen.

Kurz vor der Sperrstunde kommen Nadine und die beiden Deutschen in den Schlafsaal gepoltert. Als Entschädigung für meinen vergeblichen Einsatz leiht sie mir für die Nacht ihren Seidenschlafsack. Trotzdem friere ich sehr. Auch die Jacke, die ich zusätzlich über mir ausbreite, hilft wenig.

Dienstag, 08.08.2023 / San Pedro de Pria - La Isla (26 km)

Beim ersten Tageslicht stehe ich auf. Ich bin froh, mich bewegen zu können. Um sieben Uhr verlasse ich die Herberge. Mein Gepäck ist um eine Weinflasche schwerer. Noch verbirgt sich die Sonne hinter den Bergen, obwohl die gezackten Bergrücken bereits in zartes Rosa getaucht sind. Die ersten Kilometer geht es den Hügel hinab, dann lange Zeit eine Straße entlang, bis der *camino* in einen Feldweg übergeht. Kaum ist die Sonne über die Berge gestiegen, wird es angenehm warm. Auch heute wölbt sich wieder ein strahlend blauer Himmel über mir. Das wechselnde Panorama aus beeindruckenden Bergketten, Tälern, Steilküsten und den überwiegend menschenleeren Buchten *La Vega*, *Las Tejas* und *La Beciella* begeistert mich. Was für ein wunderbarer Tag!

Abb. 60: Bemalte Steine auf dem Weg nach Cuerres

Unterwegs nach *Cuerres* tauchen am Wegesrand zwei Haufen mit bunt bemalten Steinen auf. Sind sie lediglich Ausdruck kindlicher Lebensfreude oder dienen sie einem bestimmten Zweck? Einige sind mit geometrischen Mustern verziert, andere mit Darstellungen von Menschen, Tieren, Sternen, Häusern oder Kirchen. Auf jeden Fall sind die faustgroßen bemalten Steine ein echter

Hingucker und erfreuen mein Herz.

Seit *San Pedro de Pria* verliert der *camino* kontinuierlich an Höhe. In *Ribadesella* erreicht man am Fluss *Sella* schließlich wieder Meeresniveau.

Ribadesella, eingerahmt von grünen Hügeln und geteilt durch das breite *Sello*-Delta, präsentiert sich bei strahlendem Sonnenschein als wahres Kleinod. Eine mit Laternen und Blumenampeln bestückte Brücke verbindet die beiden Ortsteile. Von der Brücke aus hat man einen fantastischen Blick über den Fluss in Richtung des Bergpanoramas mit dem über dreihundert Meter hohen *Alto Monte Moru*.

Abb. 61: Blick über den Fluss Sella auf den Alto Monte Moru

Am linken Ufer liegen zahlreiche herrschaftliche Villen an einer langen Strandpromenade. Dahinter führt der *camino* weiter nach *Tereñes*, einem eigentlich unbedeutenden Ort, hätte man dort nicht vor einiger Zeit Fußabdrücke von Dinosauriern aus dem Jura gefunden. Wer sich dafür interessiert, sollte unbedingt das *Museo de Jurásico de Asturias* in *Colunga* besuchen.

Hinter *Tereñes* steht ein Aufstieg von hundert Höhenmetern an. Danach geht es in einem moderaten Auf und Ab nach *La Isla*.

Hinter einem Waldstück taucht nach knapp zehn Kilometern in der Ferne wieder das Meer auf. Über eine sich den Berghang hinab windende Straße geht es anschließend über einen breiten und langgezogenen Sandstrand von *La Espasa* nach *La Isla*.

Kurz vor fünfzehn Uhr erreiche ich die *Albuerge de Peregrinos de La Isla*. Zum Glück kann der hospitalero einen anderen Pilger dazu überreden, in ein Zelt im Garten auszuweichen, so dass ich das letzte freie Bett erhalte. Im Übernachtungspreis ist das Frühstück enthalten. Ich dusche ausgiebig, rasiere mir den Bart ab und wasche meine Sachen.

In der offenen Vorhalle der Herberge treffe ich auf Alain, den Franzosen, mit dem Nadine und ich in *Colombres* zu Abend gegessen hatten. Seine Blasen an den Füßen machen ihm immer noch zu schaffen, doch verspürt er langsam eine Besserung. Er fragt, ob ich Nadine begegnet sei, und ich berichte ihm von unserem gestrigen Treffen. Er scheint ein starkes Faible für die Luxemburgerin zu haben.

Um ihn von seinen schmerzenden Füßen abzulenken, leere ich mit ihm am frühen Nachmittag die zweite Flasche galicischen Rotweins.

Anschließend erkunde ich das Dorf. Am Meer wird in einem großen Festzelt eine Hochzeit gefeiert. Ein spektakulärer Ort, fällt die Steilküste dahinter doch direkt über hundert Meter ins Meer ab. Zum Glück schützt eine hohe Hecke die Hochzeitsgäste davor, in der Dunkelheit von der Klippe zu fallen.

Abb. 62: Sonnenuntergang in La Isla

Die Disziplin in den Herbergen überrascht mich jedes Mal aufs Neue. Im großen Schlafsaal der öffentlichen Herberge von *La Isla* liegen die fünfundzwanzig Pilger und Pilgerinnen lange vor zweiundzwanzig Uhr in ihren Betten. Keine Gespräche und kein Schnarchen stören die Nachtruhe.

Mittwoch, 09.08.2023 / La Isla - Villaviciosa (23 km)

Obwohl man die Herberge morgens erst um acht Uhr verlassen haben muss, brechen einige bereits vor Tagesanbruch auf. Vielleicht, um morgens nicht vor den Duschen oder Toiletten in der Warteschlange zu stehen oder mit Sicherheit im nächsten Ort eine Übernachtungsmöglichkeit zu ergattern.

Auch ich stehe auf, sobald sich morgens der Erste in seinem Etagenbett rührt und gehe zum Duschen. Zwar gibt es in *La Isla* je drei Duschen für Frauen und Männer, jedoch jeweils nur eine Toilette. Frühes Aufstehen ist also angeraten. Als ich erfrischt in den Schlafsaal zurückkehre, sind nahezu alle Pilger auf den Beinen.

Das Frühstück (Brötchen, Croissant, Butter und Marmelade, Tee oder Instantkaffee) hatte der *hospitalero* bereits in der Nacht hingestellt. Es gibt von allem reichlich. Man kann sogar zwischen Kondensmilch und frischer Milch wählen.

Gestärkt geht es bei Sonnenaufgang kurz nach sieben Uhr auf die Piste. Ich suche nach dem Einstieg in den *camino*. Er soll dort sein, wo gestern die Hochzeitsfeier stattfand. Leider ist der schmale Pfad an der Küste so schlecht ausgeschildert, dass ich ihn nach drei Kilometern freiwillig verlasse und mich quer durch den Wald zur Nationalstraße nach *Huerres* durchschlage. Zum Glück finden sich immer wieder kleine oder größere Pfade für die Querfeldein-Tour. Nach einer halben Stunde ist die Nationalstraße erreicht. Auf ihr geht es weiter bis *Bueño*, wo ich Alain treffe. Sein Tagesziel ist *Sebrayo*. Bis dahin sind es noch dreizehn Kilometer. Für mich wird es erst mit *Villaviciosa* erreicht sein.

Hinter *Bueño* entfernt sich der *camino* von der Küste und nähert sich ihr erst wieder hinter *Sebrayo*. Mit dem Franzosen gehe ich bis *Colunga*, einer sehr hübschen und gepflegten Kleinstadt mit schönen Plätzen und alten Gebäuden.

Colunga beherbergt das *Museo de Jurásico de Asturias* mit lebensgroßen Nachbildungen verschiedener Dinosaurier. In der Bar *Magovi* trinken wir noch einen Kaffee, ehe wir uns mit einem „*buen camino*" verabschieden.

Wieder einmal muss die Autobahn unterquert werden, im Verlauf des Tages wird das noch ein weiteres Mal passieren. Als Begleiterin bleibt sie mir heute für etliche Kilometer erhalten.

In der Mitte von Nirgendwo taucht in einem Tal umgeben von einigen Wohngebäuden die Kirche *San Pedro de Pernús* auf. Das Innere der spätbarocken, aus dem 18. Jahrhundert stammenden Pfarrkirche liegt im Dunkeln, da es nur vier kleine Fenster auf einer der Längsseiten gibt. Ich setze mich vor der Kirche auf eine Bank und gönne mir eine kurze Pause, ehe ich meinen Weg fortsetze.

Abb. 63: Kirche San Pedro de Pernús

Einige Kilometer weiter steht abseits eines Dorfes ein ähnlicher Kirchenbau, die *Iglesia de San Salvador de Priesca*. Durch ihre seitlichen Anbauten ähnelt sie einer Glucke, die ihre Küken unter die abgespreizten Flügel nimmt.

In Sichtweite der Kirche liegt das *La Rectoral*, eine sehr gepflegt wirkende kleine Pension für Pilger. Gerne hätte ich hier übernachtet, doch leider sind bereits alle Betten belegt.

Also bleibt es doch bei *Villaviciosa*. Vor *Sebrayo* steigt der *camino* noch einmal kräftig an. Der Hügel mit seinen zweihundert Höhenmetern hat es wahrlich in sich. Ebenfalls der darauffolgende Abstieg. Schon von weitem sieht man die Stadt *Villaviciosa* und den gleichnamigen Fluss. Sie liegt circa einen Kilometer oberhalb des Flussdeltas des *Ria de Villaviciosa*, an dem sich die Strände der Stadt befinden.

Selten gibt es einen Genuss ohne Reue. Einen strahlend blauen Himmel mit Sonne ist zwar das, wonach sich jeder Pilger auf dem *camino* sehnt, doch führt es schnell dazu, dass man bei all dem Auf und Ab nach kürzester Zeit völlig verschwitzt ist und das Gefühl bekommt, in seiner Kleidung wie in Seife hin und her zu gleiten. Aber egal, das ist mir immer noch wesentlich lieber, als völlig durchnässt durch die Landschaft zu stapfen.

Ob bei Sonne oder Regen, nach spätestens zwei Stunden sind meine Muskeln immer so aufgewärmt, dass alle Bewegungen völlig geschmeidig ablaufen. Jeder Schritt vollzieht sich fast wie von selbst und ohne auf irgendeine Weise anstrengend zu sein. Das sind die Momente, die ich liebe, da dann in der Regel auch das Karussell der Gedanken zum Stillstand kommt.

Die *Albergue El Congreso*, die ich als erste Herberge in *Villaviciosa* ansteuere, ist ausgebucht. Ich bedauere es sehr, denn ihre Lage vis-à-vis des *Parque Ballina* in der Nähe des Rathauses (casa consistorial) ist ideal. Auch in der *Albergue Villaviciosa* winkt man ab. Sie sind *completo*. Die dortige *hospitalera* rät mir, in der *Pension Camomanes* mein Glück zu versuchen. Sie sei nicht weit entfernt und läge in einer ruhigen Seitenstraße. Hier finde ich endlich ein freies Zimmer. Deutsche sind hier gern gesehene Gäste, da der Sohn der *hospitalera* in Hannover studiert.

Nach dem üblichen Prozedere gehe ich ins Zentrum, sehe mir das 1906 errichtete Rathaus mit seinem Uhr- und Glockenturm an, schlendere durch den Parque Ballina und genehmige mir gegenüber dem Rathaus in der von einer Afrikanerin geführten *Bodega La Botica Indiana* einen Cidre (*sidra*). Reproduktionen alter Fotos aus der englischen Kolonialzeit Afrikas sowie Masken, kleine Elefantenköpfe aus Kunststoff und ein antiker, breiter Briefeinwurf mit drei Klappen aus Südafrika schmücken die Wände.

Cidre, ein moussierender Apfelwein, ist ein im *Baskenland* und *Asturien* beliebtes Getränk, mit Einschränkungen auch in *Galicien*. Gekeltert wird er aus Apfelsorten, die wegen ihrer geringen Größe und des sauren Geschmacks nicht zum Verzehr geeignet sind. Cidre wird in der Gastronomie fast ausschließlich flaschenweise angeboten. Traditionell gießt man den Cidre aus großer Höhe in die Gläser, damit er sich mit Sauerstoff mischt, was den Geschmack optimiert. Doch das sollte man nur geübten Kellnern überlassen. Manche Lokale halten spezielle Tischgeräte vor, in welche die Flasche kopfüber hineingestellt und ihr Inhalt über einen Schlauch in die Gläser gefüllt wird.

In *Villaviciosa* erinnert seit 1932 ein Brunnen an Obdulio Fernández Pando, einen bedeutenden Bürger der Stadt, der in der Neuen Welt zu großem Reichtum gelangte. Nach seiner Rückkehr erwarb er die renommierte Cidre-Firma *El Gaitero* und baute sie zu einem weltbekannten Unternehmen aus. Der vom Künstler Mariano Beulliure geschaffene Brunnen steht auf einem kleinen Platz, eingerahmt von historischen Bauten, unter anderem der *Escuela Graduadas*, einem dreiflügeligen Schulgebäude aus der Mitte des 19. Jahrhunderts, das heute immer noch von einer Gedenktafel für den Faschisten *Primo de Rivera* geschmückt wird.

Abb. 64: Brunnen für Obdulio Fernández Pando

In der Brunnenmitte steht eine Apfelbäuerin mit wallendem Rock und Kopftuch auf einem Sockel. Sie hält einen Korb mit Äpfeln in Händen. Auf dem steinernen Sockel prangt zwischen Zweigen mit Äpfeln das Porträt von Pando. Die Ecken des Sockels sind mit vier Figuren verziert: zwei Musiker in traditioneller Tracht, die auf unterschiedlichen Instrumenten spielen, und zwei Frauen, die eine Girlande in den Händen halten. Die Figuren und das Porträt von sind aus Bronze. Den Brunnen stiftete Pando selbst.

Durch seine zahlreichen alten Gebäude, Denkmäler, Brunnen und Grünflächen, besitzt *Villaviciosa* einen eigenwilligen Charme. Zu den herausragenden Baudenkmälern gehören das neoklassizistische Rathaus, das aus der gleichen Zeit stammende Theater *Riera*, weiterhin die Kirche *Santa Maria de la Oliva*, deren Ursprung auf das 13 Jahrhundert zurückgeht. Bei allen Heiligenfiguren im Eingangsportal, mit Ausnahme der Madonna, fehlen die Köpfe. Weitere bemerkenswerte Baudenkmäler sind die auf schlanken Eisensäulen ruhende Markthalle am *Plaza de Abastos*, diverse Paläste aus dem 17. und 18. Jahrhundert sowie ein Fragment der aus dem 13. Jahrhundert stammenden Stadtmauer.

Nicht unerwähnt bleiben soll das in Weiß und venezianisch Rot gestrichene, eingeschossige Kulturzentrum *Ateneo Obrero de Villaviciosa*. Liberale Bürgerliche und Rückkehrer aus der Neuen Welt gründeten es im 19. Jahrhundert mit Unterstützung nationaler Immigranten zum Zweck des gemeinsamen Austauschs, zum Beispiel zur Klärung von Fragen zur Gemeinde im Allgemeinen, zur Industrialisierung, zur Kanalisierung des Flusses oder zum Bau des Theaters *Riera* und des Rathauses.

Es macht Spaß, durch die Straßen der Altstadt zu schlendern, sich die Auslagen der Geschäfte anzuschauen und sich vor dem Theater auf eine Bank zu setzen, um das Treiben auf dem Platz zu beobachten.

In *Asturien* wie auch in *Galicien* findet man in den Schmuckgeschäften häufig Preziosen mit Steinen aus Azabache, auch Gagat oder Pechkohle genannt. Es handelt sich um zu Kohle umgewandeltes fossiles Holz. *Asturien* wirbt damit, dass sein Azabache den größten Härtegrad besitzt.

Abb. 65: Schmuck mit Steinen aus Azabache

Zum Abschluss des Tages bestelle ich ein *menu del dia* (Tagesmenü) mit einer Flasche *sidra* in einem Restaurant in der Nähe meiner Pension.

Der Abend endet mit einer ungewollten Klettereinlage des Manns meiner Pensionswirtin, weil einer meiner Wandersocken, die ich zum Trocknen über den Fensterrahmen gehängt hatte, auf ein Flachdach im Innenhof gefallen war. Dorthin konnte er nur über das Flachdach des Nachbarhauses gelangen. Zum Glück ging alles gut. Bei der dünnen Dachbeschichtung hätte leicht etwas passieren können.

Donnerstag, 10.08.2023 / Villaviciosa - Gijón (30 km)

Ein weiterer Tag mit strahlend blauem Himmel. Ein echtes Geschenk! Die wunderbar klare Luft und die moderaten Temperaturen laden dazu ein, den Tag langsam anzugehen, weshalb ich mir erst einmal in der Bar um die Ecke ein Frühstück mit frisch gepresstem Orangensaft gönne.

Es ist bereits neun Uhr, als ich *Villaviciosa* verlasse. Mittlerweile hat sich ein dünner Wolkenschleier vor die Sonne geschoben, doch bald schon klart es wieder auf. Der *camino* entfernt sich immer mehr von der Küste. Zwei heftige Steigungen liegen vor mir.

Im Dorf *Grases* muss an einer unscheinbaren Weggabelung die Entscheidung getroffen werden, entweder auf den *Camino Primitivo* einzuschwenken und bei der Stadt *Melide* auf den *Camino Francés* zu stoßen oder weiterhin auf dem *Camino del Norte* zu bleiben. Der Verbleib auf dem *Camino del Norte* wird als schwieriger und anstrengender eingestuft. Trotzdem entscheide ich mich für diesen.

Hinter *Grases* führt der *Camino del Norte* als Feldweg über Hügel und durch Täler. Immer wieder sind einzelne Häuser und Weiler in die Landschaft eingestreut. Die Häufung von Kastanienbäumen am Wegesrand oder auf den Wiesen fällt ins Auge. Esskastanien scheinen sich hier großer Beliebtheit zu erfreuen. Mittlerweile ziehen die ersten Wolken auf. Mit dem schönen Wetter scheint es vorbei zu sein.

Häufig stoße ich auf *hórreos* unterschiedlichster Art. In *Asturien* sind sie in der Regel quadratisch, mit einem Pfeiler an jeder Ecke. Längere Speicher mit zwei bis sechs Pfeilern pro Längsseite sind selten. Zutritt verschafft man sich entweder über eine Leiter oder mittels eines nicht mit dem Speicher verbundenen Treppenblock. Der Platz zwischen den Pfeilern dient als Lagerraum, als Parkplatz für Autos oder als geschützter Raum zum Trocknen von Wäsche. Gelegentlich stehen in den Dörfern auch mehrere *hórreos* beieinander. Manche besitzen sogar eine umlaufende Veranda.

Abb. 66: Hórreo

Nach der Unterquerung der Autobahn führt der *camino* steil einen Berg hinauf. Vierhundert Höhenmeter sind nicht von Pappe, besonders wenn es danach ebenso steil wieder nach unten geht. An meinen Füßen und Sportschuhen hinterlassen solche Torturen deutliche Spuren. Als ich vor einigen Tagen beim Beziehen der Matratze vor dem Etagenbett kniete, spürte ich plötzlich Stiche in den Zehen. An den Spitzen der mittleren Zehen hatten sich Blutblasen gebildet. Das Nagelbett war zur Hälfte blau. Beim Wandern war mir das gar nicht aufgefallen. Fest zu schnürende Wanderschuhe hätten das Problem bestimmt vermieden. Bergsteiger raten nicht ohne Grund, die Schuhe beim Aufstieg locker zu schnüren und beim Abstieg fester. Bei meinen Sportschuhen stießen die Zehen deshalb bergabwärts ständig gegen die Kappen. Aber auch die Sportschuhe selbst haben gelitten und weisen an Hacken und Spitzen starke Abnutzungserscheinungen auf.

Vor *Peón* wechselt der *camino* auf eine wenig befahrene Straße. In *Peón*, einem winzigen Ort, sind in der einzigen Bar noch alle Tische frei. Dennoch will man mich nicht bewirten, da das gesamte Lokal für eine Gesellschaft reserviert sei. Aber weder im Außen- noch im Innenbereich sind die Tische eingedeckt. Anscheinend sind Pilger unerwünscht.

Einige hundert Meter weiter treffe ich auf Stefano aus *Umbrien*. Ihm ist in dem Lokal gleiches widerfahren. Wir beschließen, bei der nächsten sich bietenden Gelegenheit eine Kleinigkeit zu Mittag zu essen. Die Unterhaltung mit ihm bereitet mir viel Freude. Das nächste Restaurant ist zum Glück nicht weit entfernt. Bei Tisch setzen wir unser angeregtes Gespräch fort. Wir beschließen, gemeinsam bis *Gijón* zu gehen. Was sich als Vorteil erweist, da mir knapp zwei Kilometer später auffällt, dass Stefano seine Wanderstöcke im Lokal vergessen hat. Er sprintet zurück, während ich bei den Rucksäcken warte.

Hinter einem Hügel taucht in der Ferne die am Meer liegende Stadt *Gijon* mit ihrem langen und breiten Sandstrand auf. Durch die hügelige Straße verschwindet sie jedoch immer wieder aus dem Blickfeld.

Die Vororte von *Gijón* sind alles andere als sehenswert. Schier endlos geht es auf einer viel befahrenen Straßen mit mehrstöckigen Ziegelbauten in Richtung Zentrum. Ein Lichtblick ist allein die im maurischen Stil erbaute Stierkampfarena am *Plaza de toros de El Bibio*, mit einem Stierkopf aus Bronze über dem Eingangsportal. Dahinter folgt eine ellenlange Uferpromenade.

Abb. 67: Stierkampfarena von Gijón

Eigentlich wollte ich bereits in *Deva*, ungefähr acht Kilometer vor *Gijón*, übernachten. Nachdem sich herausstellt, dass in *Gijón* alle Herbergen belegt sind, wäre das ohne Frage die bessere Entscheidung gewesen. Leider ist es bei den Pensionen und Hotels, die ich anrufe, nicht anders. Alle sind *completo*.

Stefano, der Glückliche, hatte in weiser Voraussicht bereits gestern telefonisch ein Zimmer im Zentrum reserviert. Nach dem vergeblichen Versuch, die Touristeninformation zu finden, verabschiedet sich Stefano und wünscht mir viel Glück. Merke: Für jede größere Stadt muss man unbedingt vorab eine Zimmerreservierung vornehmen.

Was tun? Es ist zu spät, um noch weiterzulaufen. Ich erinnere mich, dass wir am Beginn der Uferpromenade an dem *Parador de Gijón El Molino Viejo* vorbeigekommen sind. *Paradores* sind zu Hotels umgewandelte Burgen, Paläste, Klöster oder ähnlich historisch bedeutende Gebäude.

Und tatsächlich ist im *parador* noch ein einziges Zimmer frei. Pilger erhalten sogar einen Rabatt von fünfzehn Prozent, wobei ich mich frage, wie viele Wanderer sich diesen Luxus leisten. Der exorbitant hohe Zimmerpreis beinhaltet immerhin ein Frühstück.

Nach dem Check-in versinke ich in einem Schaumbad und beschließe, das Zimmer für den Rest des Tages nicht mehr zu verlassen. Als Abendessen muss der Rest eines Croissants herhalten, das ich unterwegs gekauft hatte.

Bei dem entspannenden Bad kreisen meine Gedanken um Vergangenes. In der Rückschau auf mein Leben stelle ich fest, schon viele Zwänge bewältigt, Grenzen gesprengt und Hürden genommen zu haben. Bestimmt nicht immer zur Freude meiner Mitmenschen. Mit Sicherheit habe ich auf Grund meines ausgeprägten Gestaltungswillens und Lebensdurstes mehr Menschen verletzt, als ich wollte, doch darauf habe ich damals keine Rücksicht genommen.

Im Alter sieht man die Dinge anders: Ich hätte vieles vermeiden, anders machen oder nach einer für alle Beteiligten kompatiblen Lösung suchen können. Aber nun ist es zu spät.

Ich tauche mit dem Kopf unter Wasser und gebe mich ganz der Wärme hin. Beim Auftauchen erinnere ich mich an das auf dem *camino* praktizierte „Schau nach vorn und sag mir, was Du siehst". Ich öffne weit die Augen und schaffe es, mich von den Gedanken an die Vergangenheit zu befreien, an Dinge, die eh nicht mehr zu ändern sind.

Freitag, 11.08.2023 / Gijón - Avilés (25 km)

Der *parador* scheint schon bessere Tage gesehen zu haben. Der Frühstücksraum ist ebenso wie das gesamte Hotel sehr in die Jahre gekommen. Seinem

Namenszusatz „Alte Mühle" wird der *parador* meines Erachtens in jeder Beziehung gerecht.

Wieder einmal empfängt mich draußen ein strahlend blauer Himmel. Auf dem Weg ins Zentrum durchquere ich den *Parque Isabel La Católica*, der an den *parador* angrenzt und mit einem Weiher und zahlreichen Skulpturen überrascht. Dahinter geht es über die langgestreckte Uferpromenade weiter.

Abb. 68: Mülltrennung am Strand von Gijón

Die Altstadt erstreckt sich bis auf die Landzunge *Santa Catalina*. Auf deren linker Seite liegen der Yachthafen und die *Playa de Poniente*, rechts der beliebte Badestrand der Stadt, die *Playa de San Lorenzo.* Das Ende der hügeligen Landzunge nimmt die *Batería alta de Santa Catalina* (auch *Batería de la Segunda Guerra Mundial*), die ehemalige Verteidigungsanlage der Stadt, ein. Dort steht die monumentale Skulptur *Elogio del Horizonte* von Eduardo Chillida. Das beeindruckende Kunstwerk aus Beton, eine auf zwei Stelzen stehende aufgebrochene Ellipse, soll das Wind- und Meeresrauschen verstärken. Von hier aus hat man einen guten Ausblick auf die Küste.

Gijón, die letzte große Stadt auf dem *Camino del Norte*, hat einiges zu bieten. Gegenüber dem Yachthafen befindet sich ein Brunnen mit dem Standbild des berühmten Königs Pelayo, der im 8. Jahrhundert n. Chr. das erste christliche Königreich in *Asturien* gründete. Siegesgewiss reckt er das christliche Kreuz gen Himmel. Im benachbarten *Palacio de Revillagigedo* gibt es eine Ausstellung über die Tempelritter. Der mit zwei Türmen versehene, jahrhunderte-alte Palast scheint dafür genau der richtige Ort zu sein.

Abb. 69: Palacio de Revillagigedo in Gijón

Es ist noch früh am Morgen. Der Besuch der Ausstellung *Templarios y otras ordenes de la Peninsula Iberica* ist für mich ein Muss, auch wenn sich mein Aufbruch dadurch verzögert.

Zuvor gilt es noch einige Dinge zu erledigen und einen Geldautomaten zu finden. Bis zur Öffnung des Museums setze ich mich danach in ein Café.

Die Ausstellung gefällt mir außerordentlich gut. Die Kuratoren scheuten sich nicht, das Thema kritisch anzugehen. Die Präsentation informiert umfassend über die Hintergründe und Auslöser der Kreuzzüge, die Gründung des Templerordens im Königreich Jerusalem im Jahr 1118 sowie über Aufgaben, Ziele und dessen Hierarchie. Die Legitimierung der Kreuzzüge als christliche Aufgabe geht auf das *„Deus vult"* (Gott will es) zurück, den legendären Ausspruch von Papst Urban II. Der Templerorden war eine neuartige Verbindung zwischen Adel und Mönchtum. Ihm oblag die Befreiung der christlichen Stätten im Morgenland und ferner der Schutz der Menschen auf den Pilgerwegen. Die Geschichte der Templer endet mit der Zerschlagung des Ordens im Jahre 1312 auf Grund verleumderischer Anklagen des französischen Königs Philipp IV., worauf Papst Clemens V., dem der Orden zu mächtig und einflussreich geworden war, dessen Auflösung anordnete und die Templer verfolgen und töten ließ. Das umfangreiche Vermögen des Ordens fiel dem französischen König zu. Mit der Hinrichtung von Jakob de Molay, dem letzten

Großmeister des Ordens am 18. März 1314 in Paris, endet die Geschichte dieses ungewöhnlichen Ordens.

Leider habe ich beim Besuch der Ausstellung die Zeit aus dem Blick verloren, so dass ich erst mittags meinen Weg auf dem *camino* fortsetze. Bei der vor mir liegenden, über zwanzig Kilometern langen Wegstrecke war der mehrstündige Museumsbesuch mit dem langen, körperlich ermüdenden Verweilen vor den Schrifttafeln, nicht die beste Entscheidung.

Am Hafen vorbei geht es durch die westlichen Vororte mit kaum nennenswerter Steigung in Richtung *Poago*. Leider habe ich mich zu früh gefreut, denn hinter dem Ort führt der *camino* steil zu einer bewaldeten Hochebene hinauf. Immerhin sind über zweihundert Höhenmeter zu bewältigen.

Etwas abseits des Weges liegt die Nekropole von *Monte Areo* mit den *Dolmen de San Pablo*, ein sich über mehrere Kilometer erstreckendes Areal mit Großsteinsetzungen für Gräber (Dolmen) aus der Jungsteinzeit. Der Name nimmt Bezug auf den in der Nähe liegenden zweihundertfünfundsechzig Meter hohen *Monte Areo*. Bei dem ausgedehnten Gräberfeld handelt es sich um Zeugnisse einer circa 5.000 Jahre alten Megalithkultur. Erst 1990 wurden bei Ausgrabungen das Ausmaß und die Bedeutung der Nekropole erkannt. Die mehr als dreißig Grabhügel bieten Pilgern wenig Sehenswertes - es sei denn, sie haben Interesse an der Ur- und Frühgeschichte Spaniens. Die Ausgrabungen dokumentieren anschaulich den Aufbau der Grabkammern. Auf den senkrecht in die Erde eingelassenen tonnenschweren Steinplatten liegen die nicht minder schweren Decksteine horizontal auf. Nekropolen wie diese kenne ich aus Norddeutschland, wo sie Hünengräber genannt werden. Ein Hinweis darauf, dass man sie früher als Grabstätten von Riesen ansah.

Dieser zweite, nicht eingeplante Abstecher bringt meinen Zeitplan endgültig durcheinander. Jetzt muss ich mich doppelt sputen. Zum Glück geht es kurz darauf nur noch über Straßen.

Schon bald darauf treffe ich in einem lichten Waldstück auf den alten Waschplatz *Fonte les Xanes* (auch *Fuente les Xanes*). Der Name geht auf ein mir unbekanntes spanisches Märchen zurück. In dem größeren der beiden Wasserbecken wuschen Pilger früher ihre Wäsche und Füße. Heute tröpfelt es nur noch aus der Leitung. Eigentlich wäre der mit Natursteinen gepflasterte Platz mit einer in den Hang eingebrachten Sitzreihe ideal für eine Rast gewesen, doch bleibt dafür keine Zeit, wenn ich nicht im Freien übernachten will.

Apropos Waschplätze: Auf größere und dann in der Regel überdachte Waschplätze stößt man immer noch in jedem spanischen Dorf, obwohl sie seit Jahrzehnten nicht mehr genutzt werden. Für Frauen waren die Waschplätze eine wichtige Informationsquelle. Hier tauschten sie sich über den neuesten Dorfklatsch aus, sprachen über wichtige Ereignisse oder klagten anderen Frauen ihr häusliches Leid. Einem gut erhaltenen *lavadora* begegne ich kurze Zeit später in *Ponte Piedra*.

Vor *Avilés* zweige ich an einem Kreisverkehr in einem Industriegebiet falsch ab und gehe deshalb einige hundert Meter am Rand einer Schnellstraße entlang. Meinen Fehler bemerke ich, weil einige entgegenkommende Autofahrer hupen und auf einen rechts von mir liegenden Hügel deuten. Also kehre ich zum Ausgangspunkt zurück, wo ich einen schmalen Weg entdecke, der den Hügel hinaufführt. Auf halber Höhe stelle ich fest, dass mir ein beachtlicher Umweg erspart geblieben wäre, wenn ich auf der Schnellstraße einfach über die Landplanke gestiegen und den kleinen Hügel erklommen hätte. *C'est la vie.*

Es ist kein Geheimnis, dass sich jeder Pilger vor Umwegen scheut und sie daher möglichst vermeiden möchte. Man will sich aber auch keinen Meter schenken lassen. Nimmt man beispielsweise das Angebot eines Autofahrers an, sich zur gewünschten Herberge bringen zu lassen, weil man sich verlaufen hat, kehren einige am nächsten Tag in der Regel wieder zu der Stelle zurück, wo sie ins Auto gestiegen sind.

Gegen halb sieben erreiche ich *Avilés*. Aus den Erfahrungen der letzten Tage schlauer geworden, hatte ich bereits nach dem Museumsbesuch im Internet nach einer preisgünstigen Pension gesucht und im *Hostal Puente Azud* ein Zimmer reserviert. Das *hostal* liegt in einem Industriegebiet am Stadtrand. Auf der Brachfläche vor der Pension parken zahlreiche Lastwagen.

Egal wie geschafft man ist, das tägliche Pflichtprogramm darf nie vernachlässigt werden. Aber wohin mit der nassen Wäsche? Vor dem Fenster meines Zimmers liegt eine Dachterrasse mit Wäscheleinen, doch nirgendwo gibt es einen Zugang. Notgedrungen steige ich aus dem Fenster und hänge die Wäsche zum Trocknen auf. Mit dem Resultat, dass der Pensionswirt am späten Abend mit in die Hüften gestemmten Armen kopfschüttelnd davorsteht und sich fragend nach allen Seiten umsieht. Die Terrasse ist wohl mir zur privaten Nutzung. Zum Glück habe ich in meinem Zimmer bereits das Licht gelöscht, so dass ich ihn unbemerkt durch die Gardinen beobachten kann. Um weiteren

Problemen vorzubeugen, hole ich die Wäsche noch in der Nacht wieder rein, was sich als gute Fügung erweist, da es später noch heftig regnet.

Samstag, 12.08.2023 / Avilés - San Martin de Laspra (5 km)

Als ich das *hostal* morgens verlasse und um die Hausecke biege, stoße ich auf drei Pilger, die vor einer Mauer in ein Gespräch vertieft sind. Auf meine Frage nach dem kürzesten Weg zur Innenstadt stellt sich heraus, dass sie vor dem Eingang der öffentlichen *Albergue de Peregrinos Pedro Solís* von *Avilés* stehen. Mit der Herberge waren sie sehr zufrieden. Und gestern hätte es sogar noch freie Betten gegeben. Nun denn...

Einer von ihnen, der Italiener *Andrea*, ein schmächtiger kleiner Mann mit dunklem Haar, den ich auf Mitte dreißig schätze, schließt sich mir auf dem Weg zur Innenstadt an. Er berichtet, in *Venedig* losgegangen zu sein. Respekt! Das sind immerhin annähernd zweitausend Kilometer. Von den vielen spirituellen Stätten, die er auf seinem Weg aufgesucht hat, beeindruckte ihn die Grotte im französischen *Lourdes* am stärksten.

Nach meinem bisherigen Eindruck von *Avilés* hätte ich niemals geglaubt, dass unweit des Industrieviertels eine so bezaubernde historische Altstadt existiert. Über eine der Ausfallstraßen ist sie in wenigen Minuten erreichbar. Auf der *Plaza España*, eine Längsseite nimmt das Rathaus mit Arkadengang, Uhr- und Glockenturm ein, schallt aus einem Café plötzlich ein lautes „hola Andrea" zu uns herüber. Ein Paar winkt uns zu sich an den Tisch und lädt uns zum Kaffee ein. Andrea hat sie gestern in der öffentlichen Herberge kennengelernt. Leonardo und Guiseppina, kurz Leo und Guisy, leben und arbeiten in *Freiburg* und unterrichten dort an einer Schule Philosophie und Biologie. Guisy stammt aus *Sizilien*, Leo aus *Kantabrien*. Selten habe ich ein so offenes, liebenswertes und vielseitig interessiertes Paar getroffen. Leo klagt über Blasen an den Füßen, weshalb er und Guisy erst morgen weitergehen wollen. Bei unserem Gespräch vergeht die Zeit wie im Flug. Immer wieder führt ein Thema zum nächsten. Es ist bereits weit nach dreizehn Uhr, als wir uns nach knapp sechs Stunden verabschieden und nun endgültig auf den Weg machen.

Auf dem Weg durch die Altstadt von *Avilés* kommen wir an zahlreichen beeindruckenden Bauten vorbei. Allerdings muss ein flüchtiger Blick genügen. Die Ausschilderung lässt zu wünschen übrig. Immer wieder schaut Andrea in seinem Smartphone auf die Karte. Für heute liegen zum Glück nur wenige

Kilometer bis zum Zielort *San Martin de Laspra* vor mir.

Vor dem Hügel, auf dem die *Albergue San Martín de Laspra* liegt, trennen sich unsere Wege. Bestimmt werden wir uns auf dem *camino* noch öfter begegnen, denn genau wie ich will Andrea über *Santiago de Compostela* hinaus bis nach *Fisterra* und *Muxía* gehen.

Ein Aushang an der Herberge informiert, dass sie erst um fünfzehn Uhr öffnet. Auch diese Herberge ist in einem ehemaligen Pfarrhaus untergebracht. In puncto Betreuung von Kirchengemeinden scheint sich in den letzten Jahren in Nordspanien einiges verändert zu haben. Ansonsten hätten vermutlich nicht so viele Pfarrhäuser in Herbergen umgewandelt werden können.

Die an eine kleine Kirche angebaute Herberge mit ihrem neuen, weiß-grauen Anstrich macht einen einladenden Eindruck. Ich setze mich auf eine Bank, schreibe und lese. Nach wie vor versteckt sich die Sonne hinter einer dichten Wolkendecke. Obwohl es nur zweiundzwanzig Grad sind, ist es schwül. Deshalb empfinde ich den leichten, über die Hügelkuppen streifenden Wind als angenehm. In weiter Ferne sieht man von hier aus die Autobahn und die Bahnlinie, die auf hohen Stelzen die Täler überqueren.

Abb. 70: Herberge San Martín de Laspra

Die aus *Portugal* stammende *hospitalera* Maria hat die Herberge erst vor vier Monaten übernommen. Wie in so vielen Fällen, kam sie als Pilgerin hierher und blieb. Ihr zweijähriger Pachtvertrag schließt die Option auf Verlängerung um weitere fünf Jahre ein. Unterstützt wird sie bislang nur von einem anderen

Pilger, wobei noch nicht klar ist, wie lange dieser bleiben wird. Maria ist optimistisch, dass ihr Einsatz sich schon bald rechnen wird. Bei der Übernahme der Herberge hat sie die Anzahl der Schlafplätze von sechsundvierzig auf vierzehn reduziert, um nicht nur Übernachtungen, sondern auch Abendessen und Frühstück anbieten zu können. Einen Fixpreis gibt es nicht. Alles läuft auf Spendenbasis (*donativo*), das heißt, jeder zahlt so viel, wie er möchte.

Maria empfiehlt, an der Messe für die Dorfbewohner teilzunehmen. Sie beginnt um achtzehn Uhr und ist gut besucht. Von den circa fünfzig Gläubigen sind ein Drittel Männer. Von einer solchen Besucherzahl können viele deutsche Kirchen selbst an einem Samstag nur träumen.

Außer einem vergoldeten Retabel ist der von einer Kuppel überdachte Glockenturm über dem Eingang ein weiteres Prunkstück des schlichten Kirchenbaus. In der Mitte des Retabels befindet sich eine Heiligenfigur. Wen sie darstellt, kann ich nicht ausmachen. Über ihr hängt der gekreuzigte Christus. An seiner Seite stehen linker Hand der heilige Josef, der seinen Sohn als Kleinkind auf dem Arm trägt, ihm zur rechten der heilige Christopherus mit dem Jesuskind auf der Schulter. Den oberen Teil des Retabels ziert der Heilige Geist, flankiert von Engeln. Leider verstehe ich die Predigt nicht, aber trotzdem gibt sie mir etwas.

Zum Abendessen serviert Maria Ratatouille mit Spiegelei und Wein. An der langen Tafel entwickelt sich schnell eine lebhafte Unterhaltung. Mir gegenüber sitzt Nuria, eine katalanische Lehrerin mit eigenwilligem Haarschnitt. Sie vermittelt mir grundlegende Einblicke in die politische Lage Spaniens wie auch in die spanische Mentalität.

Vollgestopft mit Informationen und Anregungen sinke ich um zweiundzwanzig Uhr auf die Matratze meines Etagenbetts und schlafe sofort ein.

Sonntag, 13.08.2023 / San Martin de Laspra - Soto de Luiña (33 km)

Zu meiner Überraschung und Freude schenkt mir am Morgen einer der Pilger sein Bettlaken. Er hatte mitbekommen, dass ich in der Nacht sehr gefroren habe und betont, dass ihm sein Schlafsack völlig ausreiche. Ich bedanke mich überschwänglich. Jetzt können die Fenster in den Schlafsälen demnächst ruhig offenstehen.

Zum Frühstück gibt es Toast mit Butter und Marmelade, Müsli, Bananen und kleinen, in Cellophan eingeschweißten Kuchenrollen. Dazu Kaffee, Tee und Milch. Maria hat an nichts gespart. Ich stecke fünfundzwanzig Euro in die Spendenbox und sehe, dass viele Pilger einen ähnlichen Betrag spenden.

Die vielfältigen Wolkenformen, hinter denen sich die Sonne versteckt, sind heute Morgen wirklich beeindruckend. Manche sogar echte Kunstwerke. Leider kann ich ihren Anblick nicht so genießen, wie ich es gern getan hätte. Der Weg beansprucht meine volle Aufmerksamkeit. Immer wieder steigt oder fällt der er um zweihundert Höhenmeter - eine schweißtreibende Angelegenheit.

Auf und ab führt er über Landwirtschaftswege und Straßen. Gelegentlich hängen an Schnürsenkeln zusammengebundene Schuhe über Straßenschildern oder Ästen. Ob es sich dabei um das unter Jugendlichen beliebte *shoe tossing* handelt oder um ausgemusterte Schuhe von Pilgern, die dekorativ hinterlassen wurden, ist fraglich. Stellenweise wirken die Schuhe, zumindest von unten gesehen, noch ganz passabel.

Nach einem langen Aufstieg folgt ein ebenso steiler Abstieg zur mittelalterlichen Verteidigungsanlage *El Castillo de San Martín*. Der quadratische Turm des am rechten Ufer des *Nalón* gelegenen *castillos* mit seiner zinnenbewehrten Mauer ist bereits von weitem zu sehen. Einst kam der Anlage eine wichtige Bedeutung zu, da Reisende von hier aus auf kleinen Barken ans andere Ufer übergesetzt wurden. Ein nicht ungefährliches Unterfangen, denn so kurz vor dem Meer ist der *Nalón* ziemlich breit und die Strömung sehr stark.

Abb. 71: El Castillo de San Martín am Nalón

Von *El Castillo de San Martín* geht es flussaufwärts nach *Soto del Barco*. Von dort gelangt man über eine Brücke ins nahegelegene *Muros de Nalón*.

Hinter der Brücke erinnert am Wegesrand ein unbehauener Stein an die Spanier, die ihr Leben im Kampf für Freiheit und Demokratie verloren haben. Die Regierung von *Asturien* ließ das Mahnmal zum Gedenken an die Opfer des spanischen Bürgerkriegs aufstellen.

Auch nach *Soto del Barco* verliert der *camino* nichts von seiner bisherigen Dynamik. Lange Zeit geht es immer wieder über hundert Meter rauf oder runter. Trotzdem kommt mir die heutige Strecke nicht anstrengend vor. Entweder ist mir das stete Auf und Ab mittlerweile in Fleisch und Blut übergegangen oder das kurze gestrige Wegstück zwischen *Avilés* und *Santa Maria de Laspra* hat meine Kraftreserven wenig beansprucht.

Wieder einmal fällt mir auf, dass ich das Gewicht des Rucksacks kaum noch wahrnehme. Mit den beiden gefüllten 1,5-Literflaschen wiegt er immerhin über elf Kilo.

In den nächsten Tagen werde ich das Meer nur noch selten zu sehen bekommen, da der *camino* nun erst einmal durch das Hinterland verläuft. Beim Aufstieg nach *Muro de Nalón* erhasche ich einen letzten Blick auf das Delta des *Nalón*. Tief unten auf der linken Seite liegt der Ort *San Estaban de Pravia*. Über dem Meer dräut eine dunkle Regenfront. Ein wahrhaft beeindruckendes Lichtspiel.

Nach dem schweißtreibenden Aufstieg nach *Muros de Nalón* benötige ich eine kurze Rast und setze mich auf der *Plaza Marqués de Muros* auf eine Bank. Eine ältere, sehr elegant gekleidete Dame kommt auf mich zu und fragt in sehr gutem Deutsch, ob ich bis nach *Santiago* gehen will. Als ich das bejahe, entwickelt sich eine sehr lebendige und interessante Unterhaltung, in deren Verlauf ich erfahre, dass sie in Madrid lebt, jedoch schon seit Jahrzehnten ihren jährlichen Sommerurlaub mit ihrer Freundin hier verbringt. Die brillanten Deutschkenntnisse sind ihrem Germanistikstudium in Madrid geschuldet. Leider drängt ihre Freundin zum Weitergehen. So verabschiedet sie sich mit einem *„buen camino"*.

Solch kurze, aber sehr intensive Gespräche sind typisch für Begegnungen auf dem Jakobsweg, sei es bei einer Rast oder in den Herbergen. Schnell kommt man nach dem Woher und Wohin auf essenzielle Themen zu sprechen, die mit der Suche nach Antworten und Erfahrungen auf dem Weg zusammenhängen.

Kurze Zeit später empfehlen mir Pilger, nicht wie von mir beabsichtigt in *Novellana*, sondern bereits in *Soto de Luiña* zu übernachten. Die dortige *Albergue La Reguera* besäße einen ähnlich guten Ruf wie die von *Santa María de Laspra*. Und das ebenfalls bei Vollverpflegung auf Spendenbasis.

Am Ortsrand von *Muro de Nalón* steht inmitten eines Parks der *Palacio de Valdecarzana*, eine von Grün überwucherte Ruine. Von der ehemaligen Pracht zeugt lediglich das mit Türmchen und Wappen verzierte prachtvolle Tor in einer mit Zinnen bewehrten Umfassungsmauer. Durch das schief in den Angeln hängende Tor erhascht man einen Blick auf die fensterlose, überwucherte Palastruine dahinter. Ein Großteil verschwindet hinter hohen Bäumen. Auf einer vor der Mauer stehenden Informationstafel ist von einem quadratischen Turm aus dem 15. Jahrhundert zu lesen. Von der Straße aus ist er allerdings nicht zu sehen.

Abb. 72: Eingang zum Palacio de Valdecarzana in Muro de Nalón

Bald darauf überrascht in einem Waldstück ein merkwürdiges Ensemble aus zwei Schaukelstühlen und einer Baumscheibe. Die in orange gestrichenen und mit Kunstleder bezogenen Stühle könnten nirgendwo fremdartiger wirken. Bei Sonne laden sie vielleicht zur Rast ein, doch heute sind sie bei dem verhangenen Himmel einfach nur ein Hingucker.

Die nächste Ortschaft ist *El Pito*. Bereits am Ortseingang stehen zahlreiche, architektonisch beeindruckende Bauten, so zum Beispiel die mit Palmen umgebene neoromanische *Iglesia de Jesús de Nazareno* mit ihrem hellen Verputz, gefolgt von dem *Palacio la Quinta de Selgas*. Das Schloss der Familie *Selgas* befindet sich in einem großen Park voller Skulpturen und kunstvoller Rabatten. Zur Straße hin liegt die *Escuela Selgas*, eine ehemalige Schule. Ein mit Büsten und Porträts der Familie versehenes Denkmal ziert ihren Vorgarten. Schloss und Schule unterstehen heute der *Fundacion Selgas-Fagalde*.

Abb. 73: Schloss der Familie Selgas

In *El Pito* begegne ich Andrea. Wir gehen ein Stück gemeinsam, unterqueren die Autobahn und trennen uns kurz darauf in Höhe der *Albergue La Reguera*. Andrea hat sein Tagespensum noch nicht erreicht. Heute will er noch mindestens bis *Novellana* kommen.

Die auf halber Höhe am Hang eines engen Tals gelegene winzige Herberge bietet Platz für vierzehn Pilger. Geleitet wird sie vom *hospitalero* Jacin, den zwei Spanierinnen, Elena und Francisca, unterstützen.

Abb. 74: Ausblick von der Albergue La Reguera

Alle drei sind ehemalige Pilger. Sie werden hier bis Mitte Oktober arbeiten. Wie viele andere Herbergen schließt auch die *Albergue La Reguera* danach ihre Pforten bis Ende Mai. Jacin erzählt, dass dennoch einige Hartgesottene selbst im Winter auf dem *Camino del Norte* unterwegs seien und das sogar bei Schnee und Eis. Bei den zum Teil sehr steilen und schmalen Wegen ist das bestimmt eine Herausforderung.

Der *hospitalero* geht voll in seinem Amt auf. Für die Pilger steht ein Korb bereit, in den sie ihre schmutzige Wäsche hineinlegen können. Schon kurz nach dem Abendessen ist dank einer Waschmaschine und eines Trockners alles wieder abholbereit. Was für ein Service!

Zum Abendessen serviert Jacin Suppe, Nudelsalat, Brot, Wein und Wasser. Anschließend bleiben alle noch lange bei einer lebhaften Unterhaltung am großen Tisch sitzen.

Außer mir und einem weiteren Deutschen sind alle Pilger Spanier. Ihrer sehr schnell geführten Unterhaltung kann ich nur im begrenzten Umfang folgen, weshalb einer der Spanier, der seit Jahrzehnten mit seiner kubanischen Frau und seinem 15-jährigen Sohn in Deutschland lebt, für uns beide das Wichtigste übersetzt. Sein Sohn, ein schlanker, groß gewachsener Junge mit dunklen Haaren passt optisch so gar nicht zu seinem kleinen, kahl geschorenen Vater. Im Gegensatz zum Sohn, der sich nur dann einbringt, wenn er gefragt wird, redet der Vater umso lieber.

Er ist ein äußerst hilfsbereiter und umsichtiger Mann, der bereits alle wichtigen Jakobswege gelaufen ist. Als schwierigsten bezeichnet er den *Camino de la Plata*, der von *Sevilla* aus über die spanische Hochebene verläuft. Ein Problem sei, dass die Ortschaften zwischen dreißig und fünfunddreißig Kilometer auseinander liegen und es dazwischen keine Brunnen, keine Einkehrmöglichkeiten oder ähnliches gibt. Man muss daher immer ausreichend Wasser und Proviant mitnehmen.

Bei dem vertraulichen Zweiergespräch vor der Herberge erfahre ich, dass er als einer der Ersten in die Kryptowährung Bitcoin investierte. Dadurch habe er so viel verdient, dass er nicht mehr arbeiten müsse.

Vermutet hätte ich bei ihm alles, nur das nicht. Man sollte also nie vorschnell urteilen. Oder besser noch, gar nicht urteilen, sondern sich hingegen bemühen, Andersartigkeit im Aussehen oder Wesen vorbehaltlos zu akzeptieren. Vordergründig Trennendes lässt sich so leichter überwinden und hintergründig Gemeinsames besser entdecken. Ein hoher Anspruch, doch lohnt sich der Versuch. In diesem Zusammenhang erinnere ich mich an eine Szene aus dem Film „*The Rocky Horror Picture Show*", in der ein in Reizwäsche auftretender Transsexueller, Dr. Frank N. Furter, verkündet: „*Don't judge a book by its cover*". Egal wie man es betrachtet: Es lohnt sich immer, Vorurteilen nicht auf den Leim zu gehen.

Montag, 14.08.2023 / Soto de Luiña - Santa Marina (12 km)

Morgens zeige ich mich mit einer üppigen Spende erkenntlich. Jacin und seine Helferinnen nehmen mich zum Abschied in die Arme und drücken mich. Ihre Freundlichkeit und Warmherzigkeit berühren mich zutiefst.

Was mir gestern bei der Ankunft gar nicht auffiel ist, dass das Tal, in dem die Herberge liegt, im hinteren Bereich von drei großen Brücken überspannt wird. Zwei für den Autoverkehr, eine für die Bahn. Irgendwie wirkt ihr Anblick neben den kleinen Steinhäusern und den Speichern aus verwittertem Holz anachronistisch auf mich. Als gleichermaßen aus der Zeit gefallen empfinde ich auf dem Jakobsweg die modernen Bänke mit Rückenlehnen in Form überdimensionierter gelber Pfeile, die zugleich als Werbeträger genutzt werden.

Abb. 75: Moderne Bank auf dem Jakobsweg

In *Soto de Luiña* lockert die Wolkendecke auf. Zaghaft bricht die Sonne hervor. Wahrzeichen des knapp fünfhundert Einwohner zählenden Dorfes ist die an einem großen Platz stehende Kirche *Santa Maria* aus dem 18. Jahrhundert.

Abb. 76: Kirche Santa Maria, das Wahrzeichen von Soto de Luiña

Mit ihrem markanten Glockenturm ist sie weithin sichtbar. Der untere Teil des Turms öffnet sich in Form von Torbögen nach drei Seiten. In seinen oberen Stockwerken stehen Heiligenfiguren in Nischen. Den Platz neben der Kirche schmückt ein aus Beton gegossenes Werk der Neuzeit: Vor der Figur des heiligen Jakobus sitzt ein Pilger mit Tornister und Wanderausrüstung. Über Geschmack lässt sich bekanntlich nicht streiten.

Hinter *Soto de Luiña* muss ich mich zwischen dem achtzehn Kilometer langen Höhenweg, verbunden mit einem Anstieg von sechshundert Höhenmetern und dem unteren Weg, der mit steten Schwankungen um die siebzig Höhenmeter allerdings auch nicht ohne ist, entscheiden.

Mittlerweile hat sich die Sonne den Himmel zurückerobert, so dass ich den unteren Weg wähle, auch wenn er einige Kilometer entlang der Straße führt.

Der Höhenweg ab *Soto de Luiña* lässt sich auch als Rundweg laufen. In diesem Fall spricht man beim Hinweg vom *Camino de las Palancas* und beim Rückweg vom *Camino de Las Ballotas*.

Bereits nach wenigen Kilometern ist der Himmel wieder bedeckt. Zum Glück nur mit zarten Schleierwolken.

Abb. 77: Villa Kunterbunt auf dem Jakobsweg

In einem Dorf fällt mir ein bunt bemaltes Haus ins Auge. Seine mit Figuren, Landschaften und Tieren bemalten Wände fallen in der ländlichen Abgeschiedenheit völlig aus dem Rahmen. Auf der Vorderseite des Hauses prangt zudem eine aus Eisenstäben gebogene weibliche Figur, deren Brüste Jakobsmuscheln bilden. Rund um das Haus finden sich zahlreiche weitere Kunstwerke: verzierte Mühlsteine, Figuren, Ruderblätter als Teil eines Wasserspiels und sonstige Objekte. Der Eigentümer ist mit Sicherheit kunstbegeistert.

Der *camino* verläuft eine Weile durch ein Waldstück, ehe er am Ortseingang von *Novellana* an einem Podest mit einem kleinen, altarähnlichen Schrein vorbeiführt. Darin steht der heilige Jakobus als Plastikfigur, umgeben von bunten Steinen und Hortensienblüten. Über ihm weht die Flagge *Asturiens*, ein gelbes Kreuz auf blauem Grund, an einer Bambusstange. Unmittelbar vor dem Schrein befindet sich das Ortsschild.

Die private *Albergue Novellana* liegt am Ortsausgang Richtung *Castañeras*. Ähnlich wie in *Deva* ist die erst kürzlich renovierte Herberge in einem ehemaligen Bahnhofsgebäude untergebracht. Als ich in dem verwaist wirkenden Bau endlich die *hospitalera* finde und mich nach einem freien Bett erkundige, schlägt sie die Hände über dem Kopf zusammen und erklärt, dass der Betrieb wegen eines erst wenige Tage zurückliegenden Todesfalls bis auf weiteres geschlossen sei. Sie bedauere es, doch anders sei es nicht machbar. Was für ein Glück, dass ich gestern nicht bis hierhin weitergelaufen bin.

Also geht es erst einmal auf dem *camino* weiter. Zur Belohnung lockert die Bewölkung auf.

Über üppig bewaldete Hügel geht es nach *Santa Marina*. Der letzte Abschnitt des *camino* führt entlang der Straße.

Santa Marina, ursprünglich ein typisches Straßendorf, wuchs mit der Zeit ziemlich in die Breite. Trotzdem gibt es keine Herberge, dafür aber die Pension *Prada* an der Durchgangsstraße.

Abb. 78: Pension Prada in Santa Marina

Die Anmeldung, so erfahre ich, erfolgt in der eine Minute entfernt liegenden *Bar Gayo*. Bar und Pension werden von einer Familie betrieben. Das für den Check-in zuständige Familienmitglied ist noch unterwegs. Ich vertreibe mir die Wartezeit mit einem Kaffee auf der Terrasse, als Nuria hereinkommt und mir auf ihrem Smartphone begeistert Aufnahmen von der *Playa del Silencio* zeigt, einem traumhaften, nur wenige Kilometer entfernt liegenden Strand. Eingebettet in hohe Steilklippen wirkt er wie der Prototyp einer Idylle. Sie empfiehlt mir, ihn unbedingt aufzusuchen.

Im Vergleich mit anderen Pensionen bietet die Pension *Prada* einiges an Komfort. Das Haupthaus ist mit roten und grünen Ziegeln verkleidet und macht mit seinen weiß gestrichenen Erkern einen einladenden Eindruck. Flankiert wird es von Flachbauten mit Mehrbettzimmern. Im Außenbereich laden Tische und Stühle zwischen Hortensien und anderen blühenden Büschen zur Erholung ein.

Nach dem Check-in, dem Duschen und einer kurzen Ruhepause mache ich mich auf den Weg zur *Playa del Silencio*. Auf einem Küstenweg geht es fast wieder zurück bis *Novellana*.

Eine dreiviertel Stunde später ist mein Ziel erreicht. Zu einer Seite wird der Strand von einer wahrlich imposanten Felsformation begrenzt, deren Höhe ich auf knapp zweihundert Meter schätze. Die goldbraune Felswand scheint mit dem tiefblauen Meer und dem beige-gelben, fast einen halben Kilometer langen Sandstrand darum zu wetteifern, wer am schönsten ist.

Aus Zeitgründen erspare ich mir den langwierigen Abstieg zum Meer. Der grandiose Anblick von hier oben muss genügen.

Der Zufahrtsweg oberhalb der Klippen ist mit Fahrzeugen zugestellt. Auch auf den umliegenden Wiesen parken überall Autos. Also scheint der Ort alles andere als ein Geheimtipp zu sein. Scheinbar haben viele Grundstücksbesitzer an der Küste eine neue Einnahmequelle entdeckt, indem sie Wiesenflächen einzäunen und als gebührenpflichtige Parkplätze zur Verfügung stellen.

Als ich später die Wirtin in der Pension *Prada* darauf anspreche, meint sie, dass dieser Trend seit Jahren zunehme, da immer mehr Spanier in den Sommermonaten aus dem heißen Mittelmeerraum flüchten, um ihre Urlaube im klimatisch gemäßigten Norden zu verbringen. Dadurch wird Parkraum an der Küste immer knapper.

Abb. 79: Playa del Silencio

Kurz vor neunzehn Uhr beginnt es zu regnen. Für den kurzen Weg von der Pension hinüber zur Bar *Gayo* nehme ich den Regenschirm. Das dreigängige Pilgermenü für vierzehn Euro inklusive einer Flasche Wein ist sehr empfehlenswert. Während des Essens hört der Regen auf, doch ist der Himmel immer noch von einer geschlossenen Wolkendecke bedeckt.

Zurück im Zweibettzimmer stelle fest, dass ein weiterer Pilger eingezogen ist. Doch außer einer knappen Begrüßung scheint er keinerlei Bedürfnis nach Kommunikation zu verspüren - auf dem *camino* eine absolute Rarität. Aber mir soll es recht sein, so kann ich lesen, schreiben oder einfach nur abschalten.

Dienstag, 15.08.2023 / Santa Marina - Piñera (42 km)

Von der Wetterlage her verspricht der heutige Tag nichts Gutes. Schwere Regenwolken ziehen über mich hinweg. Gemäß Wanderführer sollen sich zumindest Steigungen und Gefälle bis *Luarca*, meinem heutigen Tagesziel, in Grenzen halten. Die Strecke verläuft sowohl über Asphaltstraßen als auch über Wald- oder Feldwege.

Eine Reise von tausend *Li*, so lautet ein altes chinesisches Sprichwort, beginnt mit einem einzigen Schritt. Das gilt auch für den *camino*. Unabhängig davon, ob man das Ziel später auch wirklich erreicht, kommt dem ersten Schritt bei der Umsetzung des Vorhabens die größte Bedeutung zu. Alles weitere folgt dann nahezu automatisch.

Für einen Stadtmenschen wie mich, dessen Fortbewegung in der Regel per Bahn, Bus oder Auto erfolgt, ist es immer wieder erstaunlich, welche Strecke sich an einem einzigen Tag zurücklegen lässt. Für die Kriegsgeneration war so etwas noch selbstverständlicher. Ich erinnere mich an meine Mutter, die am Wochenende für ihre Nebenjobs kilometerlange Fußwege auf sich nahm, um meine Schwester und mich in den schwierigen Zeiten durchzubringen.

Erste Zwischenstation ist *Ballota*. Hier wird heute, wie in vielen spanischen Dörfern und Städten, Maria Himmelfahrt mit einer Prozession gefeiert. In der Mitte des circa hundert Meter langen Prozessionswegs, über den später die Figur der Muttergottes getragen wird, reiht sich Hortensienblüte an Hortensienblüte. Der Weg führt von einer kleinen Kirche zu einem geschmückten Altar.

Abb. 80: Geschmückter Altar am Ende des Prozessionsweges in Ballota

In der Natur ist vom Feiertag nichts zu spüren. Unbeirrt vom Lauf der Welt säumen rund um *Ballota* vor allem Kastanien-, Obst- und Walnussbäume den *camino* und immer wieder auch Brombeersträucher in stattlicher Anzahl. Ab und zu pflücke ich einige der dunklen Beeren. Leider fehlt ihnen derzeit noch die richtige Süße. Bei der stürmischen Wetterlage überrascht mich beim Eintauchen in Eukalyptuswälder jedes Mal ein seltsamer Mix aus merkwürdigen Geräuschen. Die Kakophonie, verursacht durch dünne, sich im Wind wiegende Baumstämme, reicht von einem seltsamen Quietschen bis zu einem dunklen Knarren und Stöhnen. Fast könnte man meinen, Gespenster säßen in den Ästen, um die Wanderer mit ihren schauerlichen Lauten zu erschrecken.

Apropos Kakophonie: An dieser Stelle ein Wort zu den Hunden. In Nordspanien sind schwarz-weiße Border Collies die am weitesten verbreitete Hunderasse. Sie ist sehr lernfähig und vielseitig einsetzbar. Täglich begleitet mich ihr Jaulen, Kläffen oder Bellen auf dem Weg durch die Dörfer.

Die am Wegesrand stehenden Kirchen und Kapellen laden immer wieder zu einer kurzen Rast ein. Es tut gut, auf den Kirchenbänken auszuruhen und aus der Stille des Ortes Kraft zu schöpfen. Im Gedächtnis bleiben wird mir die *Iglesia de San Miguel*, die circa zehn Kilometer vor *Luarca* in einem Waldstück liegt und zur Gemeinde von *Canero* gehört. Mit ihren drei frei hängenden Glocken, dem äußerst schlichten Interieur und der abgeschiedenen Lage strahlt sie für mich schon etwas fast Magisches aus.

Heute verläuft der *camino* wieder größtenteils in Sichtweite der Steilküste. Trotz des schlechten Wetters überwältigen die Ausblicke auf die schroffen Felsen und zumeist menschenleere Strände jedes Mal aufs Neue - unter ihnen besonders die abgelegene *Playa de la Escaladina*. Vom Anblick solch leerer Strände kann man an der Mittelmeerküste mit Sicherheit nur träumen.

Mit einem Mal verspüre ich den Drang, endlich in *Luarca* anzukommen, denn die Schiffsprozession am späten Nachmittag will ich auf keinen Fall verpassen. Sie soll durch die Straßen der tief im Tal gelegenen kleinen Stadt bis zum fjordartigen Hafen führen und von dort mit geschmückten Schifferbooten hinaus aufs offene Meer. Bestimmt ein einmaliges Erlebnis.

Unvermittelt taucht die Stadt am *Negro* mit ihren sieben Brücken hinter einem Hügel auf. Der Anblick auf das steile Tal ist von hier oben einfach grandios. Man hat das Gefühl, als habe die Erde einen tiefen Riss bekommen und klaffe nun leicht auseinander.

Als ich gegen fünfzehn Uhr am Ufer des *Negro* am *Paseo Pilarín* ankomme, sind die Straßen und Plätze bereits voller Menschen. Wie bei der legendären *Fiesta San Fermin* in *Pamplona* tragen fast alle ein rotes Halstuch.

Jetzt fehlt zu meinem Glück nur noch die passende Unterkunft. Doch das erweist sich wieder einmal als schwierig. Die erste Absage erhalte ich in der privaten *Albergue Villa de Luarca*, weitere folgen in den *hostals* und selbst im

Grandhotel *Hotel Villa de Luarca* ist man *completo*. Eigentlich hätte ich mir das aufgrund des Feiertags und der Fiesta auch denken können, denn nicht nur ich bin erpicht auf die Schiffsprozession.

Abb. 81: Blick auf den Hafen von Luarca

Mittlerweile ist es bereits sechzehn Uhr. Zu allem Überfluss beginnt es auch noch zu regnen. So schön die Stadt auch ist und so gerne ich die Schiffsprozession gesehen hätte, es bleibt mir nichts anderes übrig, als meinen Weg fortzusetzen. Schweren Herzens nehme ich Abschied und ziehe weiter.

Zuerst geht es durch schmale Gassen und danach auf der anderen Flussseite genauso steil hoch, wie es zuvor zur Stadt hinunter ging.

Auch in den folgenden Orten ist mir das Glück nicht hold. Die Fiesta hat einfach zu viele Menschen angezogen. Und alle benötigen eine Unterkunft. Immer wieder erhalte ich die Auskunft *completo*. Und das bei Nieselregen.

Erst nach fünfzehn Kilometern gelingt es mir in der öffentlichen *Albergue de Peregrinos de Piñera*, die in einer ehemaligen Dorfschule untergebracht ist, ein Bett zu ergattern. Nach mehr als zehn Stunden auf den Beinen bin ich fertig mit der Welt.

Inzwischen ist es fast neunzehn Uhr. Die letzten Kilometer lief ich nur noch wie ein Roboter, tippelte über Wege und Straßen, den Blick schicksalsergeben auf den Boden gerichtet.

Die Anmeldung in der Herberge erledigt ein junger Spanier stellvertretend für den *hospitalero*.

Vor zwei Tagen war er in einem Waldstück derart unglücklich gestürzt, dass er sich das Fußgelenk auskugelte. An ein Aufstehen und Weiterlaufen war nicht zu denken. Mobilfunkempfang gab es an dieser Stelle auch nicht. So zog er auf dem Boden liegend völlig frustriert seine Jacke aus dem Rucksack, bedeckte sich damit notdürftig und ergab sich seinem Schicksal in der Annahme, hier womöglich noch mehrere Stunden lang unentdeckt liegen bleiben zu müssen. Doch schon nach kurzer Zeit kam ein Pilger des Weges, der - oh Wunder - auch noch Orthopäde war. Im Nu hatte er den Fuß wieder eingerenkt. Mit Unterstützung des Arztes konnte er bis zur Herberge von *Piñera* humpeln. Sein Helfer legte ihm ans Herz, den Fuß unbedingt einige Tage lang zu schonen. Da in Herbergen generell nur eine Übernachtung erlaubt ist, löste der das Problem pragmatisch. Er stellte den Spanier kurzerhand als Hilfskraft bei freier Kost und Logis ein. Glück im Unglück.

Im Umkreis von zehn Kilometern gibt es weder Bars noch Restaurants. Deshalb können die Pilger dem *hospitalero* ihre Wünsche aus der Speisekarte einer *bodega* mitteilen. Er gibt dort telefonisch eine Sammelbestellung auf und holt alles circa eine halbe Stunde später in Tupperdosen verpackt ab. So steht für jeden das Essen um neunzehn Uhr bereit. Bei der sehr abgeschiedenen Lage der Herberge eine ideale Lösung. Ich kann sie leider nicht mehr in Anspruch nehmen, da halb sieben die *Deadline* für die Sammelbestellung war.

Dennoch muss ich an diesem Abend nicht hungrig ins Bett gehen. Eine Deutsche, die in *Madrid* arbeitet und bereits morgen wieder von *Oviedo* aus dorthin zurückfliegt, überlässt mir ihre Hartwurst und Pit, ein Pilger aus dem Ruhrpott, der ebenfalls viel zu spät eintraf, steuert aus seinen Vorräten *jamon serrano* und Brot bei. An Wein herrscht zum Glück kein Mangel.

Der große Schlafsaal ist kaum belegt. Im Etagenbett neben mir liegen der Bitcoin-Spanier und sein Sohn. Meinem heutigen Tagespensum zollen sie Respekt.

Vor dem Einschlafen lasse ich den heutigen Tag noch einmal Revue passieren. An der Misere bin ich selbst schuld. Es wäre kein Problem gewesen, bereits gestern oder vorgestern in *Luarca* einen Platz in der Herberge zu reservieren. Dafür habe ich einen hohen Preis bezahlt. Ich muss meine Einstellung dazu unbedingt ändern. Der Spruch auf einem Pappschild im überdachten Außenbereich der Herberge, wo die Wäsche zum Trocknen aufgehängt wird, traf mich deshalb besonders hart: *„Es tu camino, tuyo solamente. Otros podrán caminar contigo, pero nadie puede recorrerlo en tu lugar"* (Es ist dein Weg, deiner allein. Andere können ihn mit dir gehen, aber keiner kann es für dich tun). Eigentlich hätte ich hinter dem Spruch einen spanischen Philosophen vermutet, doch stammt er von Rumi, einem persischen Sufi-Mystiker aus dem 13. Jahrhundert.

Mittwoch, 16.08.2023 / Piñera - Navia (5 km)

Heute nehme ich mir vor, den Tag ganz langsam anzugehen. Glücklicherweise finde ich in der Küche der Herberge Instantkaffee, so dass ich nicht auf eine Bar im nächsten Ort angewiesen bin.

Im Aufenthaltsraum fällt mein Blick auf ein spanisches Brettspiel zum Jakobsweg (*El Juego de la Oca del Camino de Santiago*), das an der Wand hängt.

Abb. 82: El Juego de la Oca del Camino de Santiago

Die farbig gestalteten dreiundsechzig Spielfelder in spiralförmiger Anordnung spiegeln Stationen des *Camino Francés*. Das letzte Feld füllt in goldgelben Tönen vor königlich blauem Hintergrund die Kathedrale von *Santiago de*

Compostela, flankiert von Sonne und Mond.

Das Spiel wird schon älteren Datums sein, sonst hätte man es bestimmt nicht als Dekoration an die Wand gepinnt.

Ich verlasse die Herberge als einer der Letzten. Straße und Landschaft sind in dichten Nebel getaucht. Der Regen, der gestern nach dem Abendessen einsetzte, hält immer noch an und ist in einen feinen Nieselregen übergegangen. Der in *Deba* gefundene Schirm erweist mir auch heute wieder gute Dienste. Nach dem gestrigen Marathon werde ich heute nur bis *Navia* gehen. Das sind ungefähr fünf Kilometer.

Anfangs verläuft der *camino* über die Nationalstraße, dann geht es von der Straße weg einen schmalen Pfad bergab und schließlich durch eine sumpfige Niederung mit einem kleinen Bach. Schon bald mündet er in einen Feldweg und folgt schließlich erneut einer Straße.

Der Hinweis im Wanderführer auf eine einfache und preiswerte Pension im Zentrum von *Navia* erweist sich als goldrichtig. In der *Pension San Francisco* ist allerdings nur noch ein recht dunkles Zimmer mit Fenster zum Hinterhof frei. Ich buche das Zimmer inklusive Abendessen für zwei Tage.

Auch in *Navia* wird *Maria Himmelfahrt* gefeiert. Die Festivitäten dauern vom 14. bis 17. August. Auf der Hauptstraße, der *Avenida Ramón Valdés*, stehen in Höhe eines Viadukts, über das die Schmalspurbahn von *Gijón* nach *Ferrol* verläuft, Verkaufsbuden und diverse Fahrgeschäfte für Kinder. Am frühen Morgen sind erst wenige Besucher unterwegs.

In der Touristeninformation erhalte ich von einer ebenso charmanten wie hilfsbereiten Mitarbeiterin den Tipp, dass in wenigen Minuten eine Prozession an der Kirche *Santa Maria de La Barca* beginne. Durch den weithin sichtbaren Kirchturm sei die Kirche im Zentrum der Stadt leicht zu finden. Auf dem Weg dorthin kommt mir bereits eine Musikgruppe in traditioneller Tracht mit Trommeln, Tamburinen und Dudelsäcken entgegen.

Unterhalb der Kirche formiert sich ein weiteres Musikkorps. Vor der breiten Freitreppe der im 19. Jahrhundert auf mittelalterlichem Fundament errichteten Kirche warten schon zahlreiche Menschen auf den Beginn der Prozession. Nach und nach füllt sich auch die an der Kirche vorbeiführende Straße mit Schaulustigen. Wenig später verlässt die Prozession in Begleitung eines Musikkorps die Kirche und zieht langsam zur *Capilla des San Roque*.

Einem Würdenträger mit der Kirchenfahne und zwei Ministranten folgen vier Frauen mit der Figur des heiligen Jakobus auf einem hölzernen Tragegestell, flankiert von zwei Blumentürmen aus Hortensien. Auch sie werden von Frauen getragen. Kinder laufen lärmend neben dem Zug einher.

An vielen Häusern stößt man auf die *Triskele* als Zierelement in Form dreier, auf einen Mittelpunkt zulaufender Spiralen. Die Bedeutung dieses uralten Symbols aus der Zeit der Kelten ist nicht gesichert. Manche sehen in ihm die Dreiheit von Geburt, Leben und Tod, andere wiederum die von Körper, Geist und Seele oder eine Triade göttlicher Wesen. Christen betrachten es als Abbild der Heiligen Dreifaltigkeit. Gesichert ist lediglich, dass sein Ursprung im 7. Jahrhundert vor Christus liegt, als die Kelten große Teile Europas besiedelten. Die *Triskele* schmückt seit über zweitausend Jahren nicht nur Türen und Wände im Norden Spaniens, sondern erfreut sich bis heute auch bei Schmuckstücken großer Beliebtheit.

Abb. 83: Triskele als Schmuck einer Hauswand

Nach einer ausgiebigen Dusche erkunde ich die Stadt. Ich gehe hinunter zum *Nave*, von dem sich vermutlich der Name der Stadt ableitet, und folge der Uferpromenade flussabwärts bis zu einer parallel zum Fluss verlaufenden Brücke. Unter ihr strömen bei Flut die Wassermassen in den *Paraje natural La Poza*. Hinter der Brücke erstreckt sich die *Playa de Navia*.

Navia liegt auf der rechten Flussseite. Ihre Ausläufer ziehen sich bis weit in die Berghänge hoch. Bis auf wenige Gassen rund um die *Pension San Francisco* sind kaum alte Gebäude vorhanden. Wie in so vielen anderen Städten, die ich an der Nordküste Spaniens gesehen habe, kommt es mir auch in *Navia* so vor, als habe der Ort ab Mitte des 20. Jahrhunderts einen Boom erlebt, der die alten Begrenzungen sprengte und große Neubauviertel entstehen ließ.

In Richtung Meer liegen Docks, Werften und der Yachthafen. Durch die besondere Lage an der Mündung des *Nave* können Seeschiffe bis zur Stadt hinauffahren. Zwei Brücken verbinden die Flussufer. Eine für die Eisenbahn, die andere ist Autofahrern und Fußgängern vorbehalten.

Bislang sah ich Graffiti entlang der Küste ausschließlich in den Industriezonen großer Städte. In *Nave* jedoch entdecke ich rund um den Sportplatz mit angeschlossenem Jugendzentrum überraschenderweise ein Ensemble von beeindruckender künstlerischer Qualität.

Abb. 84: Feministisches Graffito „NO ES NO" (Nein ist Nein)

Nach der Stille auf der Uferpromenade tauche ich wieder in das quirlige Leben der Stadt ein. Jetzt sind die Straßen voller Menschen. Besonders die Frauen haben sich in Schale geworfen. Kleider, Blusen und Hosen können nicht eng genug sitzen, die Dekolletees nicht tief genug sein und die Schlitze der Kleider und Röcke nicht hoch genug reichen. Wer nicht derart figurbetont auftreten möchte, spart zumindest nicht bei der Auffälligkeit des Schnitts oder der Stoffmuster.

Der Spaziergang hat gutgetan und mein Bedürfnis nach Ruhe gestillt. Oft verspürte ich in den vergangenen Wochen den Wunsch, manche Orte länger auf mich wirken lassen zu können, doch die knappen Übernachtungsangebote ließen dafür zu wenig Spielraum. In *Navia* hole ich es zumindest ein wenig nach.

In einer Bar stoße ich in der Zeitung *La Nuevo España* vom 14. August 2023 auf eine Statistik über die Anzahl der Pilger, die von Januar bis Juli 2023 auf den verschiedenen spanischen und portugiesischen Jakobswegen unterwegs waren. Von den insgesamt 232.252 Pilgern, entfiel die Majorität, das heißt 117.443 Pilger, auf den *Camino Francés*. Im Vergleich dazu brachte es der *Camino del Norte* lediglich auf 10.587 Pilger. Übernachtungsangebote und Anzahl der Pilger stehen also in enger Korrelation.

Zurück in meinem Pensionszimmer frage ich mich, welcher Dynamik es unterliegt, dass man einigen Pilgern mehrere Tage in Folge begegnet, während man andere sofort wieder aus den Augen verliert oder ihnen erst Wochen später wieder begegnet. Es kann am individuellen Tagespensum sowie der Wahl der Unterkunft liegen. Vielleicht gehen viele Pilger deswegen gern in kleinen Gruppen zusammen, wenn sie Gleichgesinnte gefunden haben. Ich für meinen Teil bin lieber allein unterwegs, genieße aber jede Begegnung auf dem *camino*.

Im Speisesaal des *San Francisco* lerne ich beim Abendessen zwei andere *peregrinos* kennen: Robert, einen deutschstämmigen Amerikaner aus *Hawaii* und Fabian aus *Freiburg*. Vor zwei Jahren brach sich Robert auf einem der steilen schlammigen Pfade des *Camino del Norte* beide Beine und musste die Pilgerreise abbrechen. Damals lebte er noch in *Kanada*. Sein Umzug nach *Hawaii* gab ihm neue Kraft und er beschloss, den *camino* erneut anzugehen. *Fabian* ist mit seinen fünfundzwanzig Jahren einer der jüngeren Pilger, denen ich begegnet bin.

Robert verabschiedet sich nach dem Essen, denn er will morgen bereits in aller Frühe aufbrechen. Das Gespräch mit Fabian dreht sich um die Sinnsuche auf dem *camino* - ein wirklich abendfüllendes Thema. Wir bestellen ein Glas Wein nach dem anderen, bis der Wirt uns unmissverständlich darauf hinweist, dass er das Restaurant zu schließen gedenkt.

Donnerstag, 17.08.2023 / Navia

Ich habe sehr gut geschlafen. Um halb acht stehe ich auf und genieße es, Toilette und Dusche in meinem Einzelzimmer ganz für mich allein zu haben.

Wie lässt sich ein Tag ohne Pläne besser angehen als mit einem guten

Frühstück? Der vom Ufer des *Nave* durch einen kleinen Park mit dem prosaischen Namen *Parque Campoamor* (Park Liebesfeld) getrennte Außenbereich eines Cafés wirkt sehr einladend. Der Name Parks fordert Liebespaare nicht zum Tête-à-Tête auf, sondern bezieht sich auf den 1817 hier geborenen Dichter und Lokalpolitiker Ramon de Campoamor. 1913, zwölf Jahre nach seinem Tod, ehrte die Stadt ihn mit einem Denkmal und benannte den Park nach ihm. Beim Fest des Cidre Mitte Juli knoteten ihm Witzbolde ein grünes Tuch mit dem Aufdruck *Festival de la Sidra* um den Hals.

Kaum habe ich Kaffee, Orangensaft und ein Croissant bestellt, kommen Leo und Guisy in Begleitung dreier Pilger die Straße herunter. Die Freude über das Wiedersehen ist groß. Guisy und Leo lernten das Trio, ein deutsch-schwedisches Paar und einen Mann aus München, erst gestern kennen. Der Münchner ließ sich vor der Reise *ultreia* auf das linke Knie tätowieren.

Als sich die erste Wiedersehensfreude gelegt hat, stößt Fabian zu uns. Dass wir die Tische ungefragt zusammengestellt haben, kam bei der Bedienung wohl nicht so gut an, denn unsere Bestellung verzögert sich endlos. Der lebhaften Unterhaltung tut das indes keinen Abbruch. Nach einer Stunde ziehen alle weiter.

Am späten Vormittag soll auf dem Sportplatz *Veiga de Arenas* eine *jira* stattfinden. Das asturische *jira* entspricht dem spanischen *romero* und bezeichnet eine Wallfahrt oder, wie in diesem Fall, schlicht ein Fest, bei dem Musiker auf einer Bühne spielen und jeder seine Speisen und Getränke selbst mitbringt. Das schlechte Wetter scheint jedoch viele abzuhalten. Um zwölf Uhr sind immer noch keine Musiker aufgetreten und nur wenige Tische besetzt. Schade, denn vor allem die Dudelsackspieler hätte ich gerne gehört.

Der Dudelsack, die *gaita* (auch *ghaita* oder *gajda*) ist in Nordspanien weit verbreitet. Früher gab es ihn hauptsächlich in *Galicien*, in *Asturien* kam er nur selten vor.

Was lässt sich an einem bewölkten Tag Sinnvolles tun? Die Stadt bietet kaum Sehenswürdigkeiten. Zuerst gehe ich zum Rathaus, an dem ich bereits gestern bei meiner Ankunft vorbeikam. Auf einem alten Foto entdecke ich, dass das in Venezianisch Rot gestrichene Gebäude mit dem großen Stadtwappen auf der Fassade und einem kleinen Dachaufsatz mit Uhr und Glockenturm ursprünglich hellblau war. Heute hat es die gleiche Farbe wie das Casino der Stadt - ein Ausdruck von *Corporate Identity*?

Die regennasse Bank auf dem von Buchsbäumen gezierten Vorplatz des Rathauses lädt nicht gerade zum Verweilen ein. Also schlendere ich weiter durch die Stadt. Vor der *Iglesia Santa Maria de La Barca* scheint ein guter Geist die Bank trockengewischt zu haben. Ich setze mich für einen Moment hin. Von irgendwo her dringt Glockenspiel an mein Ohr. Ein Plakat an der Kirchenwand weist auf ein humanitäres Hilfsprojekt in *Kara, Togo*, Westafrika, hin.

Leider fängt es schon bald an zu regnen, so dass ich zum wenige Meter entfernten Busbahnhof flüchte und mir im dortigen Café ein zweites Frühstück gönne. Gegen vierzehn Uhr blicke ich von meinem Buch auf und stelle fest, dass der Regen endlich aufgehört hat. An einigen Stellen bricht sogar die Sonne durch die Wolkendecke.

Auf dem Rückweg zur Pension spiegeln die nass herunterhängenden Fahnen *Asturiens* die Tristesse des Tages. Verstärkt wird die Trostlosigkeit durch zahlreiche leerstehende Geschäfte. Wenigstens gibt es in *Navia* keine verfallenen Häuser, wie sie in so manch anderen Orten der Nordküste.

Gelegentlich sehe ich an Hausecken oder Laternenpfählen die Großbuchstaben C und S. Sie stehen für *Camino Santiago*.

Bis zum Abendessen gehe ich auf mein Zimmer, schreibe und lese. Zum Glück habe ich vor einigen Tagen in der Bücherecke einer Herberge den Roman „Der letzte Pilger" gegen das Buch „Der Gesang der Flusskrebse" von Delia Owens ausgetauscht. Die Geschichte eines minderjährigen Mädchens, das allein in einem Sumpfgebiet lebt, ist äußerst sensibel geschrieben und hilft mir gut über den verregneten Tag hinweg.

Beim Abendessen - heute bin ich der einzige Gast - erklärt mir der Besitzer, dass das Lokal eigentlich geschlossen sei, er sich für mich jedoch gern in die Küche gestellt habe. Es gibt Makkaroni mit Tomatensoße und Thunfisch, danach Schnitzel mit Tomaten und zum Abschluss Vanillepudding. Das Essen beflügelt meine Lebensgeister und versöhnt mich mit dem verregneten Tag. Heute braucht der Wirt nicht lange darauf zu warten, dass er das Restaurant schließen kann. Ich verabschiede mich überschwänglich und danke ihm für seine Kochkünste.

Freitag, 18.08.2023 / Navia - Tapia de Casariego (17 km)

Heute Morgen bin ich bereits sehr früh unterwegs. Die Überquerung des Flusses sowie der steile Aufstieg auf der anderen Talseite liegen bei Sonnenaufgang bereits lange hinter mir.

Abb. 85: Blick zurück auf Navia bei Tagesanbruch

Gelegentlich lockert die dichte Wolkendecke auf, zieht sich dann jedoch schnell wieder zu. Anderthalb Tage Pause machen sich positiv bemerkbar. Nach einer Stunde sind die Muskeln aufgewärmt. Die volle Spannkraft ist wieder da.

An einem Bauernhaus hängt ein altes Emailleschild mit dem Bild des heiligen Jakobus, darunter der Spruch: *„Nunca caminarás solo"* (Niemals wirst Du allein gehen). Eine kleine morgendliche Aufmunterung.

Auch heute verläuft ein Großteil des *camino* über Straßen. Ab und zu ignoriere ich die Hinweise, die zum Gang durch einen am Wegesrand liegenden Ort verleiten wollen. Hat man sich ein paar Mal darauf eingelassen und festgestellt, dass der Umweg sich nicht lohnt, bleibt man künftig lieber weiterhin auf der Straße. Nach einer Weile tauchen die gelben Pfeile dann wieder auf und zeigen, dass man sich wieder auf dem *camino* befindet.

In dem zur Gemeinde von *El Franco* gehörenden *La Caridad* überrascht eine Grünfläche neben der *Biblioteca Municipal As Quintas* mit moderner Kunst. Zum einen handelt es sich um ein verdrehtes, rot gestrichenes überdimensioniertes Z, zum anderen um verkohlten Kulturschutt, der in einem Glaskasten mit Betonsockel ausgestellt ist und an Überreste eines Schwelbrands erinnert. Moderne Kunst dieser Art hätte ich an einem solch abgelegenen Ort mit knapp viertausend Einwohnern nicht erwartet, doch scheinen ländliche Gemeinden in Spanien, verglichen mit Deutschland, dafür viel aufgeschlossener zu sein.

Abb. 86: Moderne Kunst in La Caridad

Im Lauf des Tages steigt die Temperatur von morgendlichen zwanzig Grad langsam, aber stetig auf über dreißig Grad an. Dazu weht ein starker Wind. Nach und nach schiebt er die dichte Wolkendecke über die Berge im Hinterland. Ich genieße die hochsommerliche Wärme sehr.

In der Touristeninformation von *Tapia de Casariego* schickt man mich auf die Frage nach der öffentlichen Herberge wieder zum Ortseingang zurück. Der moderne Bau mit seinen drei großen Spitzbogenfenstern im Stirnbereich, an dem ich bereits dem Hinweg vorbeigekommen bin, liegt unmittelbar vor einer felsigen Bucht mit Kiesstrand (*Playa de Represas*). Hinter dem Gebäude hätte ich eher eine Kapelle als eine Herberge vermutet.

Die Tür der Herberge steht offen. In der Küche hinter dem Eingang sitzt ein Pilger mit seiner Tochter und isst. Er erklärt mir, dass man sich im Touristenbüro anmelden müsse und dort einen Schlüssel bekäme. Die Übernachtung sei gratis. Für die Verpflegung habe jeder selbst zu sorgen. Als ich ihm mitteile, dass ich gerade von dort käme, man mich darauf jedoch nicht hingewiesen habe, ist seine Verwunderung groß. Also dann wieder zurück.

Entsprechend verstimmt hole ich mir in der Touristeninformation die Schlüssel ab. Es ist bereits dreizehn Uhr, als ich wieder in der Herberge eintreffe.

Abb. 87: Herberge von Tapia de Casariego

Tapia de Casariego thront auf einem Hügel hoch über dem Meer. Rechts vom Hügel liegt die Herberge mit der steinigen *Playa de Represas*, die bei Flut komplett von Wasser bedeckt ist. Links vom Hügel, die sich weit ins Hinterland hineinziehende große Bucht mit der *Playa de Anguileiro* und drei weitere Ministrände. Der von zwei zangenartigen Molen begrenzte Hafen reicht als natürlicher Wurmfortsatz tief in die Steilküste hinein. Viele Bars und Restaurants säumen das Hafenbecken. Die linke Mole endet an einer kleinen Insel mit Leuchtturm.

Abb. 88: Blick auf das Hafenbecken von Tapia de Casariego

Der Ort hat Charme. Man sagt ihm nach, das *Saint Tropez* Spaniens zu sein. Größere Gebäude der Stadt wie das Fotografie-Museum, die hundertjährige Kirche, deren Turm von einer Jesusfigur gekrönt wird, oder das Touristenbüro liegen alle auf dem Hügel oberhalb des Hafens.

Heute und morgen findet im fjordartigen Hafenbereich das Piratenfest *Tapia Pirata* statt. Ungeduldig warten kostümierte Kinder und Erwachsene auf die Ankunft des Piratenschiffs, einem Fischerboot mit Totenkopfflagge.

Im 18. Jahrhundert waren Piratenüberfälle gefürchtet und an der Nordküste Spaniens gar nicht so selten. Das links vom Hafen auf der Steilklippe liegende Fort *Os Cañóis* diente dem Schutz und der Verteidigung des Ortes. Heute erinnert nur noch eine Kanone auf dem Wanderweg *Paseo de la Guardia* an das Fort.

Vor einem der Restaurants am Hafenbecken erinnert ein Denkmal an die Frauen und Männer, die auf das Meer hinausfuhren und nicht zurückkehrten. Vermutlich nimmt es Bezug auf die Zeit, in der die Stadt noch vom Walfang lebte.

Abb. 89: Denkmal für verschollene Seeleute aus Tapia de Casariego

Das Denkmal zeigt einen aufrecht auf einem Nachen stehenden Seemann, neben dem Köpfe von Ertrinkenden aus den Wellen ragen. Anlässlich des Tags der Piraten hat jemand dem Seemann eine schwarze Piratenflagge ans Paddel gebunden.

Schon lange ist der Tourismus an die Stelle des Walfangs gerückt. Eine ausgeprägte Verbundenheit mit dem Meer besteht immer noch, denn *Tapia de Casariego* ist weit über seine Grenzen hinaus für den jährlich zu Ostern ausgetragenen internationalen Surfwettbewerb *Goanna Pro* bekannt.

Auch heute sind trotz des wechselhaften Wetters einige Surfer in der Bucht unterwegs. Dass die Sportart nicht ungefährlich ist, dokumentiert oberhalb der Bucht die Gedenkstätte für einen australischen Surfer, der hier vor einigen Jahren zu Tode kam.

Zurück an der Herberge steige ich erst einmal die lange Holztreppe zur *Playa de Represas* hinunter. Noch herrscht Ebbe. Der Strand ist von unzähligen Steinen in jeder Größe übersät. Die vom Meer rund geschliffenen Steine mit ihren Pastelltönen begeistern mich. Gerne hätte ich den einen oder anderen mitgenommen. Die bernsteinfarbigen Schichten der Felswände, welche die Bucht umgeben, lassen vermuten, dass sie aus Sandstein sind.

Obwohl die Bucht nicht zum Baden geeignet ist, besitzt sie einen gewissen Liebreiz. Mit Plastikeimern ausgerüstete Einheimische suchen zwischen den Steinen nach Muscheln und Krustentieren.

Vor dem Gang in den Ort hatte ich meine Wäsche auf einem Reck neben der Herberge aufgehangen. Dank der Sonne ist zwar schon alles trocken, doch hat sie der starke Wind heruntergeweht und auf dem Boden verteilt. Das bisschen Staub lässt sich glücklicherweise leicht abschütteln.

Um für das Abendessen einzukaufen, gehe ich am späten Nachmittag nochmals in den Ort und kaufe Tomaten, Hartwurst, den mir bis dahin unbekannten Käse *mahon tostado* sowie eine Flasche alkoholfreies Bier.

Mittlerweile ziehen erneut dunkle Wolkenbänke über mich hinweg. Es sieht nach Regen aus.

Als ich zur Herberge zurückkehre, fällt für einen kurzen Augenblick ein einzelner Sonnenstrahl auf die schroffe Steilküste und taucht sie und die vor ihr aus dem Meer ragenden Felsen in goldfarbenes Licht. Ein wunderbarer Ausklang des Tages.

Abb. 90: Sonnendurchbruch an der Playa de Represas

Samstag, 19.08.2023 / Tapia de Casariego - Ribadeo (11 km)

In der Nacht hat es wieder einmal heftig geregnet. Trotzdem kühlte es kaum ab. Zu allem Übel kamen nachts auch noch Stechmücken durch das offene Fenster in den Schlafsaal, weshalb ich froh bin, beim ersten Tageslicht aufstehen und duschen zu können. Um die anderen nicht zu stören, trage ich meine Sachen in die Küche, ziehe mich dort an, packe den Rucksack, werfe den Schlüssel in den Kasten und bin froh, der Mückenplage entfliehen zu können.

Die Bewegung tut gut. Noch sind die Gräser und Hortensienbüsche entlang des Weges vom Morgentau benetzt und die Landschaft nebelverhangen. Ich schreite kräftig aus und freue mich darauf, heute die Grenze nach *Galicien* zu überqueren.

Kaum habe ich *Tapia de Casariego* hinter mir gelassen, fängt es an zu regnen. Bei dem starken Wind, der vom Meer her weht, hilft der Schirm nur wenig. Er schützt den Oberkörper, aber leider nicht den Rucksack. Zwar hält die Beschichtung das meiste ab, doch die Reißverschlüsse lassen die Feuchtigkeit ungehindert hindurch. Eigentlich habe ich nichts gegen Regen, doch in der horizontalen Variante ist er einfach nur ätzend.

Bei Sonne wäre es bestimmt ein wunderbarer Tag geworden. Anfangs verläuft der *camino* auf Brettterstegen über die *Playa de la Paloma*, danach über die Steilküste mit Blick auf die *Playa de Serantes* und die *Playa de*

Penarronda. Bis *Ribadeo* bleibt es neblig und regnerisch.

Abb. 91: Auf dem Jakobsweg bei Regen

Bevor ich die Brücke über den *Ria de Eo* erreiche, taucht im Nebel die *Capilla de San Roman* auf, eine Kapelle mit Wachturm, deren Ursprung auf den Anfang des 19. Jahrhunderts datiert wird. Kurz dahinter schwingt sich die fünfhundert Meter lange *Puente de los Santos* auf hohen Stelzen über den *Eo.* Auf der gegenüberliegenden Seite liegt *Ribadeo.* Um einen besseren Blick auf die Stadt mit ihrem künstlich angelegten Yachthafen zu bekommen, überquere ich die Brücke auf der linken Seite. In ihrer Mitte verläuft die Grenze zwischen *Asturien* und *Galicien.*

In *Ribadeo* checke ich in der privaten *Albergue Ribadeo A Ponte* ein. Sie liegt in der *Rúa G P Justo Barreiro*, nicht weit vom Stadtzentrum entfernt. Kurz nach elf Uhr bin ich froh, mich der nassen Sachen entledigen zu können und freue mich auf eine heiße Dusche.

Bereits eine Stunde erkunde ich das Zentrum der Stadt, die mit Ausnahme des zurzeit komplett eingerüsteten Rathauses wenig Sehenswertes bietet.

In *Ribadeo* findet gerade eine Fiesta statt. Zwei *gigantes* (Riesen), circa vier Meter große Figuren, unter denen die Träger komplett verschwinden, stehen abgeschirmt am Straßenrand. Wahrscheinlich werden sie später noch zur Gaudi der Zuschauer durch die Straßen laufen. Auf dem *Praza de España* stehen Essensstände und Buden mit Kunsthandwerk. Rund um den Platz findet ein Wettlaufen für Kinder statt. Lauthals werden anschließend die Sieger verkündet und geehrt.

In einer Straße entdecke ich *Pedras de Memória*, im Bürgersteig eingelassene quadratische Metallkuppen mit Namen von aus *Ribadeo* stammenden Opfern des spanischen Bürgerkriegs. Ähnliches sah ich bislang nur in deutschen Städten, wo der Künstler Gunter Demnig mit seiner Stolperstein-Aktion an während der Naziherrschaft deportierte und getötete Menschen erinnert.

Am frühen Nachmittag ist immer noch neblig, Die Außenbereiche von Cafés und Restaurants sind verwaist. Die Straßen glänzen matt vom Regen.

Abb. 92: Ribadeo mit eingerüstetem Rathaus

Das schlechte Wetter will kompensiert werden. In einem altmodischen Café bestelle ich eine heiße Schokolade und ein Stück *Santiago*-Torte, dem für Nordspanien typischen Mandelkuchen.

Nach einer weiteren mit ziellosem Herumlaufen verbrachten Stunde, kehre ich in eine *bodega* ein. Doch auch ein Glas *Rioja* und eine *ensalada mixta* können meine Stimmung nicht heben. Also bleibt nur noch ein Schläfchen in der Herberge übrig.

Der Tag endet mit einem frugalen Mahl aus dem nahen Supermarkt, das ich im Aufenthaltsraum der Herberge zu mir nehme.

Sonntag, 20.08.2023 / Ribadeo - Vilanova de Lourenzá (27 km)

Für einen Pilger spielen Wochentage kaum eine Rolle. Der Tagesablauf ist immer gleich. Nicht jedoch die zu bewältigenden Herausforderungen. Schwierig wird es allerdings an Sonn- und Feiertagen, wenn viele Geschäfte geschlossen und Cafés oder bestimmte Orte überlaufen sind.

Als ich am heute Morgen die Herberge verlasse, regnet es immer noch stark. Auf den Straßen stehen Pfützen. Der Ort ist nebelverhangen.

Über die *Praza de España* verlasse ich die Stadt auf menschenleeren Straßen. Ungefähr fünf Kilometer lang geht es über Straßen oder asphaltierte Wirtschaftswege stetig bergauf. Je höher ich komme, desto dichter wird der Nebel.

Hinter *Ribadeo* verlässt der *Camino del Norte* endgültig die Küste. Wurde er bis hierher wahlweise auch als *Camino de la Costa* bezeichnet, ist er jetzt ausschließlich der *Camino del Norte*.

Bis zum im Landesinneren liegenden *Santiago de Compostela* sind noch circa hundertsiebzig Kilometer zu bewältigen.

Langsam geht der heftige Regen in einen feinen Nieselregen über. Durch die Windstille fällt er senkrecht vom Himmel. Dennoch bin ich trotz des Schirms von der Hüfte abwärts völlig durchnässt.

Ich versuche mir die gute Stimmung nicht nehmen zu lassen. Selbst bei diesem Wetter lässt sich in der Natur viel Schönes entdecken. Es beginnt bei Spinnennetzen, an denen die Wassertropfen wie Kristalle hängen und reicht über Schnecken, die jetzt viel schneller als üblich über die feuchten Wege kriechen, bis hin zu Wassertropen, die sich an den Haaren meiner Arme bilden und wie Diamanten funkeln.

Auf die erste Bergetappe folgt hinter *A Ponte* eine zweite, die zu allem Überfluss auch noch viel länger ausfällt. Sie führt auf dreihundertsiebzig Höhenmeter hinauf, um danach über die nächsten drei Kilometer bis *Vilamartín Pequeño* wieder an Höhe abzubauen. Hinter dem Ort wartet der Aufstieg nach *Vilamartín Grande*, ehe es über *Gordán* bis *San Xusto* beziehungsweise *San Justo* kontinuierlich bergab geht. Doch wer denkt, die Strapazen seien in *San Xusto* ausgestanden, hat sich zu früh gefreut, denn hinter dem Ort gilt es noch einmal eine Steigung von hundert Höhenmetern zu bewältigen. Danach sind bis *Vilanova de Lourenzá*, dem heutigen Zielort, zum Glück keine weiteren Steigungen mehr zu bewältigen. Gemächlich führt der *camino* durch einen lichten Wald nur noch bergab.

Das in einem Tal gelegene *Vilanova de Lourenzá* hat sich mit einigen anderen Orten zur Gemeinde *Concello de Lourenzá* zusammengeschlossen. Ich erreiche *Lourenzá* gegen vierzehn Uhr. Von den sieben Stunden Marsch waren gerade mal zwei regenfrei.

Der Name der Stadt bezieht sich auf die beiden Kinder des Grafen Osorio Gutiérrez: Lourenzo und Ana. Zeitgenossen bezeichneten den im 10. Jahrhundert lebenden Adligen auch als heiligen Grafen, als *Conde Santo*, da er die letzten Jahre seines Lebens als Mönch verbracht und Wunder bewirkt haben soll.

Im Zentrum der Stadt erhebt sich am *Praza Conde Santo* das ehemalige Benediktinerkloster *San Salvador de Lourenzá*. Das von dem heiligen Grafen errichtete Kloster taucht so unvermittelt hinter einer Straßenecke auf, dass mir fast die Luft wegbleibt. Der große, gepflasterte Platz setzt die üppig mit Säulen, Pilastern, Zieraufsätzen, bekrönten Wappen und Figurennischen überzogene Barockfassade perfekt in Szene. Ein Blickfang ist der Glockenturm, in dem der heilige Jakobus in einer von einem Ziergiebel gekrönten Nische steht und auf die Passanten hinabschaut.

Sosehr mich der Besuch der Klosteranlage auch reizt, erst einmal gilt es, die Übernachtung zu sichern. In unmittelbarer Nähe finde ich Unterschlupf in der Herberge *Castelos Lourenzá*. In einen steilen Hang gebaut, strahlt die *albergue* durch ihre Natursteinwände und die ausgetretenen Steintreppen etwas Gediegenes und Ehrwürdiges aus. Im Rahmen der Anmeldung weist die *hospitalera* auf die Möglichkeit hin, Waschmaschine und Trockner benutzen zu können. Zwar wird der Service extra in Rechnung gestellt, doch bei dem Regenwetter würden die Sachen ansonsten nicht rechtzeitig trocken. Außerdem habe ich das Gefühl, dass meine Kleidung durch die zahlreichen Handwäschen langsam säuerlich riecht, so dass ich das Angebot gerne annehme.

Nach der Wäsche besichtige ich dann endlich die Klosteranlage. Sie besteht aus einer Kirche, einer Abtei, dem Kloster einschließlich mehrerer Kapellen und zwei Kreuzgängen sowie einem Museum für sakrale Kunst (*Museo de Arte Sacro*). Bei der Fassadengestaltung der Kirche soll die Kathedrale von *Santiago de Compostela* als Vorbild gedient haben. Sehenswert sind vor allem der prächtige Hauptaltar der Kirche mit vielen Heiligenfiguren, der Reliquienaltar des Klosters sowie ein antiker Marmorsarkophag aus dem 6. Jahrhundert, in dem der heilige Graf bestattet ist.

Abb. 93: Kloster San Salvador de Lourenzá in Vilanova de Lourenzá

Die 969 n. Chr. für den Benediktinerorden erbaute, im 17. und 18. Jahrhundert erweiterte und teilweise neu gestaltete Anlage wurde im 19. Jahrhundert säkularisiert.

Erst in den Anfängen des 20. Jahrhunderts kehrten die Mönche zurück, gaben sie jedoch bereits in der zweiten Hälfte desselben Jahrhunderts wieder auf.

In einem Teil des Klosters befindet sich heute das Rathaus.

Der am Nachmittag einsetzende Regen treibt mich in ein vis-à-vis der

Herberge gelegenes Café, wo ich durch die Scheiben das Treiben auf der Straße verfolge, schreibe und weiter in meinem Flusskrebs-Buch lese.

Zum Abendessen bestelle ich in einem Restaurant nahe der Herberge das Pilgermenü. Es ist köstlich.

Pilger werden hier an einem großen Tisch zusammengesetzt. So lerne ich Roland aus Thüringen kennen. Er ist einige Jahre jünger als ich und läuft den *camino* ebenfalls gern allein.

Wir lassen den Abend in dem kleinen Café, in dem ich bereits am späten Nachmittag war, ausklingen.

Montag, 21.08.2023 / Vilanova de Lourenzá - Abadín (24 km)

In der Nacht hat es wieder geregnet. Als ich nach dem Frühstück mit Gebäck und Croissants in Cellophantüten, Kaffee, Tee und Milch die Herberge verlasse, tröpfelt es immer noch.

Die Wolken hängen tief in den Bergen.

Fast verpasse ich den Einstieg in den *camino*, da er neben der Herberge zwischen zwei Häusern als sehr schmaler Weg beginnt, dann steil einen Hang hinaufführt, ehe er in einen lichten Wald mündet.

Von oben werfe ich einen letzten Blick zurück auf die Klosteranlage, deren Kirchturm die Dächer des Ortes überragt.

Obwohl es nicht mehr regnet, spanne ich im Wald den Schirm auf, da es bei jedem Windhauch heftig von den Bäumen herabtropft. Erst hinter dem Waldstück kann ich ihn wieder einpacken.

Von nun an verläuft der *camino* entlang einer Landstraße. Die Regenpause dauert nicht lange. Also wieder raus mit dem Schirm.

Einige Kilometer weiter schält sich die dreihundertsechzig Jahre alte *Ponte de San Lázaro* aus dem Nebel. Sie führt über den *Valiñadares*, der zurzeit mehr Bach als Fluss ist. Die mit einem steinernen Wappen verzierte, zweibogige Steinbrücke geht auf das 17. Jahrhundert zurück.

Abb. 94: Ponte de San Lázaro

An einigen Häusern des Ortes hängen Stangenbrote in Tüten an den Türen. Wie ich feststelle, handelt es sich um einen besonderen Service hiesiger Bäcker an Wochenenden. Die Auslieferung erfolgt mit kleinen Kastenwagen.

Wie auf dem *Camino Francés*, so trifft man auch auf dem *Camino del Norte* häufig auf witzige Einfälle der Bewohner, mit denen sie die Pilger erfreuen wollen. So zum Beispiel mit einem Stuhl vor einer Hauswand, auf dem eine ausgestopfte Jeans mit roten Stiefeln sitzt. Den Hosenbund füllt ein Geranientopf.

Nach stetem Auf und Ab mit Schwankungen um die hundert Höhenmeter kommt endlich *Mondoñedo* in Sicht. Erst hier kann ich den Schirm wieder schließen.

Das Zentrum der Stadt wird von der *Catedral Basilica de la Virgen de la Asunción* dominiert. Wie im Fall der Klosterkirche von *Vilanova de Lourenzá* erhielt die Westfassade der im romanisch-gotischen Stil erbauten Kirche im 18. Jahrhundert, fünfhundert Jahre nach ihrer Fertigstellung, eine barocke Verschönerung. 1902 wurde sie zum nationalen Monument Spaniens ernannt. Denkt man an die Armut, die zur Zeit ihrer Errichtung herrschte, so fragt man sich, welche Entbehrungen die Menschen auf sich genommen haben müssen, um diesen Prunkbau entstehen zu lassen.

Das Fremdenverkehrsamt befindet sich in einer Seitenstraße gegenüber der *Praza da Catedral*. Hier lasse ich mir einen Stempel für den Pilgerpass geben. An der Wand des Touristenbüros hängen zwei Plakate, die auf ein nicht zu unterschätzendes Problem auf dem Jakobsweg aufmerksam machen.

Auf einem der Plakate wendet sich eine junge Frau mit Rucksack lachend dem Betrachter zu. Neben der Jakobsmuschel steht die Warnung „No camminas solo" (Gehe nicht allein). Darunter sind verschiedene Notrufnummern aufgeführt. Zwar sind Belästigungen oder Überfälle allein reisender Frauen relativ selten, doch schreckte der Raubmord an einer amerikanischen Pilgerin im Jahr 2015 sowie der einer Pilgerin aus Venezuela, die 2018 auf dem Jakobsweg vergewaltigt und nackt zurückgelassen wurde, die Regierung auf.

Das andere Plakat mit der Aufforderung „Atención al Peregrino" (Achtung Pilger) verzichtet auf jegliche Illustration und nennt lediglich die Rufnummer 062 der Guardia Civil. Der Guardia Civil, einer Polizeieinheit, die unter anderem für die öffentliche Sicherheit zuständig ist, obliegt auch die Sicherheit auf den Jakobswegen. Vor etlichen hundert Jahren oblag diese Aufgabe den Tempelrittern.

Neben dem Tourismusbüro sitzt auf einer Bank mit Blick auf die Kathedrale eine Bronzefigur von Álvaro Cunqueiro, einem 1911 in dieser Stadt geborenen galicischen Schriftsteller, Dramaturgen und Journalisten. Er zählte zu den bedeutendsten Literaten im Spanien des 20. Jahrhunderts. Cunqueiro hält ein Buch in den Händen. Immer wieder fasziniert es mich, dass man Künstler und bedeutende historische Persönlichkeiten in Spanien nicht nur in großen Städten mit einem Denkmal ehrt.

Hinter Mondoñedo geht es erneut durch einen lichten Wald und anschließend schier endlos einen Berg hinauf. Bis zum Scheitelpunkt müssen über eine Distanz von vierzehn Kilometern sechshundert Höhenmeter bewältigt werden. Im Wanderführer wird explizit darauf hingewiesen, unbedingt genügend Wasser und Proviant mitzunehmen, da auf der siebzehn Kilometer langen Strecke erst wieder in Gontán, kurz vor meinem Tagesziel Abadín, die Möglichkeit zur Einkehr bestehe.

Neben dem camino entdecke ich mitten in einem Waldstück eine eigenwillige Installation: In einer kleinen Laubhütte steht eine Marienfigur aus Plastik neben einer Jakobsmuschel und getrockneten Blumen. Ein kurzer Weg aus Steinplatten führt dorthin. Erneut frage ich mich, wer auf dem Jakobsweg genügend Zeit und Muße aufbringt, um in der Abgeschiedenheit solche Kunstwerke zu kreieren.

Der lange Aufstieg hat es in sich. Kaum meint man, das letzte steile Wegstück genommen habe, geht es hinter der nächsten Biegung unverändert weiter. Erschwerend kommt hinzu, dass die Regengüsse der vergangenen Tage und Wochen den lehmig-steinigen Weg stark ausgewaschen haben. Ich ertappe mich bei der Frage, wie lange sich der Weg noch hinziehen wird. Wie war das noch mit dem Stillstand der Gedanken und dem Loslassen von Zielvorstellungen?

Hinter dem Scheitelpunkt verlässt der *camino* den Wald. Jetzt geht es über hügelige Wiesen mit weidenden Kühen. Nach sechs Stunden Wanderung bricht endlich die Sonne durch die Wolkendecke und löst den Nebel in kurzer Zeit auf. Den Wegesrand säumt schon seit einiger Zeit violett blühende Heide.

Abb. 95: Landschaft vor Abadín

In der Ferne tauchen die ersten Häuser von *Abadín* auf. Der *camino* steigt ein letztes Mal leicht an, dann ist das Tagesziel erreicht. *Abadín* präsentiert sich als typisches Straßendorf, in dem die meisten Geschäfte, Restaurants, Bars, Herbergen und Wohnhäuser beidseits der Durchgangsstraße liegen.

In der ersten Herberge auf meinem Weg checke ich ein. Die private *Albergue Xabarin* befindet sich im Erdgeschoss eines Neubaus. Insgesamt macht sie einen sehr guten Eindruck auf mich, besonders da die Matratzen in den Mehrbettzimmern bereits mit richtiger Bettwäsche bezogen sind und Handtücher im Preis inbegriffen sind. Und das mit Frühstück für nur siebzehn Euro! Außer einer überdachten Terrasse sowie einem großen Garten mit Kunstrasen und

Liegestühlen gibt es noch einen lichtdurchfluteten Aufenthaltsraum. Ein Landschaftsbild verschönert eine Grenzmauer des Gartens.

Nach meinem täglichen Pflichtprogramm stöbere ich im Aufenthaltsraum in den von Pilgern zurückgelassenen Büchern und tausche den Roman „Der Gesang der Flusskrebse" gegen *„My Brilliant Friend"* von Elena Ferrante. Für die langen Abende auf dem *camino* gibt es für mich nichts Schöneres als ein gutes Buch, wenn ich kein Verlangen nach Kommunikation verspüre.

Am Nachmittag trifft Roland ein. Obwohl er dem gleichen Schlafsaal zugeteilt wird, ergibt sich nach der Begrüßung keine Gelegenheit zu einem weiteren Gespräch. Als ich zum Abendessen gehe, ist er bereits im Ort unterwegs.

An der Durchgangsstraße, nur wenige Meter von der Herberge entfernt, liegt das Restaurant *El Paso*.

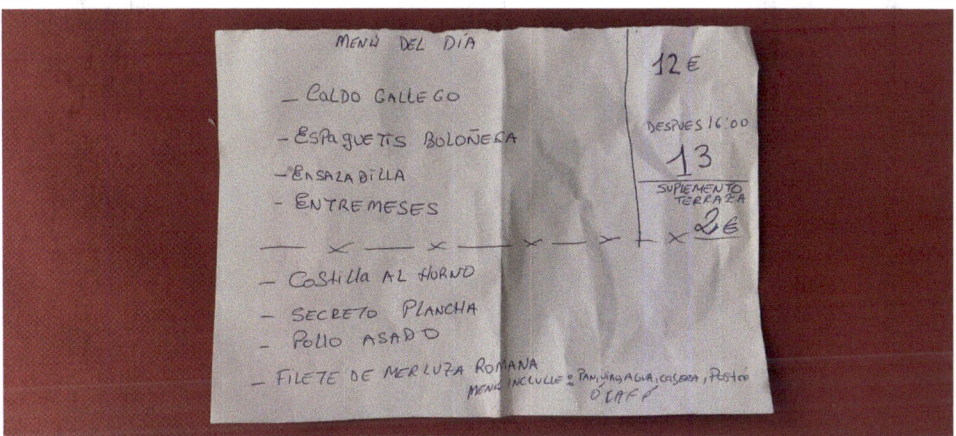

Abb. 96: Speisekarte des Restaurants El Paso in Abadín

Die auf einem zerknitterten Zettel in schwungvoller Handschrift verfasste Speisekarte ist das Originellste, was ich bisher gesehen habe. Das Pilgermenü schmeckt sehr gut. Geführt wird das Restaurant von zwei sympathischen Frauen, die einem Film des spanischen Regisseurs Pedro Almodóvar entsprungen sein könnten.

Dienstag, 22.08.2023 / Abadín - Vilalba (20 km)

Roland treffe ich erst beim Frühstück wieder. Kurz nach unserer morgendlichen Begrüßung macht er sich auch schon auf den Weg.

Der Nebel hängt tief in den Tälern, als ich die Herberge verlasse. Noch versteckt sich die Sonne hinter einer dichten Wolkendecke. Abgesehen vom nicht gerade Begeisterungsstürme entfachenden Wetter fällt heute wenigstens die Strecke moderat aus. Große Steigungen sind nicht zu erwarten.

Die langgestreckten schmalen *hórreos* belegen, dass man es hier mit der galicischen Variante, statt mit der quadratischen Bauweise *Asturiens* zu tun hat.

Vom Höhenweg nach *As Paredes* hat man einen wunderbaren Blick auf ein tief unterhalb des *camino* liegendes Tal, durch das sich die Autobahn schlängelt. Entlang der Wegstrecke dominieren Walnussbäume. In einem lichten Wäldchen steht die aus Natursteinen erbaute und mit Schiefer gedeckte *Albergue Oxistral*, ursprünglich ein Bauernhof, den ein Pilgerpaar vor einiger Zeit in eine Herberge umwandelte. Gern hätte ich in dem an ein Hexenhaus erinnernden Anwesen übernachtet, doch ist es noch viel zu früh, um an eine neue Unterkunft zu denken.

Über eine lange Strecke ist der *camino* nach *As Paredes* nicht mehr als ein kleiner Pfad. Lange bevor ich den Ort erreiche, begegnet mir Jesus.

Abb. 97: *Triffst Du Jesus unterwegs...*

Er sitzt auf einer Matte und lehnt an der steinernen Brüstung einer alten, mit Moos überzogenen Steinbrücke. Auf einem kleinen, neben ihm stehenden Tisch hat er selbst hergestellte Schmuckstücke aus Holz und bunte, geflochtene Armbänder ausgebreitet, die er zum Kauf anbietet. Jesus ist ein sympathischer Mann, barfuß, mit Vollbart und langen Haaren, die ihm bis auf die

Brust fallen. Als er sich vorstellt, hebt er in Anlehnung an seinen berühmten Namensvetter die rechte Hand mit der typischen Fingerhaltung. Bei unserer Unterhaltung biete ich ihm ein Paar Kekse an, doch lehnt er höflich ab und zeigt auf das neben ihm liegende Obst. Er sei zwar kein Vegetarier, wolle sich jedoch gesund ernähren. Unser Gespräch dreht sich um Konsum, ein gesundes Leben und die Bedeutung seiner überwiegend spiralförmigen Schmuckstücke. Als ich mich wenig später verabschiede, habe ich einen seiner hölzernen Anhänger im Gepäck. Die Begegnung mit Jesus wird mir noch lange in guter Erinnerung bleiben.

Heute weht ein starker Wind. Sukzessive löst er die dichte Wolkendecke auf. Ab mittags wölbt sich ein strahlend blauer Himmel über mir.

Werden Wiesen und Grundstücke in diesem Teil Galiciens heute überwiegend mit Stacheldraht oder Elektrodrähten eingezäunt, kamen früher dünne Steinplatten zum Einsatz.

Abb. 98: Alte Einfriedungen in Galicien

Die stark verwitterten und von Moos oder Flechten überzogenen Platten ziehen sich zum Teil über mehrere hundert Meter hin. Zerstörte oder fehlende Stellen werden allerdings nicht im alten Stil erneuert, sondern durch moderne Zäune ersetzt. Die mit ihren Längsseiten bündig aneinanderstoßenden rechteckigen Steinplatten ragen bis auf Hüfthöhe aus dem Erdreich heraus. Sie sind circa einen halben Meter breit und ungefähr acht Zentimeter dick. Überlappungen sind eher die Ausnahme. Bei den spröden, hellgrau bis sandfarbenen Platten könnte es sich um Schiefer handeln, doch habe ich bislang keinen einzigen Steinbruch gesehen. Diese Art der Einfassung ist ein beeindruckendes Beispiel dafür, wie man sich in vorindustrieller Zeit effektiv und nachhaltig zu helfen wusste, auch wenn das Errichten derartiger Steinmauern bestimmt mit einem enormen Arbeitsaufwand verbunden waren.

Mein Handy klingelt. Leo, der Italiener, ruft an und will wissen, ob ich zufällig in *Abadín* sei. Seine Frau Guisy habe ihr Armband im Waschraum der dortigen Herberge liegen lassen. Es überrascht mich zu hören, dass auch sie gestern in dem Ort übernachtet haben. Zumindest abends hätte man sich in *Abadín* über den Weg laufen müssen. Aber gleiches erlebte ich ja auch mit Roland. Und der übernachtete sogar in der gleichen Herberge. Leider kann ich Leo nicht weiterhelfen, da *Abadin* schon zu weit hinter mir liegt. Bei einem späteren Treffen berichtet er, nach *Abadín* getrampt zu sein, das Armband wirklich gefunden und anschließend den Bus zurückgenommen zu haben. Das ist Liebe.

Auf einem Feldweg treibt ein Bauer seine Kuhherde an mir vorbei. Erstaunlich, dass die Kühe, egal ob man stehen bleibt oder weiter geht, immer ausweichen. Nie würde eine Kuh jemanden anrempeln, geschweige denn bedrohen.

Langsam keimt Vorfreude in mir auf. Bis *Santiago de Compostela* sind es nur noch hundertdreißig Kilometer. Ein Blick auf meine Sportschuhe löst allerdings Zweifel aus, ob sie noch bis dahin halten werden. Unter den Fersen ist die Sohle nahezu vollständig abgelaufen. In den abgestoßenen Kappen sind Löcher.

In Höhe von *As Parades* unterquert der *camino* die Autobahn. Danach geht es gemächlich bergauf. In *Goiritz* nehme ich einen Umweg ins Zentrum in Kauf, um endlich zu frühstücken. Zwar wurden zuvor an einem Bauernhof am Wegesrand Obst und Käse (Käse ein Euro, Obst pro Stück fünfzig Cent) zur Selbstbedienung angeboten, doch ohne Kaffee kam das für mich nicht in Frage. Mit dem Kaffee in der *Bar Zapateiro* kehren die Lebensgeister zurück.

Der kleine Friedhof von *Goiritz* erweist sich als echtes Schmuckstück. Hinter einer niedrigen, mit Dreieckszinnen bewehrten Mauer ragen unzählige durchbrochene und von Kreuzen gekrönte Spitzgiebel in den Himmel. Von weitem erinnert der Anblick an die *Sagrada Familia* im Kleinformat. Antoni Gaudí hätte bestimmt Freude daran gehabt. Was von weitem als Bewehrung der Friedhofsmauer erschien, erweist sich aus der Nähe als Schmuckaufsatz einzelner, nebeneinanderstehender Gruften. Jede von ihnen besteht aus fünf übereinander liegenden Grabkammern, die mit Namen und Lebensdaten der Verstorbenen sowie zuweilen auch mit kleinen Fotos in Medaillons versehen sind.

Abb. 99: Friedhof von Goiritz

Während ich auf einer Mauer neben dem Friedhof sitze und die Anlage auf mich wirken lasse, kommt Roland des Weges. Er ruft ein *„buen camino"* herüber und geht weiter, ohne anzuhalten.

Bis *Vilalba* kann es jetzt nicht mehr weit. Ich bemerke, dass mir mittlerweile alles, was in ein bis zwei Stunden erreichbar ist, nicht mehr als nennenswerte Distanz erscheint. Außerdem denke ich inzwischen kaum noch über Entfernungen nach. In Anlehnung an den Ausspruch des französischen Philosophen René Descartes könnte man sagen: „Ich gehe, also bin ich."

Kunstrasen erfreut sich im Nordspanien merkwürdigerweise großer Beliebtheit. Man findet ihn zur Abdeckung der Blumenerde in großen Pflanzkübeln, auf Flachdächern von Garagen, in Außenbereichen von Restaurants und sogar in den Gärten der Herbergen, wie zum Beispiel in der *Albergue As Pedreias Vilalba*, in der ich mittags einchecke. Auch wenn man im Norden Spaniens selbst im Sommer keinen braunen Rasen befürchten muss, erspart das künstliche Grün zumindest den Rasenmäher.

Im Empfangsbereich der modernen, lang gesteckten Herberge hängt eine

Gitarre an der Wand, doch wehrt der *hospitalero* vehement ab, als ich frage, ob er abends darauf vielleicht etwas zum Besten geben wird. Wie die Herberge in *Abadín* besticht auch diese privat geführte Unterkunft durch ihr gepflegtes Interieur und die perfekte Raumaufteilung. Wanderschuhe werden im überdachten Innenhof in Regalen abgestellt, für die Wäsche stehen Handwaschbecken, Waschmaschine und Trockner zur Verfügung. Für Selbstversorger gibt es in der Küche Herd und Kühlschrank. Das Gemeinschaftsleben spielt sich im hellem, geräumigen Aufenthaltsraum und dem mit Kunstrasen, Tischen und Stühlen ausgestatteten kleinen Garten ab.

Nach dem üblichen Prozedere erkunde ich die Stadt. Im Zentrum springt mir ein hoher sechseckiger Turm mit Zinnenkranz ins Auge. Hier residierte einst der Graf von Andrade. Heute beherbergt der Turm einen *parador*, während sich im Gewölbekeller ein Restaurant befindet. Etwas abseits der Innenstadt liegt das prähistorische *Museo de Prehistoria e Arqueloxis de Vilalba* mit Relikten aus der Keltenzeit. Zu meinem Bedauern ist es bis auf weiteres wegen Renovierung geschlossen. Also kehre ich zurück ins Zentrum mit seinen zahlreichen Plätzen.

Ich schlendere von Bar zu Bar, schreibe bei einem kühlen Bier an meinem Reisebericht und lese bei einem Kaffee weiter in „*My brilliant friend*". Das Buch erweist sich ebenfalls als Glücksgriff, beschreibt es doch sehr einfühlsam die Geschichte von zwei Freundinnen in Italien, deren Freundschaft trotz völlig unterschiedlich eingeschlagener Lebenswege nicht zerbricht.

Immer noch wölbt sich ein strahlend blauer Himmel über mir. Die Sonnencreme, die ich in *Santander* gekauft habe, kommt endlich wieder zum Einsatz.

An einer Hauswand in der Nähe des Turms prangt das überdimensionale Porträt von Rosalía de Castro, einer aus dem 19. Jahrhundert stammenden spanischen Schriftstellerin und Lyrikerin, die sich sehr um die galicische Sprache verdient machte. Ein Auszug aus einem ihrer Gedichte ziert das äußerst professionell gemalte Bild.

Den Platz gegenüber der Herberge schmückt eine moderne, sehr naturalistisch wirkende Plastik, deren Bedeutung sich mir nicht erschließt. Ein bäuerlich anmutendes Paar mit derbem Schuhwerk steht dicht beieinander. Er trägt eine Schirmmütze auf dem Kopf. Die mit geschlossenen Augen neben ihm stehende Frau legt eine Hand auf den schwangeren Bauch. In der anderen Hand hält sie eine Heiligenfigur. Leider fehlen Angaben zu Künstler und Titel. Eine Pilgerin liegt vor der Figurengruppe auf dem Rasen und genießt die Sonne. Man könnte meinen, sie und die Skulptur bilden ein Gesamtkunstwerk.

Auf dem *camino* trifft man häufiger auf mit Figuren verzierte Wegkreuze. So auch auf der *Praza do Coronel Pena* in Form einer schlanken, von einem Kreuz, dem uralten Symbol des Christentums, gekrönten Säule. Auf einer Seite des Kreuzes ist die Gottesmutter Maria mit ihrem Sohn auf dem Schoß, auf der anderen der gekreuzigte Jesus dargestellt.

Die Funktion der Wegkreuze ist nicht hundertprozentig gesichert. Sie sollten das Böse bannen, das sich altem Volksglauben gemäß besonders an Weggabelungen oder Kreuzungen manifestierte, Gläubige zu einem kurzen Gebet anhalten oder daran erinnern, dass Gott sie auf allen Wegen begleitet.

Abb. 100: Wegkreuz mit Heiligenfiguren

Vor der Rückkehr in die Herberge will ich in einem kleinen Imbisslokal ein *menu peregrino* bestellen, doch die ältere Frau hinter dem Tresen schüttelt bedauernd den Kopf und erklärt, dass ihr bereits mittags alle Gerichte ausgegangen seien. Klar, heute ist Sonntag und da speisen die Spanier ausgiebig. Meine Enttäuschung rührt sie. Als Ersatz bietet sie mir Pommes Frites, Tomaten und Würstchen an. Erfreut stimme ich zu.

Abends treffe ich Roland im Aufenthaltsraum der Herberge. Er übernachtet ebenfalls hier. Bei unserem Gespräch desillusioniert er mich zutiefst, denn er hält nicht damit hinter dem Berg, dass ich vergangene Nacht stark geschnarcht hätte. So ist es, wenn man glaubt, dass in den Herbergen nachts alles ruhig ist. Auch heute werden wir denselben Schlafraum teilen. mal sehen.

Mittwoch, 23.08.2023 / Vilalba - Baamonde (19 km)

Als ich aufstehe, ist es immer noch dunkel. Auf wen stoße ich in der Dusche? Auf Roland. Zum Glück sagt er, dass ich heute nicht geschnarcht hätte. Na also, geht doch.

Es ist immer noch dunkel, als ich kurz vor sieben die Herberge verlasse. Sich vor der Morgendämmerung auf den Weg zu machen, hat Vor- und Nachteile. Positiv empfinde ich die Ruhe, das Gefühl, in die Dunkelheit eingebettet zu sein und dass kaum Menschen unterwegs sind. Wann sonst fliegen Eulen lautlos über einen hinweg, flattern Nachtfalter an Laternen oder huschen Mäuse auf ihren kurzen Beinen unbekümmert an Hauswänden entlang? Der Nachteil dieser frühen Stunden ist, dass man abseits der Dörfer und Städte kaum die Hand vor Augen sieht, es sei denn, der Mond scheint. Solange ich noch in der Stadt bin oder wenig später entlang der Nationalstraße gehe, helfen Laternen und die Scheinwerfer entgegenkommender Autos. Ohne diese Lichtquellen ist es stockfinster. Da hilft dann nur noch eine Taschenlampe, die ich jedoch nicht im Gepäck habe.

An einer entscheidenden Stelle fehlt mir leider die Hilfe entgegenkommender Fahrzeuge. Prompt verpasse ich den Einstieg in den *camino* und bleibe deshalb erst einmal weiter auf der Straße. Glücklicherweise gewinnt die Umgebung im Dämmerlicht nach und nach an Konturen. Als später in *Alba* die Sonne zwischen den Spitzgiebeln des Friedhofs emporsteigt, bleibe ich staunend und voller Ehrfurcht stehen. Welch erhebender Anblick!

Nur wenige Federwolken ziehen über den Himmel. Es scheint ein sonniger Tag zu werden.

Bei Tageslicht ist das Hinweisschild auf den nächsten Einstieg in den *camino* nicht zu übersehen. Ich verlasse die Straße und gehe einen Feldweg entlang. Durch einen lichten Wald führt er bei *Insua* über die alte Steinbrücke *Ponte de Saa* und fortan durch hügeliges Gelände mit Wiesen und von Kastanien gesäumten Wegen.

Heute ist das Wandern für mich wieder ein voller Genuss, auch wenn die letzten Kilometer bis *Baamonde* entlang der Nationalstraße verlaufen. In *Baamonde* scheint sich der ganze Ort samt Herberge, Bar und Restaurant um eine Straßenkreuzung zu gruppieren. Da die *Albergue de Peregrinos de Baamonde* erst um dreizehn Uhr öffnet, setzte ich mich in ein Café, lese, schreibe und staune über die wirklich sensationell niedrigen Preise für Getränke und Speisen *Galiciens*.

Die öffentliche Herberge, ein altes zweistöckiges Gebäude, das komplett entkernt wurde, verfügt über einen sehr schönen Garten mit überdachter Terrasse. In der oberen Etage des Ziegelbaus befindet sich der Schlafsaal mit den Duschen, in der unteren die Küche und ein Aufenthaltsraum. Die Herberge wird von Nuria geführt. Als sie das Amt übernahm, war sie neunzehn Jahre alt und damals die jüngste *hospitalera* landesweit.

Im Flur hängt neben der Anmeldung ein Plakat einer südkoreanischen Universität, auf dem Pilger in englischer Sprache zur Teilnahme an einer Studie über Herbergen entlang der Jakobswege eingeladen werden. Je mehr eigene Erfahrung man dabei einbringen kann, desto besser.

Heute ist der erste Tag auf dem Jakobsweg, an dem das Thermometer bereits mittags auf über dreißig Grad steigt. Am späten Nachmittag sind es sogar einundvierzig Grad. Nachdem es in den letzten Wochen maximal sechsundzwanzig Grad waren, ist das ein echtes Novum. Ich bin sehr froh, bereits in den Vormittagsstunden hier eingetroffen zu sein.

Ein älterer Italiener, der mich nachmittags im Garten mit seinen schier endlosen und lautstarken Telefonaten nervte, fragt mich am frühen Abend, ob ich mit ihm essen gehen wolle - er habe ein gutes und preiswertes Restaurant ausfindig gemacht. Der Abend mit Mauro aus *San Remo* entwickelt sich unerwartet zu einem echten Highlight.

Mauro, der, abgesehen von einigen wenigen Wörtern Englisch, nur Italienisch spricht, setzt zur Verständigung Hände und Füße ein. Als wir beim Essen dann noch ein uns verbindendes Hobby, den Modellschiffbau, entdecken, gibt es kein Halten mehr. Jeder versucht dem anderen seine Tricks und Techniken zu erklären, zur Not mit Hilfe von Zeichnungen auf der Serviette. Stolz zeigt Mauro mir auf seinem Handy Fotos der von ihm gebauten historischen Segelschiffe und erklärt ausführlich, welcher Hersteller die besten Modelle oder

Beschlagsätze anbietet. Er lobt die italienische Firma Mantua und das Modell *San Felippe*, ein Kriegsschiff der spanischen Marine aus dem 17. Jahrhundert. Im Gegenzug empfehle ich ihm die dänische Firma Billing Boats und das Modell *Meta*, einen Stockfisch- und Ostseefrachter aus dem Jahr 1915. Bei unserem Gespräch verlieren wir die Zeit völlig aus den Augen. Zum Glück weist uns der Wirt darauf hin, dass es kurz vor zweiundzwanzig Uhr ist und er das Restaurant schließen möchte. So schaffen wir es gerade noch rechtzeitig zurück zur Herberge.

Im Schlafsaal sind es immer noch zweiunddreißig Grad. Kein Windhauch sorgt für Abkühlung. Unter dem schlecht isolierten Giebeldach steht die Luft. Trotz der offenen Fenster wird es eine schweißtreibende Nacht.

Donnerstag, 24.08.2023 / Baamonde - Sobrado dos Monxes (46 km)

Um einer erneuten Hitzewelle zuvorzukommen, breche ich bei der ersten zaghaften Dämmerung auf. Knapp eine Stunde später geht die Sonne auf. Es verspricht ein wunderbarer Tag zu werden.

Abb. 101: Sonnenaufgang hinter Baamonde

Baamonde hat etwas mit *Sarria*, einem Ort auf dem *Camino Francés*, gemeinsam. Beide Orte liegen circa hundert Kilometer von *Santiago de Compostela* entfernt. Bei *Sarria* sind es hundertzehn Kilometer, bei *Baamonde* wird die magische Grenze bereits am Ortsausgang überschritten.

Magisch deshalb, weil nur diejenigen Pilger in *Santiago* die Compostela erhalten, die mindestens hundert Kilometer bis zum Grab des heiligen Jakobus zurückgelegt haben. Während man in *Sarria* das Gefühl bekommt, plötzlich in einer riesigen Masse zu wandern, ist das in *Baamonde* vollkommen anders. Die Zahl der Pilger erhöht sich hier, wenn überhaupt, nur unwesentlich.

Hinter *Baamonde* hat man die Wahl zwischen der alten und einer neuen Strecke nach *Sobrada dos Monxes*. Ich entscheide mich für die neue Strecke, da sie mit zweiunddreißig Kilometern kürzer ausfällt.

Dass ich beim Einstieg in den *camino* wieder einen Fehler gemacht haben muss, stelle ich einige Zeit später fest, als auf einem Wegstein neben der Jakobsmuschel sechsundvierzig Kilometer angegeben werden. Ich bin also doch auf dem alten Weg gelandet. Zum Ausgangspunkt zurückzukehren widerstrebt mir. Da der verpasste Weg im Wanderführer als anstrengender und ohne Einkehrmöglichkeiten beschrieben wird, werte ich meinen Irrtum als Fingerzeig des Schicksals, bleibe, wo ich bin, und setze meinen Weg fort.

Unterwegs frage ich mich, was ich in meinem Alter noch alles unternehmen werde. Mit dreiundsiebzig Jahren zähle ich auf dem *Camino del Norte* zu den ältesten Pilgern. Roland, wo mag er nur abgeblieben sein, ist sechsundsechzig und der Italiener Muro immerhin siebzig Jahre alt. Dass ich einen zweiten Jakobsweg laufe, hängt mit meiner ungebrochenen Neugierde und der Lust am Entdecken zusammen. Beides möchte ich nie verlieren. Wie hoffentlich auch nicht den Drang zum „Erkenne dich selbst".

Abb. 102: Ponte de San Alberte hinter Baamonde

Nach den ersten zwei Kilometern verlässt der *camino* die Straße und führt in einen dunklen Wald. Zuerst geht es über die mittelalterliche *Ponte de San Alberte*, wenig später an der aus großen Steinquadern erbauten Wallfahrtskapelle *Ermita de San Alberte* vorbei. Leider ist sie verschlossen. Weit und breit ist kein Mensch zu sehen. Lediglich ein Feuersalamander quert meinen Weg.

Im weiteren Verlauf wechselt der *camino* immer wieder zwischen Straße und Waldweg. Auf den ersten siebzehn Kilometern halten sich die Steigungen in Grenzen. Doch danach geht es über eine Distanz von zwölf Kilometern kontinuierlich von vierhundert auf siebenhundert Meter hinauf. Anschließend geht es über eine Distanz von siebzehn Kilometern in einem steten Auf und Ab auf fünfhundert Höhenmeter hinab, bis *Sobrado dos Monxes* erreicht ist.

Obwohl der Himmel nach wie vor strahlend blau ist und keine Wolken zu sehen sind, kommt es nicht zu einer neuerlichen Hitzewelle. Vermutlich ist es nicht wärmer als sechsundzwanzig Grad.

Sieben Stunden nach meinem Aufbruch in *Baamonde* stehe ich vor dem imposanten Kloster *Mosteiro de Santa Maria*, auch *Monasterio Cisterciense de Santa Maria de Sobrado* genannt.

Das Zisterzienserkloster verfügt über eine Herberge, die vor allem in den ehemaligen Stallungen untergebracht ist. Im Eingangsbereich warten bereits zahlreiche Pilger auf Einlass.

Unter ihnen Roland, der in *Parga* übernachtet hat, ferner Diana und Vicente, ein kanadisch-spanisches Paar, dem ich zum ersten Mal in der Herberge von *Santillana del Mar* begegnete. Vicente, ein Hüne von Mann, fällt mit seinen rot gelockten Haaren überall auf.

Das Kloster, eine weitläufige Anlage, deren Ursprung auf das Jahr 950 n. Chr. zurückgeht, besteht aus einer großen, mit Doppeltürmen versehenen Kirche, deren Vierung von einer Kuppel gekrönt wird, einigen Nebengebäuden sowie zwei Kreuzgängen.

Das heutige Kirchengebäude erhielt seine Gestalt im 12. Jahrhundert. Wie viele andere Kirchen Nordspaniens, erfuhr die Westfassade im 18. Jahrhundert eine barocke Umgestaltung.

Der mit Köpfen von Heiligen, Würdenträgern und Philosophen verzierte hintere Kreuzgang stammt aus dem 17. Jahrhundert. Er beeindruckt mich sehr.

Abb. 103: Hinterer Kreuzgang und Kirchtürme des Mosteiro de Santa Maria

Bis auf die Bänke ist die große Kirche von jeglichem Inventar befreit. In dem Kirchenschiff bin ich vollkommen allein. Das Licht, das von oben einfällt, und die Leere des Raums erzeugen in mir ein surreales Gefühl. Die Farbspektrum des hohen Raums reicht von einem sanften Beige in Tonnengewölbe und Vierungskuppel bis zu einem sanften Grau-blau im unteren Bereich. Ein wunderbares Farbspiel und ein ganz besonderer Ort der Stille.

Diese Momente absoluter Stille und Ruhe habe ich auf dem *camino* häufiger vermisst. Die auszehrende körperliche Anstrengung nahm bisher täglich so viel Raum ein, dass Besinnung und innere Einkehr schlichtweg ins Hintertreffen gerieten. Ganz abgesehen von der Zeit, die das tägliche Pflichtprogramm, angefangen bei der Suche nach einer geeigneten Unterkunft, über das Waschen der Kleidung, dem Restaurantbesuch und den täglichen Notizen, verschlingt. Es mangelt an einem gewissen Abstand zu den Dingen. Ein Spruch, den ich vor einiger Zeit las, bringt es treffend auf den Punkt: „Einsicht basiert auf der Reflexion über sinnliche Erfahrung. Einsicht bedarf der Stille und Stille wiederum bedarf eines gewissen Abstands zu den Dingen."

Nach dem Besuch der Kirche spreche ich einen Mönch oder Priester auf die Bedeutung der Köpfe unter der Dachtraufe des hinteren Kreuzgangs an. Seine Reaktion lässt vermuten, dass er irgendetwas in puncto christlicher Demut oder Nächstenliebe nicht ganz verstanden zu haben scheint, denn mit einer überheblichen Geste verweist er mich kurz angebunden auf die im Verkaufsraum des Klosters ausliegende Literatur und wendet sich abrupt ab.

Die zentrale Lage des Klosters erleichtert die Suche nach einem Restaurant. Bereits hinter dem großen Parkplatz der Klosteranlage lockt das erste Lokal mit einem Pilgermenü inklusive Wein für dreizehn Euro. Erfreut kehre ich dort ein und lasse es mir schmecken.

Es ist bereits dunkel, als ich ins Kloster zurückkehre. Der vordere Kreuzgang ist in warmes Licht getaucht. An ihn grenzt der Schlafsaal, der vermutlich früher als Pferdestall diente. Kurz vor Mitternacht stehe ich noch einmal auf, schleiche zum Waschraum auf der anderen Seite des Kreuzgangs und wasche mich notdürftig. Am späten Nachmittag hatte ich durch die Besichtigung der Anlage das Duschen vergessen. Befreit vom Schweiß, kann ich endlich einschlafen.

Freitag, 25.08.2023 / Sobrado d. M. - Santa Irene (37 km)

In der Nacht sorgte ein Regenschauer für Abkühlung. Die Temperatur fiel auf neunzehn Grad. Beim Verlassen des Klosters um sieben Uhr, setzt leichter Nieselregen ein.

Auf der hinter dem Kloster gelegenen *Praza Portal* haben die ersten Bars bereits geöffnet. Nach einem *café con leche* und einem *crossante* fällt mir der Einstieg in den Tag selbst bei Regen leicht.

Vor der Bar läuft mir Roland über den Weg. Nach dem gestrigen Check-in war er plötzlich verschwunden. Da auch er heute nach *Santa Irene* will, beschließen wir, gemeinsam dorthin zu gehen. Roland vertraut allerdings der Beschilderung nicht und verlässt sich lieber auf seine Navigations-App. Ich überlasse ihm die Führung.

Nach einigen Kilometern verlässt der *camino* die Straße und taucht in einen lichten Wald ein. Langsam, aber stetig geht es bergauf.

Was ist anstrengender, so frage ich mich nach einiger Zeit atemlos: einen Berg hinauf- oder hinabzusteigen? Insbesondere starkes Gefälle ist für mich mit körperlich belastend, weil es extrem auf die Knie geht. Bergauf wiederum ist es schweißtreibend und bedarf einer optimaleren Atemtechnik. Aber egal ob bergauf oder bergab: Viel zu trinken ist immer wichtig, auch wenn man dadurch mehr schwitzt.

Unsere erste Zwischenstation hätte *Arzúa* sein sollen, doch will Roland an einer Weggabelung hinter *Boimorto* den Hinweis, nach links abzubiegen, ignorieren und seinem Handy vertrauend den Weg rechts einschlagen. Ab hier beginnt unser ganz persönlicher *camino doloroso*. Durch Wald und Flur, über Stock und Stein und immer wieder in maßloser Verwirrung auf das Handy schauend, erreichen wir nach siebeneinhalb Stunden völlig erschöpft *Santa Irene*, ohne unterwegs auch nur durch eine einzige Ortschaft gekommen zu sein. Aus den ausgeschilderten zweiundzwanzig Kilometern wurden, Rolands Navigationssystem sei Dank, siebenunddreißig.

Als Lichtblick empfand ich *in the middle of nowhere* lediglich eine kleine Bar mit Pension inmitten eines lichten Waldes, wo wir uns mit Kaffee, Toast mit Marmelade und frisch gepresstem Orangensaft erfrischten. Kaum vorstellbar, dass, abgesehen von ein paar herumirrenden Pilgern, auch andere Gäste den Weg hierher finden.

Durch den beachtlichen Umweg stoßen wir erst in *Santa Irene* und nicht, wie im Wanderführer angekündigt, bereits in *Arzuá* auf den *Camino Francés*.

Adiós Küstenweg, *adiós Camino del Norte*. Von nun an geht es auf dem *Camino Francés* weiter.

Die Stunden in den Wäldern boten zumindest die Gelegenheit, mich mit Roland ausführlich über seine Sicht auf den Mauerfall im Jahr 1989 auszutauschen, wie er die Auflösung der ehemaligen DDR empfand und wie sich die Folgejahre für ihn gestalteten. In familiärer Hinsicht ähneln sich unsere Lebensläufe. Auch er litt unter der fehlenden Akzeptanz und Liebe seines Vaters. Ein Defizit, das ihn auch heute noch verfolgt. Ansonsten überstand er die sogenannte Wende in *Thüringen* recht gut.

Leider bringt ihn mir unser langes Gespräch nicht näher. Am Ende des Tages verstehe ich zwar sein Wesen und seine Art zu denken etwas besser, doch sein ausgeprägtes Nähe-Distanz-Problem bleibt mir weiterhin ein Rätsel.

Als wir die ersten Häuser von *Santa Irene* erreichen, ist es bereits nach sechzehn Uhr. An der Tür der ersten, privat geführten Herberge, der *Albergue Santa Irene*, hängt ein Zettel mit der Aufschrift „Cerrado". Hoffentlich ist das kein schlechtes Omen. In der öffentlichen *Albergue de Peregrino de Santa Irene*, die nur ein Stück weiter die Straße hinunter liegt, sind zum Glück noch Betten frei. Dass wir um diese Uhrzeit noch einen Schlafplatz finden, werte ich als ein positives Zeichen. Der *Camino Francés* verfügt eben doch über die bessere Infrastruktur. Ab jetzt muss niemand mehr wegen Überfüllung der Herbergen auf einer Parkbank schlafen.

In der Herberge sind bereits Leo, Guisy und Fabian abgestiegen. Sie waren in den vergangenen Tagen als Gruppe mit Markus, Melanie, Isabelle und einigen anderen unterwegs. Auf ihrer Wanderung komponierten sie für das Eintreffen in *Santiago de Compostela* ein Lied mit dem vielsagenden Refrain *„Un camino, dos caminos, tres caminos"*. Eine Kostprobe liefern sie beim gemeinsamen Abendessen unweit der Herberge auf der überdachten Terrasse einer Bar. Es ist ein fröhlicher Abend, bei dem mehrere Flaschen Wein geleert werden. Eine davon bekam Roland für eine unterwegs verlorene Wette von mir, die er der Gemeinschaft zur Verfügung stellt.

Manchmal steckt die Welt voller Merkwürdigkeiten. Mir gegenüber schläft ein Paar in enger Umarmung und voller Montur in einem der Etagenbetten. Als wäre das nicht schon eigenartig genug, lassen sie die kleine Lampe über ihrem Bett die ganze Nacht über brennen.

Samstag, 26.08.2023 / Santa Irene - Ventosa (39 km)

Trotz oder gerade wegen des reichlichen Alkoholgenusses habe ich in der Nacht schlecht geschlafen. Vielleicht aber auch, weil Roland, der im Bett unter mir lag, mehrmals kräftig gegen meine Matratze trat, da ich wohl wieder geschnarcht habe.

Dennoch bin ich schon sehr früh wach und kann nicht mehr einschlafen. Also verlasse ich die Herberge bereits um sechs Uhr. Abgesehen vom Licht der Lampe über dem Eingang herrscht tiefe Dunkelheit. Bis *Pedrouzo* sind es nur wenige Kilometer entlang der Straße. Zum Glück kann ich mich an den weißen Randstreifen orientieren, die ab und zu von vorbeifahrenden Fahrzeugen erhellt werden.

Meine kurze Hose und das T-Shirt erweisen sich bei der sternenklaren Nacht als völlig ungeeignet. Erst an einer Tankstelle gibt es ausreichend Licht, um meine Jacke und die Beinverlängerungen für die Hose aus dem Rucksack herauszuholen.

Trotz der frühen Morgenstunde sind die Cafés in *Pedrouzo* bereits brechend voll. Eigentlich kein Wunder, sind auf dem *Camino Francés* doch mehr als zehnmal so viele Pilger unterwegs wie auf dem *Camino del Norte*. Es dauert einige Zeit, bis ich zur Theke vordringen kann, um meine Bestellung aufzugeben. Genau in dem Moment stellt sich Roland hinter mich und flüstert mir seine Wünsche ins Ohr. Gutes Timing.

Der Kaffee tut gut, nur das *crossante* ist sehr trocken. Roland ist schon ein merkwürdiger Zeitgenosse. Kaum hat er seinen Kaffee ausgetrunken, verabschiedet er sich auch schon wieder. Weshalb mag er so ruhelos sein? Mit Sicherheit ist es nicht das schlechte Gewissen wegen der nächtlichen Tritte.

In *Pedrouzo* sind neben zahlreichen Pilgern auch einige Schulklassen mit ihren Lehrerinnen und Lehrern unterwegs. Auch sie wollen ins achtzehn Kilometer entfernte *Santiago de Compostela*. Bereits gestern Abend fielen mir die vielen kleineren und größeren Gruppen auf, die trotz später Stunde an der Herberge vorbeikamen.

Heute bedecken nur wenige kleine Wolken den Himmel. Als die Sonne ihre morgendliche Kraft entfaltet, ziehe ich die Jacke wieder aus und stecke sie zurück in den Rucksack.

Vor vier Jahren war ich schon einmal auf dem *Camino Francés* unterwegs, beginnend auf der französischen Seite der Pyrenäen in *Saint-Jean-Pied-de-Port*, über *Santiago de Compostela* hinaus bis nach *Fisterra*.

Für einen Moment bedauere ich es, nicht schon in *Melide* auf den *Camino Francés* gestoßen zu sein. Dafür hätte ich in *Villaviciosa* auf den *Camino Primitivo* in Richtung *Oviedo* abzweigen müssen. Denn *Melide* ist berühmt für seinen gekochten, mit Olivenöl übergossenen und Paprikapuder bestäubten Tintenfisch, der typischerweise auf einem Holzteller serviert wird. Damals aß ich dort auch zum ersten Mal *churros*, ein in siedendem Fett gebackenes Spritzgebäck, mit *dulce de* leche, einem Brotaufstrich aus Karamellcreme mit Vanillegeschmack. Alles ist mir sehr lebendig im Gedächtnis geblieben.

Immer wieder wechselt der *camino* von großen Straßen auf kleine Wege. Vor *Lavacolla* verläuft er als schmaler Pfad an der Rückseite des Flughafens von *Santiago de Compostela* entlang, ehe er die Nationalstraße überquert und durch einen lichten Wald in den Ort hinabführt. Der Anblick der unterhalb der Kirche gelegene Pension *A Choncha* weckt schöne Erinnerungen. Hier habe ich damals übernachtet und war von großer Vorfreude auf *Santiago* erfüllt, besonders, als ich erfuhr, dass Pilger sich hier am öffentlichen Waschplatz, einen Steinwurf von der Pension entfernt, in vergangenen Zeiten das letzte Mal gründlich wuschen und ihre Kleidung in Ordnung brachten.

Nach *Lavacolla* taucht auf dem Weg zum *Monte do Gozo* in einem Waldstück unvermutet ein Dudelsackspieler auf, der für die vorbeiziehenden Pilger aufmunternde Stücke spielt.

Von Hand gemalte Spruchbänder an den Gartenzäunen der Häuser von *Lavacolla* bringen den Protest der hiesigen Bewohner gegen die Pilgermassen zum Ausdruck. Um die begehrte *compostela* (Pilgerurkunde) zu erhalten, laufen die meisten Pilger lediglich die letzten hundert Kilometer des Jakobswegs, so dass sich die Probleme besonders in den Sommermonaten hier häufen. Kirchliche Statistiken belegen eine vierzehnprozentige Steigerung der Pilgerzahlen von 2022 bis 2023.

Den von Regierungsseite vorgeschlagenen Plan Xeral, der einen klärenden Dialog vorsieht, lehnen die Anwohner kategorisch ab. Auch vom Fremdenverkehrsdirektor von *Galicien*, Xosé Manuel Merelles, erhalten sie keine Unterstützung. Vielmehr vermeidet er eine klare Stellungnahme und spricht von einer lediglich punktuellen Konzentration. Problematisch ist ebenfalls die zunehmende Vermietung von Wohnraum an Pilger. Merelles versucht auch hier zu besänftigen, indem er auf den wirtschaftlichen Nutzen des Jakobswegs verweist. Seiner Aussage gemäß belaufen sich die täglichen Ausgaben eines Pilgers auf das Doppelte eines spanischen Touristen. Dem entgegen stehen allerdings neuere Studien, die belegen, dass vierundachtzig Prozent aller Pilger durchschnittlich weniger als fünfzig Euro pro Tag ausgeben, was sich auch mit meinen Erfahrungen deckt.

Mein Plan ist, am *Monte do Gozo*, dem Berg der Freude, zu übernachten, um am nächsten Morgen bei Sonnenaufgang als Erster einen Blick auf die im Tal liegende Kathedrale zu erhaschen. Denn derjenige, dem das gelingt, ist einer alten Überlieferung zufolge an diesem Tag der König der Pilger.

In den vergangenen vier Jahren hat sich am *Monte do Gozo* einiges verändert. So wurde zum Beispiel die *Albergue privado Monte do Gozo* errichtet, die mit ihrer Vielzahl hintereinanderstehender, langgestreckter Gebäude an eine Kaserne erinnert und oberhalb davon ein großes Restaurant mit Café. Alles deutet auf Massenabfertigung hin.

Ein Check-in ist erst ab dreizehn Uhr möglich. Bis dahin erkunde ich das Terrain, fotografiere auf einer nahen Wiese die überlebensgroßen Bronzefiguren von zwei Richtung Tal weit ausschreitenden Pilgern und setze mich anschließend auf einen Baumstamm mit Blick auf tief unter mir liegende Stadt. Über den blauen Himmel ziehen große weiße Wolken. Ein Bild der Idylle.

Abb. 104: Santiago Peregrinos aus Bronze im Park auf dem Monte do Gozo

Bis zur Öffnung der Herberge verbleibt immer noch viel Zeit, weshalb ich im Restaurant-Komplex einen Kaffee trinke und den *Camino del Norte* vor meinem geistigen Auge noch einmal Revue passieren lasse.

Verglichen mit meiner Pilgerreise auf dem *Camino Francés* vor vier Jahren, verspüre ich auf dieses Mal eine viel stärkere innere Gelassenheit. Ob es daran liegt, dass sich das Besondere durch Wiederholung ein wenig verliert, auch wenn der Streckenverlauf ein völlig anderer ist? Oder ist dies der größeren körperlichen Anstrengung geschuldet, bei der die Magie, die sich um den Jakobsweg rankt und mit ihm verbunden ist, bei mir nicht so zum Tragen kommen kann, wie es mit mehr Muße der Fall gewesen wäre. In puncto Glanz und Magie spielt bestimmt auch die Vielfalt der Landschaft eine Rolle, die meines Erachtens auf dem *Camino Francés* deutlich abwechslungsreicher ist.

Ohne Frage ist die felsige Küste in Spaniens Norden mit ihren Buchten und Stränden äußerst beeindruckend, doch vom Landschaftsbild her insgesamt homogener. Wie bereits erwähnt, kamen für mich auf dem *Camino del Norte* auf Grund der erschwerten Übernachtungssituation sowie des anstrengenden Wegverlaufs innere Einkehr und Stille zu kurz. Hätte ich meine Unterkünfte vorab reserviert, wäre vieles bestimmt stressfreier gewesen.

Dennoch fehlten mir immer wieder Strecken, auf denen ich entspannen konnte. Als positiv erwies sich auf jeden Fall das Gemeinschaftserleben in den Herbergen und die gegenseitige Hilfe und Unterstützung bei Problemen.

Beim Blick auf mein Rückflugdatum wird mir klar, dass ich viel schneller vorangekommen bin als geplant. Noch im Café sitzend beschließe ich deshalb, die Rückreise um fünf Tage vorzuziehen und weder in *Monte do Gozo* noch in *Santiago de Compostela* zu übernachten, sondern heute noch über *Santiago* hinaus in Richtung *Fisterra* zu gehen. Von dem am Atlantik gelegenen Fischerort aus will ich dann in einer letzten Etappe noch weiter bis *Muxía*, dem erklärten Ende aller Jakobswege.

Froh, den Entschluss gefasst zu haben packe ich meine Sachen und verabschiede mich innerlich vom Wunsch, der König der Pilger werden zu wollen, wenn auch nur für einen einzigen Tag.

Mit den beiden Orten *Muxía und Fisterra* werden übrigens die alten Pilgergrüße *ultreia* und *suseia* in Verbindung gebracht. *Ultreia* (immer weiter) soll auf den über *Santiago* hinaus bis *Fisterra* reichenden Jakobsweg hinweisen und *suseia* (nach oben) auf das nördlich von *Fisterra* gelegene *Muxía*. Aber wie so oft, wird es auch andere Erklärungen geben.

Eine halbe Stunde später überquere ich eine mehrspurige Schnellstraße und stehe vor dem Ortsschild von *Santiago de Compostela*. Rechts davon, hinter dem Denkmal der *Porta Itineris Santi Jacobi* mit zwanzig Darstellungen wichtiger profaner und kirchlicher Personen, begrüßt die Figur eines auf einem Postament stehenden Tempelritters (*El Templario del Peregrino*) die Ankommenden.

In Richtung Kathedrale folge ich dem Verlauf der Straßen. An einer Hauswand wirbt das Plakat eines Tattoo-Studios für das Stechen von Muscheln, Kreuzschwertern oder auch des Schriftzugs „Buen Camino“. Der Einstiegspreis für eines dieser wahrhaft bleibenden Souvenirs beträgt vierzig Euro.

Gerade einmal zehn Minuten später stehe ich vor der Kathedrale auf der *Praza do Obradoiro*, dem zentralen Treffpunkt aller Pilger. Zahlreiche Pilger, erschöpft, aber glücklich, liegen oder sitzen dort neben ihren Rucksäcken. Einige tanzen vor Freude, endlich am Ziel ihrer Reise angekommen zu sein.

Wie vier Jahre zuvor, als ich das erste Mal hier stand, irritieren mich auch heute, nach der langen Zeit in der Natur, der Trubel und der Lärm der Stadt.

Deshalb bin ich erleichtert, den Platz nach einer kurzen Rast wieder verlassen zu können.

Kaum habe ich die *Praza do Obradoiro* verlassen, fallen die ersten Tropfen vom Himmel. Nicht gerade die beste Voraussetzung, um im Gewirr der schmalen Gassen und Straßen mit dem Schirm in der Hand den Weg aus der Stadt zu finden.

Ab *Santigo* befinde ich mich auf dem *Camino de Fisterra y Muxía*. Gelegentlich wird dieser Teil des Jakobswegs auch *Camino Real* genannt, was verwirrend ist, da mit diesem Namen eigentlich der neunhundertsiebzig Kilometer lange Königsweg an der Pazifikküste Nordamerikas verbunden ist, der die ehemaligen Missionsstationen Kaliforniens miteinander verbindet. Dessen ungeachtet sieht man im Westen *Galiciens* häufiger das Buchstabenpaar C und R an Gebäuden oder Strommasten.

Auf einem Wegstein an der Stadtgrenze ist die Entfernung bis *Fisterra* mit 89,480 Kilometern angegeben.

Entweder lässt die Ausschilderung zu wünschen übrig oder ich habe durch den Regen eine Wegmarkierung übersehen. Das Resultat ist das Gleiche: Kurz hinter *Santiago* verliere ich die Orientierung. Eine Zeit lang laufe ich von links nach rechts, bis ich irgendwann auf einem Hügel stehe und nicht mehr weiterweiß. Da bei dem schlechten Wetter niemand auf den Straßen unterwegs ist, kann ich auch keinen fragen. Jetzt hilft nur noch das Navigations-App. In der einen Hand den Schirm, in der anderen das Handy folge ich der vorgegebenen Route im Zickzack über Straßen und Waldwege, über Hügel und durch Täler, bis gegen halb sechs Uhr endlich das Ortsschild *Ventosa* im Regen auftaucht. Als ich auf den ersten gelben Pfeil stoße, atme ich erleichtert auf. Der Jakobsweg, er hat mich wieder!

Ventosa ist die letzte Möglichkeit, vor Einbruch der Dunkelheit eine Unterkunft zu finden. Im Wanderführer wird nur die private Herberge *A Casa do Boi* genannt. Auf der Suche nach ihr laufe ich kreuz und quer durch den Ort. Schließlich frage ich einen Passanten nach dem Weg. Er weist mich darauf hin, dass ich bereits mehrmals an der Herberge vorbeigekommen sei. In der Tat ist sie durch ihre Hanglage von der Durchgangsstraße aus schwer zu sehen, insbesondere, weil der Zugang nur über eine kleine Seitenstraße möglich ist.

Mir fällt ein Stein vom Herzen, als mir der *hospitalero* das letzte freie Bett anbietet. Bettwäsche und Handtücher sind im Preis inbegriffen. Da habe ich trotz des schlechten Wetters Glück gehabt. Die Formalitäten erledigt seine Tochter. Sie ist es auch, die mich anschließend mit den Räumlichkeiten vertraut macht und mir meinen Schlafplatz zuweist.

Manche Dinge sind kaum zu glauben. Wer liegt auf dem Bett unter meinem und grinst? Roland. Das Erste, was mir in den Sinn kommt, ist, dass ich heute Nacht auf keinen Fall schnarchen darf, denn noch einmal möchte sich seine Füße nicht im Rücken spüren.

Die moderne zweistöckige Herberge macht einen sehr gepflegten Eindruck. An den unteren Teil des Wohntrakts schließt ein Flachbau mit Bar, Restaurant, Außenterrasse und Garten an. Ich bedauere, dass es nicht mehr warm genug ist, um draußen zu sitzen.

Das Abendessen für Pilger ist zeitlich gestaffelt. Roland, der kurz vor mir in *Ventosa* eintraf, bekommt das gleiche Zeitfenster zugeteilt wie ich. Erneut staune ich, wie selbstbewusst er sich im Speisesaal ohne Spanisch und mit nur rudimentären Englischkenntnissen verständlich machen kann. Selbst wenn das Personal einige Male nachfragen muss, was genau er denn möchte.

Das Essen in der *Casa do Boi* ist gut und preiswert. In den Fugen der Natursteinwand stecken zahlreiche Münzen. Eine Eigenart, die mir in galicischen Lokalen schon häufiger aufgefallen ist. Vielleicht soll es, ähnlich wie bei Brunnen, den Wunsch der Gäste ausdrücken, eines Tages hierher zurückzukehren. Vorsichtshalber klemmen auch wir Geldstücke in die Fugen.

Um Roland nicht ein weiteres Mal zu nächtlich sportlichen Aktivitäten zu verleiten, zögere ich das Einschlafen hinaus, bis er schläft. Leider liege ich danach bis noch bis zwei Uhr wach. Da mich keine Fußtritte wecken, ist vermutlich alles gut gegangen.

Sonntag, 27.08.2023 / Ventosa - Vilaserio (25 km)

Morgens stehe ich bereits um sechs Uhr auf der Straße, was allerdings nicht daran liegt, dass ich so früh aufbrechen wollte, sondern daran, dass ich die Uhrzeit auf dem Handy in der Dunkelheit falsch abgelesen habe. Nun denn, dann geht es eben im Dunkeln los.

Wieder einmal überrascht der *camino* mit allem, was möglich ist. Von kräftezehrenden Steigungen bis zu starkem Gefälle, von Straßen bis zu schmalen, schlammigen Waldwegen, von mit Wiesen oder Wäldern überzogenen Hügeln und der Überquerung alter Steinbrücken ist alles vorhanden. Das Wetter will dieser Vielfalt in nichts nachstehen. Sonnendurchbrüche wechseln sich mit nebelverhangenen Phasen in den Tälern ab, Wolken ziehen in jeder Formation über mich hinweg und ab und zu kommt ein kräftiger Regenschauer runter.

Im Gedächtnis bleiben werden mir die kleine Steinbrücke hinter *Ventosa*, der steile Aufstieg zum *Alto do Mar de Ovellas* sowie der verwunschene, in Nebel gehüllte Ort *Ponte Maceira*, dessen Name auf die alte fünfbogige Steinbrücke zurückgeht, die über den wild rauschenden *Tambre* führt.

Abb. 105: Ponte Maceira

Die erste größere Ortschaft auf der heutigen Etappe ist *Negreira*. Die zahlreichen modernen Bauten am Ortseingang lassen keine Stadt mit langer Historie vermuten. Doch dem ist nicht so. Seit frühester Zeit war *Negreira* auf Grund seiner Lage am *Rio Tambre* ein wichtiges Handelszentrum. Im Jahr 979 n. Chr. plünderten Normannen die Stadt und zerstörten einen Großteil der Gebäude. Erst 1113 n. Chr., also knapp hundertzwanzig Jahre später, entschloss man sich zum Wiederaufbau. Vom ehemaligen Reichtum zeugt heute unter anderem der *Pazo do Cotón*, ein mit Zinnen bewehrter Palast aus dem 17. Jahrhundert, der mit drei Bögen über eine Straße führt. Einen Steinwurf entfernt steht auf einer Grünfläche ein Monolith zum Gedenken an den hier geborenen Schriftsteller und Rechtsanwalt Xulián Magariños, nach dem eine Sekundarschule benannt ist.

Die Stadt *Negreira* überrascht des Weiteren mit zahlreichen Skulpturen, die überwiegend im historischen Zentrum zu finden sind. Eine beeindruckt mich besonders. Es ist das 1997 von Fernando García Branco geschaffene *Monumento o Emigrante* an der *Plaza do Cotón*, welches an die Zeit der Emigrationen nach Übersee erinnert. Vor einer Betonwand sitzt eine Mutter mit ihren Kindern neben einer Ruderpinne. Ein Kleinkind hält sie auf dem Schoß. Hinter der Wand steht ihr Mann mit einem Bündel auf der Schulter. Die Ruderpinne lässt den Rückschluss zu, dass ihr Mann Fischer ist. Der älteste Sohn beugt sich durch ein rundes Loch in der Wand und versucht vergeblich, seinen Vater am Fortgehen zu hindern. Die Beine des Vaters enden als Wurzeln und scheinen versinnbildlichen zu wollen, dass der Mann seine Familie auf der Suche nach besseren Lebensbedingungen zwar verlässt, mit seiner Heimat jedoch auf ewig verbunden bleiben wird.

Abb. 106: Denkmal für Auswanderer aus Negreira

Auf meinem stetig ansteigenden Weg stadtauswärts formiert sich eine Musikgruppe in traditioneller Tracht auf einem Parkplatz. Ich verharre für einige Minuten und lausche dem Spiel von Dudelsack, Akkordeon, Querflöte, Trommeln und Tambourin. Kurz darauf gehen sie die Straße in Richtung Stadtmitte hinunter. Ich blicke ihnen nach, bis sie hinter einer Kurve verschwunden sind.

Von hier aus steigt der *camino* weiterhin langsam, aber stetig an. Über eine Länge von elf Kilometern führt die Straße überwiegend durch waldiges Gebiet bis auf zweihundertfünfzig Höhenmeter hinauf und anschließend bis *Vilaserio* wieder den Berg hinunter.

Inzwischen bereitet mir das Gehen Probleme. Die Knie schmerzen und insgesamt fühle ich mich matt und kraftlos.

Vilaserio, mein Ziel für den heutigen Tag, besteht aus einer Ansammlung von wenigen Häusern, die kaum vermuten lassen, dass der Ort über drei Herbergen verfügt. Die beiden privat geführten sind bereits *completo*. Bleibt also nur noch die öffentlichen *Albergue Municipal*, die am Ende des Ortes an der Durchgangsstraße liegen soll.

Von Weitem betrachtet macht das zweistöckige, von einem großen Garten umgebene Gebäude einen ganz passablen Eindruck. Die Tür im hohen Gartenzaun steht offen. Stutzig werde ich erst, als ich durch die vorhanglosen Fenster blicke und feststelle, dass das Gebäude anscheinend nicht mehr genutzt wird. Die Eingangstür ist unverschlossen. Ich trete ein, kann jedoch keinen Ansprechpartner finden. Die unmöblierten Räume machen einen maroden Eindruck. Zum Teil löst sich die Farbe von den Decken. Großflächig überzieht dunkler Schimmel einige Wandbereiche. Merkwürdigerweise sind Duschen und Toiletten zwar verdreckt, aber funktionsfähig. Es gibt sogar heißes Wasser. Von den Decken hängen nackte Glühbirnen herab. Auch die Stromversorgung funktioniert. In manchen Zimmern liegen Matratzen auf der Erde, in anderen stehen leere Etagenbetten. Im Eingangsbereich steht eine mit Eisenbändern an der Wand befestigte Spendenbox mit der Aufschrift „*Donativo*".

Was tun? Vielleicht liefert der Wanderführer eine Erklärung? In der Tat finde ich dort den Hinweis, dass es sich bei der Herberge um eine Notunterkunft, ein sogenanntes *refugio* handelt, wie es sie früher auf dem *Camino de Fisterra y Muxía* häufiger gab. Die Benutzung sei gratis und stehe jedem Pilger offen. Zu lesen ist ferner, dass es sich bei dem Haus um eine ehemalige Schule handelt und eine Renovierung seit langem anstehe.

In einem der kleineren Räume im Obergeschoss, deren Fenster nach hinten hinausgehen, lege ich eine der Matratze auf den Boden und ziehe mein Laken darüber. Empfindsamkeit und Ekel sind fehl am Platz, da es bereits viel zu spät ist, um bis zum nächsten Ort weiterzugehen. Außerdem fühle ich mich mit einem Mal wie durch den Fleischwolf gedreht. Völlig erschöpft lege ich mich angezogen auf die Matratze und falle sofort in einen leichten Schlaf, aus dem ich immer wieder hochschrecke. Trotz Kleidung und Laken friere ich stark. Mein Kopf scheint zu glühen. Ich wickle das Laken enger um mich. Alles lässt auf einen Infekt schließen. Irgendwann in der Nacht öffnet jemand die Zimmertür, entschuldigt sich und schließt sie sofort wieder. Die Nacht wird zur Qual. Zu allem Überfluss surren Stechmücken um meinen Kopf. Trotz der Erschöpfung stehe ich unter Aufbietung meiner ganzen Kräfte zweimal in der Nacht auf, schalte das Licht an und erwische tatsächlich einige der Quälgeister.

Montag, 28.08.2023 / Vilaserio - Ponte Olveira (22 km)

Als das erste Tageslicht durch das Fenster dringt, versuche ich aufzustehen, doch bin ich dafür noch zu schwach. Nach zwei vergeblichen Versuchen bleibe ich einfach liegen. Ich fühle mich völlig zerschlagen, der Kopf brummt, doch scheint das Fieber verschwunden zu sein. Was für ein Infekt mag mich da erwischt haben? Nach und nach kehren die Lebensgeister zurück. Schließlich schaffe ich es, mich von der Matratze hochzustemmen. Zum Glück befinden sich Dusche und Toilette nebenan. Nach wie vor ist die obere Etage leer. Wer mag in der Nacht hier oben gewesen sein? Die warme Dusche tut gut und belebt. Fast kommt es mir so vor, als würde das Wasser die Erkrankung Strahl für Strahl wegspülen. Dennoch läuft heute Morgen alles wie in Zeitlupe ab.

Mit gepacktem Rucksack steige ich kurz vor acht Uhr die Treppe hinunter. Im großen Saal des Erdgeschosses liegt eine Frau auf einer Matratze. Ein kleiner Hund schmiegt sich an ihre Seite. Als er mich sieht, springt er hoch und rennt laut bellend auf mich zu. Die Frau richtet sich kurz auf, ruft ihn zurück und zieht sich sofort wieder den Schlafsack über die Schultern. Ich erinnere mich, ihnen gestern vor der Bar einer der privaten Herbergen begegnet zu sein und ihren liebevollen Umgang mit dem Tier beobachtet zu haben. Ob sie meinen Hinweis hört, dass es im Obergeschoss eine funktionierende Dusche mit warmem Wasser gebe und sie jetzt die einzige Person im Haus sei, weiß ich nicht. Sie brummt irgendetwas Unverständliches vor sich hin, ehe sie den Schlafsack komplett über den Kopf zieht.

Obwohl es regnet, bin ich froh, wieder auf den Beinen zu sein. Langsam geht es mir auch wieder etwas besser. Die ersten Kilometer bis *Santa Mariña* bereiten mir keine Probleme, doch als hinter *A Gueima* der Aufstieg zum vierhundertfünfzig Meter hohen *Monte Aro* folgt, könnte mich spielend eine

Schnecke überholen. Selbst das fantastische Panorama schafft es nicht, mich aufzumuntern. Erleichtert atme ich auf, als ich den Gipfel erreicht habe und der steile Abstieg nach *Lago* beginnt.

Zunehmend macht sich meine geringe körperliche Belastbarkeit bemerkbar. Es ist bereits kurz vor vierzehn Uhr, als ich an einer Straßenecke in *Ponte Olveira* auf die erste Bar des Tages treffe. Sie hat wahrlich der Himmel geschickt! Ob Kaffee und Croissant die Lebensgeister wecken werden? Abgekämpft sinke ich auf der Terrasse auf einen Stuhl und schließe die Augen. Nach einer solchen Nacht ohne Frühstück auf dem Jakobsweg unterwegs zu sein, ist eine echte Herausforderung. Und es regnet noch immer.

Einige Minuten später biegt Hanna um die Ecke. Eine junge Deutsche, mit der ich mich in *Baamonde* in einem Café angeregt unterhalten hatte. Hanna ist ein echter Sonnenschein. Auch sie hat vor, über *Fisterra* bis *Muxía* weiterzugehen. Auch sie ist lieber allein unterwegs. Bei einem Kaffee tauschen wir uns über die Erfahrungen der letzten Tage aus.

Zu meiner großen Erleichterung stelle ich bei unserer Verabschiedung fest, dass der Bar eine Pension mit Restaurant angeschlossen ist. Erschöpft wie ich bin, schreckt mich selbst der Zimmerpreis von vierzig Euro nicht ab.

Eine Viertelstunde später stehe ich unter der Dusche. Nach der Nacht in der verlassenen Herberge genieße ich es anschließend, auf einem frisch bezogenen Bett zu liegen. Es dauert nicht lange, bis ich einschlafe. Erst am frühen Abend wache ich wieder auf. Das Aufstehen fällt mir sehr schwer. Schon die kleinste Bewegung erfordert enorme Kraft. Die Anstrengungen der letzten Tage waren wohl doch zu groß. Darum nutze ich heute Waschmaschine und Trockner.

Um neunzehn Uhr humple ich mit schmerzenden Füssen ins Restaurant. Der Hunger will gestillt werden. Leider ist das Pilgermenü schlichtweg eine Katastrophe. Die Hälfte bleibt unberührt auf dem Teller liegen. Nichts wie schnell zurück ins Bett. Trotz meiner Erschöpfung und einer Melatonin-Tablette wache ich in der Nacht mehrmals auf.

Dienstag, 29.08.2023 / Ponte Olveira - Fisterra (34 km)

Als ich morgens aufwache, ist es draußen neblig und regnerisch. Noch während des Frühstücks - es nicht zum Glück besser als das Abendessen, aber was will man bei Milchkaffee und Croissants auch falsch machen - hört der Regen auf und die Sonne bricht durch die Wolkendecke. Als ich die Pension verlasse, hat sich die Schlechtwetterfront verzogen und große weiße Wolken konkurrieren mit dem Azurblau des Himmels. Die lange Pause hat gutgetan. Auch die Füße haben sich zum Glück erholt.

Plötzlich sehe ich auf großen Steinen am Wegesrand einen Teller mit Bananen und Äpfeln. Daneben steht eine rote Geldkassette, an der ein Zettel mit folgender Bitte hängt: *„My name is Xuan. I am 11 years old. The money is for my excursion. Do not steal from me. If you like it, buy it please. Don't steal from me. Buen Camino, Good path. 1 Euro"*. Eine sehr originelle Idee. Mit einem Apfel im Gepäck und einen Euro weniger im Portemonnaie ziehe ich weiter.

Abb. 107: Origineller Einfall eines Schülers

Der breite, aber steinige Höhenweg hinter *Ponte Olveira* ist gut begehbar. In der Ferne stehen Windräder, die Windmühlen der Moderne, auf den Bergkuppen.

Etwas weiter stoße ich mitten im Wald an der Weggabelung nach *Fisterra* oder *Muxía* auf die Furcht einflößende Gestalt des *Vákners*, einer Bestie, die in früherer Zeit hier ihr Unwesen getrieben haben soll.

Der Erste, der diesem Untier Ende des 15. Jahrhunderts auf seiner Wanderung von *Santiago* nach *Fisterra* begegnete, war der armenische Bischof von *Arzendjan*. In seinen Reisenotizen hielt er die Begegnung mit dem entsetzlichen Wesen in menschenähnlicher Gestalt, die ihn an einen Werwolf erinnerte, fest. Mit Gottes Hilfe entkam er der Bestie. Ein letztes Mal wurde der *Vákner* Ende des 19. Jahrhunderts gesichtet.

1943 erhielt der in *Santiago de Compostela* geborene Bildhauer Cándido Pazos den Auftrag, ein Bildnis der Bestie anzufertigen.

Zuvor hatte Pazos bereits mehrere Skulpturen für den Jakobsweg geschaffen. Die vier Meter hohe Bronzefigur des *Vákners* ist in der Tat furchteinflößend. Mit ihrem weit aufgerissenen Maul sowie den Klauenhänden und -füßen scheint sie sich auf die Wanderer stürzen zu wollen.

Abb. 108: Skulptur des Vákners

Warum dieser Ort den Namen *Cruceiro Marco do Couto* trägt, erschließt sich mir nicht.

In der Erscheinung gefälliger und freundlicher sind die beiden Bänke, die neben dem *Vákner* stehen. Mit ihren gelben Rückenlehnen in Pfeilform zeigen sie die Richtung nach *Fisterra* oder *Muxía* an. Die Wahl fällt mir nicht schwer. Ich bleibe weiterhin auf dem *Camino Real* nach *Fisterra*.

Hinter der Abzweigung ist der *camino* eine Zeit lang ein von Heidekraut gesäumter Höhenweg, bis die Wälder aus Nadelhölzern und Eukalyptusbäumen immer näher an den Weg heranrücken und die Heide verdrängen.

Mittlerweile haben sich die letzten Wolken verflüchtigt. Die Sonne tut gut und fördert die Freude am Laufen.

Abb. 109: Höhenweg in Richtung Fisterra

Auf den letzten Kilometern bis *Ceé* gilt es, dreihundert Höhenmeter abzubauen. Entsprechend steil fällt der Abstieg aus. Das letzte Wegstück gewährt
einen traumhaften Ausblick auf die Bucht von *A Ostroira*.

Noch vor den ersten Häusern des Ortes liegt der Friedhof von *Ceé*. Über
seine gekälkte Mauer hinweg ist auf der gegenüberliegenden Seite der Bucht
der Ort *Corcubión* zu sehen. Der Weg dorthin führt über die *Playa de la
Chonca*.

Entgegen meiner sonstigen Gewohnheit, mittags lediglich einen Kaffee zu
trinken, kehre ich in *Corcubión* in ein Restaurant an der Uferstraße ein. Doch
das traumhafte Wetter will gewürdigt werden. Meine Entscheidung für das
Restaurante Gastro Espacío Mar De Crebas war goldrichtig, denn hier stimmt
einfach alles. Zum Auftakt serviert man mir frisch gebackenes Brot mit Oli-
ventapenade, dazu ein Gestell mit verschiedenen Olivenölen in
Reagenzgläsern. Der Salat mit *Burrata* und frischen Feigen erweist sich als
Glücksgriff. Der Wirt, ein äußerst sympathischer Spanier, steht selbst in der
Küche. Liiert ist er mit einer charmanten Schweizerin, die den Service ma-
nagt. Ich genieße die spontan eingelegte Mittagspause bei Sonne pur und
mit herrlichem Blick auf die Bucht. Nach dem Essen fühle mich ausreichend
gestärkt für die letzte Etappe bis *Fisterra*.

Nach einem kurzen Stück auf der Küstenstraße führt der *camino* als schmaler
Weg einen steilen Hang hinauf, um nach der Landzunge *Cabo da Nasa* wieder auf Meeresniveau abzufallen. An der großen Bucht von *Ria da Corcubión*

verläuft er am Strand entlang nach *Estorde, Sardiñeiro de Abaixo* und weiter über die sich lang hinziehende *Praia da Langosteira* bis *Fisterra*.

Abb. 110: Praia da Langosteira bei Fisterra

In einer der kleinen Gassen des Fischerortes treffe ich auf Nadine aus Luxemburg. Sie steht vor einem Haus und blättert auf der Suche nach einer Pension in ihrem Wanderführer. Nach großem Hallo, verbunden mit der Verabredung zum Abendessen im Restaurant der *Casa Velay*, schieße ich noch ein Foto von ihr mit einem alten Mann, der selbstgemalte Postkarten verkauft.

In der *Casa Velay* erhalte ich durch Zufall das gleiche Zimmer wie vor vier Jahren. Die Lage im dritten Stock mit Blick auf das Meer ist nicht zu toppen. Für mich fühlt es sich fast so an, als sei ich nach Hause gekommen.

Der Name *Fisterra* kommt vom lateinischen *finis terra*, was übersetzt Ende der Welt bedeutet, denn bis zum Mittelalter nahm man an, dass hier nicht nur der westlichste Punkt, sondern das Ende der Welt sei. Später korrigierten Kartographen diese Annahme und verorteten den westlichsten Punkt Europas an der Küste Portugals.

Trotz der vielen Pilger strahlt *Fisterra* immer noch eine gewisse Behäbigkeit und Ruhe aus. Den für *Santiago de Compostela* so typischen Trubel in den Straßen und Gassen und die damit verbundene Hektik sucht man im dem Fischerort vergeblich. Geschäfte, an denen man entlang flanieren könnte, gibt es hier kaum. So bewahrt sich der Ort einen gewissen Charme, der durch die niedrige Bebauung noch verstärkt wird.

Nach dem üblichen Prozedere von Duschen und Wäschewaschen begebe ich mich auf die Suche nach dem *Punto de Información*, der Ausgabestelle für die *compostela*. Nur zwei Straßen von der *Casa Velay* entfernt, werde ich an der Stirnseite der *Plaza Constitución* fündig. Die *compostela* heißt hier *fisterrana*. Auf der Urkunde beinhaltet weder die Angabe *Camino Real* noch *Camino de Fisterra y Muxía*, sondern lediglich den Satz „*O Concello de fisterra acredita que … chegou a estas terras da Costa da Morte e fin do Camiño Jacobea*", was frei übersetzt bedeutet: „Die Gemeinde von *Fisterra* bestätigt, dass [...der Pilger XYZ] durch das Gebiet der Todesküste bis *Fisterra* gelangte".

Bei der *Costa da Morte* (Todesküste) handelt es sich um eine zerklüftete Felsküste von einigen Kilometern Länge mit widrigen Strömungen und starken Winden. Hier ereigneten sich in der Vergangenheit zahlreiche Schiffsunglücke und -untergänge. So lief bei einem heftigen Sturm im November 2002 der Öltanker Prestige auf einen Felsen auf, zerbrach in Folge und verursachte eine verheerende Ölpest, deren Spuren noch heute an einigen Küstenabschnitten zu sehen sind.

Da mir bis zur Verabredung mit Nadine noch genügend Zeit zur Verfügung steht, mache ich mich auf den Weg zum Leuchtturm. Unterwegs beginnt es zu regnen. Ich suche Unterschlupf in der kleinen romanischen Kirche *Santa Maria das Áreas*. In wenigen Minuten beginnt hier eine in Spanisch und Englisch zelebrierte Messe für Pilger. Das nenne ich *just in time*. Der Priester, ein Südamerikaner, bittet am Ende alle Anwesenden nach vorne und zeichnet ihnen mit Weihwasser ein Kreuz auf die Stirn.

Plötzlich steht Andrea aus *Venetien* neben mir. In der Schar der Pilger hatte ich ihn gar nicht entdeckt. Wir fallen uns in die Arme und schießen anschließend vor der Kirche ein Abschiedsfoto. Andrea wirkt völlig entrückt. Er strahlt aus sich heraus und scheint kaum etwas um sich herum wahrzunehmen. Mit Sicherheit fand er auf dem Jakobsweg das, wonach er gesucht hatte. Schon morgen will er nach *Negreira* zurückkehren, immerhin ein Marsch von dreizehn Stunden. Ich wünsche ihm viel Glück.

Im Anschluss an die Messe klärt sich eine Frage, die mich schon seit geraumer Zeit beschäftigt: Warum zieht der heilige Jakobus in älteren Darstellungen sein Gewand am linken Bein hoch, um auf eine rote Hautverfärbung auf seinem Oberschenkel hinzuweisen, während an seiner Seite ein Hund mit einem Brotlaib im Maul sitzt? Von einer Aufsichtsperson erfahre ich, dass dies auf eine alte Legende zurückgeht, nach welcher der heilige Jakobus an der Pest erkrankte. Durch seinen unerschütterlichen Glauben und seine Gebete überlebte er und wurde in der Zeit bis zu seiner Gesundung von einem Hund mit Essen versorgt.

Ab dem 14. Jahrhundert wird der heilige Jakobus in Pilgerkleidung mit Hut und Stab dargestellt, zuvor meist mit einem Buch, einer Schriftrolle oder einem Schwert in der Hand.

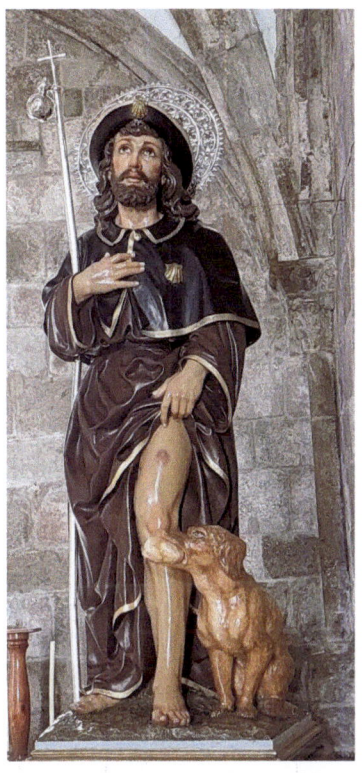

Abb. 111: Heiliger Jakobus in der Kirche Santa Maria das Áreas in Fisterra

Der Abend mit Nadine auf der Terrasse der *Casa Velay* ist ein ebenso lukullischer wie kommunikativer Genuss. Bei einer *parrillada de mariscos*, dreierlei Muschelarten mit *langostinos* und *gambas*, die auf einer großen Platte serviert werden, und einer Flasche *Alberiña* (galicischer Weißwein) lassen wir uns es gut gehen. Unser Gespräch dreht sich hauptsächlich um den Jakobsweg und die Fragen, was er bei uns bewirkt und freigesetzt hat. Ferner reden wir über den oftmals nachhaltigen Eindruck flüchtiger Begegnungen sowie die Suche nach Erkenntnissen zum Sinn des Lebens. Nur einer ihrer Fragen weiche ich aus, und zwar als sie wissen will, was ich im Leben denn beruflich gemacht habe. Ich lache und beschränke mich darauf, dass ich nur ein Geschichtenerzähler sei und es ansonsten nichts Wesentliches zu berichten gebe. Nadine akzeptiert das. Kurz vor Mitternacht verabschieden wir uns.

Während des Abendessens ging ein wunderbarer Vollmond über der Bucht auf und tauchte alles in sein sanftes, silbriges Licht.

Mittwoch, 30.08.2023 / Fisterra - Muxía - Fisterra

Muxía, die letzte Etappe vor meiner Rückkehr nach *Santiago de Compostela*. Da ich noch am heutigen Tag nach *Fisterra* zurückkehren werde, lasse ich mein Gepäck in der *Casa Velay*. Ohne Ballast unterwegs zu sein, ist nach all den Wochen ein völlig ungewohntes Gefühl.

Nach den ersten hundert Metern streiken meine Beine. Bei jedem Schritt habe ich das Gefühl, als stoße mir jemand mit einer Nadel in beide Knie. Links ist es nicht so schmerzhaft wie rechts. Zudem kommt es mir so vor, als müsse ich das Dreifache meines Körpergewichts fortbewegen. Schweren Herzens verabschiede ich mich von der Vorstellung, zu Fuß nach *Muxía* zu gehen. Es sind zwar nur dreißig Kilometer, aber der Wanderführer beschreibt die Strecke als schwierig und mit zahlreichen Steigungen versehen. Aufgeben will ich dennoch nicht. So kehre ich im Zeitlupentempo ins Zentrum zurück und kaufe eine Fahrkarte für den Bus um elf Uhr. Samstags fährt er allerdings schon kurz nach vierzehn Uhr von *Muxía* zurück.

Bis zur Abfahrt sind es fast noch zweieinhalb Stunden. Ich setze mich in ein Café vis-à-vis der Busstation und bestelle das übliche Frühstück. Zum Glück habe ich das Buch „*My brilliant friend*" mitgenommen. Kurz vor der Abfahrt lege ich es ausgelesen beiseite - den dritten Roman auf dieser Pilgerreise.

Ich habe festgestellt, dass sich Busse in Nordspanien nur selten an den Fahrplan halten. Meist fahren sie etwas früher ab. In meinem Fall sogar sieben Minuten. Da ich schon an der Busstation sitze, ist das zum Glück kein Problem.

Die Fahrt nach *Muxía* dauert eine halbe Stunde. Sie führt durch dicht bewaldete Hügel und ist wenig abwechslungsreich. Eine Landschaft zu Fuß zu erkunden, ist eben etwas völlig anderes.

Muxía hatte ich mir anders vorgestellt, auf jeden Fall nicht so touristisch. Der Ort schmiegt sich an die rechte Seite einer in den Atlantik hinausragenden Landzunge, dem *Cabo Touriñán*, besitzt einen Yacht- und Fischereihafen sowie mehrere Badebuchten (*Praia da Rambleta, Praia da Cruz, Praia Espiñeirido* und *O Petón*). Das berühmte *Santuario da Virxe da Barco* (Heiligtum der Schiffsjungfrau), das ultimative Ziel aller Jakobspilger, befindet sich wie der Leuchtturm (*Faro Touriñán, Faro de Muxía* oder *Faro da Barca*) auf dem *Cabo Touriñán*. Leuchtturm und Kirche sind die beiden einzigen Gebäude auf der Landzunge.

Abb. 112: Santuario da Virxe da Barco und Faro Touriñán in Muxía

Vermutlich stammt *Muxía* von *Munxía* ab. So nannten Mönche diesen Ort vor langer Zeit. Der Konsonant ging im Lauf der Zeit verloren. Die Geschichte *Muxías* ist von vielen Überfällen und Zerstörungen geprägt. Zuerst kamen die Normannen, dann die Mauren und schließlich, zu Beginn des 19. Jahrhunderts, die Franzosen. Ab dem 14. Jahrhundert gewann *Muxía* vor allem durch seinen Seehafen an Bedeutung.

An der Uferpromenade treffe ich Isabelle und Fabian, die ich das letzte Mal in der Herberge von *Santa Irene* sah. Sie sind etwas unter Zeitdruck, da sie vor der Rückfahrt nach *Fisterra* noch etwas trinken und essen wollen. Beide fliegen morgen von *Santiago* zurück nach Deutschland.

Das *Santuario Virxe da Barca*, eine im Mittelalter errichtete und im 17.

Jahrhundert umgebaute Kirche, soll sich gemäß einer Legende genau an der gleichen Stelle befinden, wo vor fast zweitausend Jahren Zeit die Mutter Gottes mit einem Schiff anlandete, um den heiligen Jakobus in seiner Missionsarbeit in Spanien zu ermutigen. Eine ähnliche Legende ist für *Saragossa* überliefert. Dort soll sie dem heiligen Jakobus auf einer Säule erschienen sein. Neben zahlreichen vom Kirchengewölbe an Seilen herabhängenden sind in Vitrinen ausgestellte Schiffsmodelle zu sehen.

Das Prunkstück des *santuarios* ist ein Gemälde der Mutter Gottes aus dem 14. Jahrhundert. Alljährlich findet am 15. September eine Wallfahrt hierhin statt. Im Dezember 2013 schlug ein Blitz in den Dachstuhl ein, der in Flammen aufging und den hinteren Bereich der Kirche zerstörte. Das Heiligenbild konnte zum Glück gerettet werden.

Etwas oberhalb der Kirche beeindruckt am Hang des *Monte do Corpiño* das über zehn Meter hohe Monument *A Ferida* (Die Wunde), ein gespaltener Monolith, der stattliche vierhundert Tonnen wiegt.

Abb. 113: Monument A Ferida in Muxía

Er erinnert an das Tankerunglück und die Ölpest von 2002 sowie den unermüdlichen Einsatz der zahlreichen Helfer bei der Säuberung der Küste. Das schlichte, aber sehr eindrucksvolle Monument stammt aus der Werkstatt des spanischen Bildhauers Alberto Bañuelos Fournier. Er schuf es ein Jahr nach dem Unglück. Als Aussichtspunkt ist die Stelle mit dem Monolithen auch unter dem Namen *Mirador Jesús Quintanal* bekannt.

Auf der Spitze des kargen, achtundsechzig Meter hohen *Monte do Corpiño* steht ein schlichtes Kreuz. Von hier aus hat man nicht nur einen schönen Blick auf *Muxía*, sondern auch auf die sich in Richtung *Fisterra* erstreckende Küste, *Pedra dos Cadris* genannt. Irgendwo dort muss sich das Tankerunglück ereignet haben. Ob es mit der Ölpest zusammenhing, dass sich die Einwohnerzahl von *Muxía* in den Folgejahren nahezu halbierte, bleibt fraglich.

Abb. 114: Blick auf die Pedra dos Cadris bei Muxía

Ich sitze lange hier oben und träume beim Anblick der Küste, des Kaps und der Kirche mit der Schiffsjungfrau davon, wie schön diese Welt und der ewige Rhythmus der Natur sind. Eigentlich hätte mich der Hinweis von Isabelle und Fabian auf die baldige Rückfahrt des Busses darin erinnern müssen, gelegentlich auf die Uhr zu schauen. Doch beim Träumen gerät die Zeit nur allzu schnell aus dem Blick. Ich treffe nur wenige Minuten zu spät an der Haltestelle ein, doch der Bus ist bereits lange weg.

Eine asiatische Pilgerin schüttelt nur bedauernd den Kopf, als ich sie frage, ob es heute noch einen anderen Bus nach *Fisterra* gebe. Was tun? Das Fremdenverkehrsbüro könnte Auskunft geben, doch ist es samstags bereits ab vierzehn Uhr geschlossen. Auf den Stempel in meinem Pilgerpass muss ich somit auch verzichten. So ein Mist.

In einem Lokal an der Uferpromenade treffe ich Diana. Sie und ihr Freund sind seit gestern hier und wollten eigentlich heute nach Santiago zurückfahren. Doch Vicente liegt mit einem Magen-Darm-Infekt im Bett. Da sie keinen festen Rückflugtermin haben, ist das für sie unproblematisch. Dianas Einladung zu einem Glas Wein lehne ich mit Bedauern ab. Ich muss klären, wie ich nach *Fisterra* zurückkomme.

Der Versuch, per Anhalter zu fahren, scheitert. Bleibt also nur noch das Taxi. Für stattliche vierzig Euro setzt der Fahrer mich zwanzig Minuten später direkt am Leuchtturm von *Fisterra* ab. So bleibt mir zumindest der Fußmarsch vom Zentrum hier hinaus erspart.

Abb. 115: Leuchtturm von Fisterra

Für viele Pilger ist der Leuchtturm von *Fisterra* Stellvertreter für den endgültigen Abschied von allen Entbehrungen und Strapazen auf dem Jakobsweg. Auf den Felsen unterhalb des Leuchtturms verbrannten Pilger in früheren Zeiten ihre Kleidung als Zeichen des Abschieds vom Pilgerweg. Heute verbrennt hier niemand mehr etwas. Vielmehr werden Steine oder kleine persönliche Gegenstände vor einem der beiden Kreuze unterhalb des Leuchtturms abgelegt.

Ein Stück von einem der Kreuze entfernt überrascht ein in das Felsgestein eingelassenes Schuhpaar aus Bronze. Unauffällig erinnert es an das wichtigste Utensil auf dem Jakobsweg.

Ich setze mich auf einen der Felsen und genieße den Ausblick auf den Atlantik. Er weckt Erinnerungen an die unzähligen Stationen auf dem *Camino del Norte*, an denen mir Küste und Meer zum vertrauten Begleiter wurden.

Auf dem vier Kilometer langen Weg vom Leuchtturm zurück in den Ort kommen mir Hanna und Roland entgegen. Was für eine Überraschung! Sie haben sich in *Fisterra* in der Herberge kennengelernt und wollen jetzt gemeinsam den Sonnenuntergang am *Cabo Fisterra* erleben.

Einen Moment lang ringe ich mit mir, mich ihnen anzuschließen, doch meine Knie bringen mich schnell wieder in die Realität zurück. Mittlerweile schmerzen sie selbst beim gemächlichen Gehen. Ich wünsche den beiden viel Spaß und setze meinen (Leidens-) Weg fort.

Bis das Restaurant der *Casa Velay* um zwanzig Uhr öffnet, bleibt noch genügend Zeit, zum Duschen und Rucksackpacken. Die Fahrkarte für den Bus, der morgen früh nach *Santiago de Compostela* fährt, habe ich bereits gekauft.

Das Abendessen auf der Terrasse bei abnehmendem Vollmond und Blick auf das Meer ist genau das Richtige, um mich von der Küste zu verabschieden. Heute werde ich noch einmal aus dem Vollen schöpfen. Als Vorspeise bestelle ich in Tintenfischsoße gegarte und mit hauchdünnen Kartoffelchips garnierte Baby-Calamari (*chipirones con patatas bravas*), als zweiten Gang Rochen auf galicische Art (*raya galicia*) und zum Nachtisch Käsekuchen mit einer Schicht weißer Schokolade (*tarta de queso con chocolate*). Dazu gönne ich mir eine Flasche *Alberiña* und zum Abschluss einen Espresso (*café solo*).

Donnerstag, 31.08.2023 / Fisterra - Santiago de Compostela

In der langen Schlange vor dem Fahrkartenschalter an der Busstation steht die Asiatin, die ich gestern in *Muxía* wegen der Busverbindung angesprochen habe. Mit einem gewissen Bedauern in der Stimme erzählt sie mir, dass circa eine halbe Stunde nachdem ich ins Taxi gestiegen sei, doch noch ein außerplanmäßiger Bus nach *Fisterra* gefahren sei. Die Madonna von *Muxía* war mir scheinbar nicht wohlgesonnen.

Da ich mein Ticket schon in der Tasche habe, gehe ich ins gegenüberliegende Café, wo ich Hanna treffe. Ihre positive Art ist wie immer ein Genuss. Hanna weiht mich in ihre Zukunftspläne ein. Nach ihrer Rückkehr von der Pilgerreise will sie beruflich noch einmal etwas vollkommen Neues in Angriff nehmen. Psychologie habe sie schon immer interessiert. Leider lassen ihre

Abiturnoten nur *Greifswald* in *Mecklenburg-Vorpommern* als Studienort zu. Wenn sie das Studium schafft, woran ich nicht zweifle, wird sie mit ihrer Ausstrahlung bestimmt vielen Menschen helfen können. Zum Abschied umarmen wir uns und ich wünsche ihr alles Gute.

Während der anderthalbstündigen Busfahrt nach *Santiago de Compostela* reißt die Bewölkung auf.

Die Stadt empfängt mich mit Sonnenschein, ein gutes Omen. Glücklicherweise ist es von der Busstation nicht weit bis zum Hotel *Giadás*, wo ich ein Zimmer für zwei Nächte reserviert habe.

Die Lage des Hotels hinter dem *Praza do Matadoiro* ist ideal. Durch eine Fußgängerzone gelangt man von hier aus in wenigen Gehminuten zur Kathedrale im Zentrum. Selbst mit lädierten Knien wird sich diese kurze Strecke bewältigen lassen. Und nur einen Steinwurf von der *Praza do Matadoiro* entfernt liegt das *Centro Galego de Arte Contemporánea*, ein Kunstmuseum, das mich bereits vier Jahren zuvor in seinen Bann schlug und das ich unbedingt noch einmal besuchen möchte.

Das Zimmer im *Giadás* steht erst ab dem frühen Nachmittag zur Verfügung. Der Rezeptionist bietet an, den Rucksack später auf das Zimmer bringen zu lassen. Gern nehme ich sein Angebot an. So kann ich mir die *compostela* bereits heute Morgen im Pilgerzentrum ausstellen lassen.

Durch die mit Steinplatten gepflasterten Gassen schlendere ich zur *Praza de Cervantes* mit dem Brunnendenkmal des Verfassers von „*Don Quijote*".

Von hier führt mein Weg an der Nordseite der Kathedrale entlang, ehe es durch einen mit Treppen bestückten Durchgang auf die *Praza do Obradoiro* geht. Auch heute musiziert am Fuß der Treppe wieder ein Dudelsackspieler. In seinem Hut liegen bereits viele Münzen - es scheint ein einträgliches Geschäft zu sein.

Die *Praza do Obradoiro*, eingerahmt von der Kathedrale und anderen ehrwürdigen Gebäuden, ist wie immer voller Pilger. Mitten auf dem Platz entdecke ich eine schlichte Steinplatte, die den Endpunkt des Jakobswegs markiert. Neben einer vertieft eingebrachten Jakobsmuschel steht: *Camino de Santiago Itinerario Cultural Europeo Consejo de Europa 23 - 10 - 87* (Jakobsweg, europäische Kulturroute, Europäischer Rat, 23. Oktober 1987).

Abb. 116: Endpunkt des Jakobswegs auf der Praza do Obradoiro

Vorbei an der Südseite des Platzes mit dem ehemaligen Pilgerhospital, das heute eine Luxusherberge (*parador*) ist, folge ich einer schmalen abschüssigen Straße, von der kurz darauf die *Rúa das Carretas* nach rechts abzweigt. Hier befindet sich das *Oficina de Acollida ó Peregrino*.

Ein Novum in diesem Pilgerzentrum ist die elektronische Anmeldung im Eingangsbereich. Und wer tippt mir von hinten auf die Schulter, als ich zum zweiten Mal vergeblich versuche meine fehlerhafte Eingabe zu korrigieren? Roland. Für einen Moment bin ich sprachlos, da er mir wieder einmal unvermutet über den Weg läuft. Dann muss ich lachen und versichere ihm, dass ich an die Macht des Schicksals und an die Kraft von Karma glauben werde, sollte er mir in Deutschland jemals unverhofft begegnen. Roland fliegt in wenigen Stunden zurück in die Heimat, so dass keine Zeit für einen längeren Austausch bleibt. Nach erfolgreicher Anmeldung spuckt der Automat einen codierten Zettel aus, den man bei einer der Aufsichtspersonen gegen einen Nummerncode für den Ausgabeschalter eintauscht. Nur wenige Minuten später leuchtet meine Nummer bereits auf der Anzeigetafel auf.

Die *compostela* ist unentgeltlich und bescheinigt, dass ich von *Irun* bis *Santiago de Compostela* achthundertachtundzwanzig Kilometer gelaufen bin. Zusammen mit den neunzig Kilometern bis *Fisterra* ergibt das neunhundertachtzehn Kilometer! Stolz lasse ich mich mit der *compostela* in der Hand im Garten des Pilgerzentrums auf einer Bank nieder und genieße den krönenden Abschluss meiner siebenwöchigen Pilgerreise.

Anschließend gehe ich zur *Praza do Obradoiro* zurück und lasse mich zwischen den Pilgern auf dem Platz nieder. Der Anblick der imposanten Westfassade der Kathedrale ist immer wieder überwältigend. Den Besuch der Messe verschiebe ich auf morgen.

Abb. 117: Westfassade der Kathedrale von Santiago de Compostela

Entspannt lasse ich mich nach der Rast auf dem Platz durch die von Touristen und Pilgern bevölkerten Gassen treiben, doch schmerzen das rechte Knie und die rechte Leiste bald so stark, dass ich lieber in die Pension zurückkehre.

Auf dem Rückweg kehre ich unweit meiner Pension in eine *bodega* ein, um etwas zu essen, damit ich heute nicht noch einmal raus muss. Leider hält die Küche bei weitem nicht das, was Interieur und Speisekarte versprechen.

Mein Zimmer ist zum Glück bezugsfertig und einen Fahrstuhl gibt es auch. Das im vierten Stock unter dem Dach liegende Zimmer Nr. 36 besitzt mit seinen Dachschrägen, den freiliegenden Balken sowie der spärlichen Möblierung einen eigenwilligen Charme. Es tut unglaublich gut, sich auf dem Bett auszustrecken. Beim Gedanken daran, das Ziel der Pilgerreise jetzt endgültig erreicht zu haben, verspüre ich eine tiefe innere Ruhe und Zufriedenheit. Bei allem Positiven, das ich auf den Etappen des Jakobswegs erlebte, und den tiefgreifenden Erfahrungen, die daraus resultierten, macht mir mein Körper nun unmissverständlich klar, dass nichts mehr geht. Ich bleibe bis zum nächsten Morgen liegen, ohne noch einmal aufzustehen.

Freitag, 01.09.2023 / Santiago de Compostela

Ich habe gut geschlafen und wache erfrischt und gestärkt auf. Mit einigermaßen funktionierenden Gliedmaßen verlasse ich morgens die Pension und genehmige mir wenige Meter weiter an der *Praza do Matadoiro* einen Kaffee und ein Croissant.

Wie in den vergangenen Tagen steht das Thermometer auch heute Morgen auf knapp zwanzig Grad. Ich bin froh, die Windjacke mitgenommen zu haben.

Nach dem Frühstück gehe ich wieder durch die mit Steinplatten gepflasterten Gassen zum *Praza do Obradoiro* und reihe mich an der Südseite der Kathedrale in die Schlange der Wartenden ein, um an der Messe um zwölf Uhr teilzunehmen. Da die vierzigminütige Messe immer sehr gut besucht ist, ist es empfehlenswert möglichst eine Stunde vor Beginn da zu sein.

Vor vier Jahren, als ich über den *Camino de Francés* nach *Santiago de Compostela* gepilgert bin, wurde die Kathedrale gerade renoviert. Ihr Inneres war komplett ausgeräumt. Die Wände verbargen sich hinter mit Planen abgedeckten Baugerüsten. Die Renovierung sollte rechtzeitig zum Beginn des außerordentlichen Heiligen Jahres 2022 abgeschlossen sein. Und in der Tat erstrahlte das Kirchenschiff pünktlich in neuem Glanz.

Die tägliche Messe wird im üppig vergoldeten und prächtig ausgestatteten südlichen Querschiff zelebriert, während die Gläubigen im nördlichen Querschiff sitzen. Über einem von sechs Engeln getragenen Baldachin thront der heilige Jakobus. Er reitet auf einem Schimmel und hat sein Schwert zum

Angriff erhoben. Diese Darstellung geht auf eine Legende zurück, nach welcher der Heilige bei der Schlacht von *Clavijo* im Jahre 844 den christlichen Rittern zum Sieg verholfen haben soll. Zwei weibliche Heiligenfiguren flankieren ihn. Unter dem Baldachin steht ein silberner Altar mit Nischenaufsatz, bestückt mit einer weiteren Figur des heiligen Jakobus. Gedrehte Säulen bedecken die Wände über dem Chorgestühl bis zur Höhe des Baldachins. Fresken verzieren das Tonnengewölbe. Der überbordende Kunstreichtum erschlägt den Betrachter und erweckt ein Gefühl eigener Bedeutungslosigkeit.

Abb. 118: Südliches Querschiff der Kathedrale von Santiago de Compostela

Am Kreuzungspunkt von Längs- und Querschiff hängt an einem starken, sechsundsechzig Meter langen Tau der legendäre *Botafumeiro*, ein 1,60 Meter hohes Weihrauchgefäß aus massivem Silber mit dem beachtlichen Gewicht von vierundfünfzig Kilo. Zu besonderen Feiertagen schwenken ihn acht Männer durch das Längsschiff. Angeblich diente der Weihrauch früher dazu, die Ausdünstungen der Pilger zu überdecken, die hier betend und wachend die Nacht verbracht hatten. Heute ist dies auch auf Bestellung zum Preis von circa dreihundert Euro möglich.

Abb. 119: Botafumeiro der Kathedrale von Santiago de Compostela

Zum Glück bin ich so früh da, dass ich mir im nördlichen Querschiff mit der großen Orgel noch einen guten Platz aussuchen kann. Sich vor Beginn der Messe auf alles einstimmen zu können, empfinde ich als sehr angenehm. Es lässt mich zur Ruhe kommen und gibt mir Gelegenheit, mich unter den Anwesenden umzusehen. Was mögen die Menschen am Ende des Jakobswegs bei dieser Andacht empfinden? Welch vielfältige Gründe mögen sie zu ihrer Pilgerreise bewogen haben?

Mit Sicherheit gibt es mehr als einen Beweggrund. Viele gehen den *camino* unter touristischen Aspekten: Man hat zwei oder drei Wochen Zeit und wandert gern. Entweder organisiert man die Reise selbst oder beauftragt eine Agentur mit allem, was dazu gehört: An- und Abreise, Auswahl der Unterkünfte und sogar dem Gepäcktransport von Ort zu Ort.

Andere wiederum sehen in ihm eine große sportliche Herausforderung.

Nur bei Wenigen entspringt das Bedürfnis einer spirituellen Suche beziehungsweise dem Wunsch nach tiefgreifender Selbsterfahrung. Dies sind die wahrhaft Suchenden, sind die wirklichen Pilger. Ob sie auf dem Weg allerdings das finden, was sie suchen, bleibt fraglich, denn dafür gibt es keine Garantie.

Oder solche, die als Tourist losgehen und als Pilger ankommen.

Bei einer spirituell ausgerichteten Pilgerreise spielt die Länge des Wegs eine wichtige Rolle. Bezogen auf den *Camino Francés* oder den *Camino del Norte* heißt das, nicht erst in *Sarria* oder *Baamonde* zu starten und nur die *compostela* im Blick zu haben. Für eine tiefgreifende Veränderung ist ein solcher Einstieg ungeeignet, da man es in fünf oder sechs Tagen unmöglich schaffen kann, den Chip im Kopf neu zu programmieren. Will man tatsächlich etwas verändern, bedarf es Zeit, viel Zeit, bedarf es mehr als lediglich hundert Kilometern Wegstrecke. Die Beschaffenheit des Wegs, die Entfernung bis zum Ziel und vieles andere muss völlig in den Hintergrund treten. Vielmehr gilt es zu begreifen, dass innerer Wandel anstrengend und kräftezehrend ist.

Woran liegt es, dass einige das angestrebte innere Ziel trotz großer Anstrengung nicht erreichen, andere hingegen schon mit viel weniger Einsatz.

Ein Lehrstück aus dem japanischen Zen-Buddhismus illustriert dieses Phänomen meines Erachtens treffend: Ein Schüler fragt den Meister, in welcher Zeit er Erleuchtung erlangen kann, wenn er sich ausschließlich auf seine Meditation konzentriert? „Vielleicht zwanzig bis dreißig Jahre", antwortet der Meister. Der Schüler hakt nach: „Und wenn ich mich noch viel, viel mehr anstrenge?" Der Meister sieht ihn durchdringend an und sagt: „Dann dauert es vermutlich fünfzig bis sechzig Jahre."

Nur bei wenigen Pilgern, wie zum Beispiel Andrea aus *Venetien*, verspürte ich den spirituellen Aspekt der Pilgerreise, den Wunsch nach transzendentaler Erfahrung beziehungsweise der Begegnung mit dem Göttlichen, sei es im Außen oder im Innen.

Es erscheint mir beachtlich, wie der *camino* es schafft, Menschen unterschiedlicher sozialer Herkunft oder Nationalität für eine gewisse Zeit zu einer scheinbar homogenen Gruppe zusammenzuschweißen und dies unabhängig von Geschlecht und Alter. Alle haben das gleiche Ziel, unterhalten sich über das gleiche Thema, wenn auch aus unterschiedlichen Perspektiven oder unterschiedlicher Motivation. Und trotz aller Heterogenität empfinden sie sich als Einheit. Für mich ein absolut faszinierendes soziales Phänomen.

Endlich erscheinen die Priester und die Messe beginnt. Elf tragen rote Gewänder. Einer ist in ein weißes gewandet ist und lässt von der Kanzel herab seine wahrhaft himmlische Stimme erschallen. Überwiegend wird die Messe auf Spanisch gehalten, nur Teile sind in Englisch oder Deutsch. Der *Botafumeiro* bleibt am Boden. Mit einem besonderen Segen für alle Pilger und

Anwesende endet die Messe. Die Menschen strömen auseinander.

Einige, zu denen auch ich gehöre, steigen in die Krypta hinab und verharren vor dem *Sepulcrum Sancti Iacobi Gloriosum*, dem silbernen Schrein des heiligen Jakobus. Im Vergleich zum goldenen *Schrein der Heiligen Drei Könige* im *Kölner Dom* fällt er viel kleiner aus, ist aus Silber und nicht mit Edelsteinen verziert. Heiligenfiguren und Ornamente schmücken auch ihn.

Abb. 120: Schrein mit den Gebeinen des heiligen Jakobus in der Krypta

Nach dem Besuch der Krypta kehre ich noch einmal auf die *Praza do Obradoiro* zurück. Die reich verzierte Westfassade der Kathedrale fasziniert mich immer wieder aufs Neue. Auf der Brüstung des mit einem Gitter versehenem Treppenaufgangs zum Eingangsportal deponiere ich ein abgeplatztes kleines Stück Stein vom Monument *A Ferida* aus *Muxía*. Mein persönlicher Beitrag zur Verbindung der beiden mystischen Orte.

Was jetzt noch fehlt, ist der Besuch des *CGAC* (*Centro Galego de Arte Contemporánea*). Der Brückenschlag vom Spirituellen zum Weltlichen wird den Tag für mich sinnvoll abrunden.

Die aktuelle Ausstellung ist der spanischen Künstlerin Almudena Fernández Fariña gewidmet. Bereits im Eingangsbereich überrascht ein auf die Wand gemaltes Werk in Schwarz, Weiß und diversen Grauabstufungen. In seiner

Formensprache greift es die florale Verzierung im Eingangsportal des vis-à-vis liegenden Klosters *Igrexa e Convento de San Domingos de Bonaval* auf, ein Gebäude, das seit 1912 zum nationalen Kulturerbe Spaniens zählt. Durch den Bezug zur lokalen Geschichte ist das Wandbild als Einstieg in die Ausstellung wie geschaffen. Fariña setzt sich in ihrer Kunst in codierter Form mit Sprache auseinander, wobei sie sich ganz unterschiedlicher Materialien bedient. Die ausgestellten Werke sprechen mich in Form, Farbe und Umsetzung stark an. Mir kommt die Bemerkung des amerikanische Künstlers Willem de Kooning in den Sinn, der sagte: „Kunst ist eine Art zu leben, wenn auch nur für einen winzigen Augenblick". Und genau das ist es, was ich bei der Betrachtung der Werke Fariñas empfinde.

Abb. 121: Centro Galego de Arte Contemporánea in Santiago de Compostela

Beim Verlassen des Kunstzentrums regnet es. Ich entschließe mich zum Besuch einer weiteren Kunstausstellung. Wie heißt es doch so treffend: „Es regnet. Wir gehen ins Museum." Plakate in der Stadt mit Werbung für eine Präsentation von Zeichnungen im Gebäude der Bank *Abanca* am *Praza de Cervantes* hatten mich neugierig gemacht.

Die Ausstellung mit dem Titel *„Dibujas"* zeigt eine Auswahl von mehr als vierhundert Zeichnungen, welche die Bank im Laufe der Zeit neben einigen wenigen Ölgemälden erwarb. Vorwiegend von Künstlern aus *Asturien*. Das Spektrum der Darstellungen reicht von mit Bleistift gezeichneten altmeisterlichen Akten von Isidoro Brocos, bei denen man das Gefühl hat, den Körper lebendig und greifbar vor sich zu haben, bis hin zu Werken von Arturo Souto, von dessen Frauenporträts auch einige in Öl gemalte ausgestellt sind. Unterlegt sind die Bilder mit Zitaten berühmter Künstler zum Thema Zeichnungen. So zum Beispiel von dem britischen Künstlers David Hockney: „Zeichnen hilft, die Gedanken zu ordnen und neue Formen entstehen zu lassen." Treffender formuliert es meines Erachtens der von mir sehr geschätzte US-amerikanische Maler Jasper Johns, der anmerkte: „Im Vergleich mit Gemälden sind die besten Zeichnungen prägnanter, nüchterner, schematischer, nackter, näher am Gedanken, näher an der treibenden Kraft, aus der sie hervorgehen."

Als ich das Gebäude nach dem Rundgang verlasse, regnet es immer noch. Aber zum Glück nicht mehr so stark. In der Pension packe ich meinen Rucksack und beschließe, den Abend in einer *bodega* am *Praza do Matadoiro* bei Tapas und einem Glas Wein ausklingen zu lassen. Das T-Shirt der weiblichen Bedienung trägt den Werbespruch einer Brauerei: „*¿Quieres Descubrir La Essencia de Camino?*" (Willst Du das Geheimnis des *camino* entdecken?). Auf ihrem Shirt erscheint mir die Bierwerbung allerdings recht zweideutig.

Mittlerweile schüttet es wie aus Kübeln. Nicht umsonst gilt *Galicien* als Regenkammer Spaniens. Die Passanten hasten unter Schirmen und über den Kopf gezogenen Regenjacken vor dem Lokal vorbei, springen über Pfützen oder versuchen die überflutete Straße mit möglichst unbeschadet zu überqueren. Mit Sicherheit hat keiner von ihnen ein Auge für den in verschiedenen Sprachen in die Granitplatten des Bürgersteigs gemeißelten Spruch „Europa ist auf Pilgerschaft geboren".

Samstag, 02.09.2023 / Santiago de Compostela - Frankfurt am Main

Es gilt Abschied zu nehmen von *Santiago,* Abschied von Spanien, Abschied von all den Jakobswegen, Abschied von einer langen Pilgerreise.

Leichter fällt er, wenn man noch etwas Schönes vor sich hat. Für mich ist das ein Frühstück im *Hotel Costa Vella*, das ich gestern beim Gang durch die Stadt hinter dem Kunstzentrum entdeckt habe.

Das in einer ruhigen Seitenstraße gelegene, sehr gepflegte Hotel besitzt einen verwunschenen Garten voller Kunst. Leider ist es heute Morgen noch zu frisch, um im Freien zu sitzen, so dass ich notgedrungen auf den Wintergarten ausweiche. Von meinem an einer Natursteinmauer stehenden Korbsessel fällt mein Blick auf ein kleines Wasserbecken mit Springbrunnen im Garten. Auf dem Rand des Beckens liegen zwischen Blumenschalen rotwangige Äpfel. Dazwischen hockt eine kleine Bronzefigur, ganz so, als wolle sie gleich ins Wasser springen.

Mir gegenüber sitzt ein Engländer mit seiner circa achtjährigen Tochter. Er ist stolz darauf, dass sie mit ihm den Jakobsweg von *Ponferrada* bis *Santiago* gegangen ist. Immerhin sind es fast zweihundert Kilometer. Eine tolle Leistung für das kleine Mädchen.

Sieben interessante und entbehrungsreiche Wochen liegen hinter mir, seit ich im französischen *Hendaye* aus dem Zug stieg und mich auf den Jakobsweg begab. Anfangs beschäftigten mich noch viele Fragen: Werde ich es körperlich tatsächlich schaffen? Gibt es genügend Übernachtungsmöglichkeiten? Ist der Weg gut ausgeschildert? Wird das Geld ausreichen? Wie üblich erwiesen sich alle Befürchtungen als überflüssig und unnötig. Bestes Beispiel war die von Deutschland aus für *Irun* gebuchte Übernachtung, die sich am nächsten Morgen als überflüssig erwies, da es um die Ecke eine Herberge auf Spendenbasis gab. Aber so ist es mit allem Fremden, dem man sich stellt. Nachher ist man stets schlauer und abgeklärter.

Ein positiver Effekt am Rande: Nach dem Ende der Pilgerreise bringe ich zehn Kilo weniger auf die Waage. Auch in dieser Hinsicht blieb überflüssiger Ballast auf der Strecke.

Gelassen und zufrieden schultere ich eine Stunde später in der Pension *Giadás* meinen Rucksack und breche zur Bushaltestelle an der *Praza de Galicia* auf. Unterwegs entdecke ich durch Zufall die Markthalle der Stadt: Oberhalb einer hohen Steinmauer, die eine Seite der *Rúa da Virxe da Cerca* begrenzt, ragen Schirmspitzen über ein Geländer. Neugierig gehe ich die Rampe hinauf und stehe plötzlich vor dem *Mercado de Abastos*, den zur Straße hin von Schirmen überdachte Verkaufsstände säumen. Das aus mehreren Hallen bestehende Geviert schließt einen Innenhof mit Brunnen ein. Ein unglaublich reiches Angebot an Fisch, Fleisch, Gemüse und vielem anderen mehr wartet auf Käufer. Leider reicht die Zeit nur für einen groben Überblick.

Zum Glück weist mich ein Spanier an der *Praza de Galicia* darauf hin, dass die Haltestelle für den Flughafenbus wegen einer Baustelle in eine Nachbarstraße verlegt wurde. Kaum habe ich sie gefunden, kommt der Bus auch schon um die Ecke. Erleichtert steige ich ein und nehme Platz. Auf dem Streckenplan im Bus sehe ich, dass es auch direkt neben der Pension *Giadás* eine Haltestelle gibt. Aber dann wäre ich nicht auf die Markthalle gestoßen.

In *Lavacolla* fährt der Bus in Sichtweite des Hotels *A Choncha* vorbei, in dem ich vor vier Jahren übernachtet hatte. Bis heute nahm ich an, dass es völlig abgeschieden an einem von Bäumen bestandenen Platz läge. Durch den Perspektivwechsel stelle ich nun fest, dass die Straße genau an dem Platz vorbeiführt. Eine interessante Entdeckung, dass Wahrnehmung und Realität nicht immer deckungsgleich sind.

Viel Zeit für die Sicherheitskontrollen am Flughafen von *Santiago de Compostela* einzuplanen, erweist sich als völlig überflüssig, da es nur die Flugsteige A und B gibt. Ich bin daher viel zu früh da. Gern würde ich die Wartezeit in der Gastronomie verbringen, doch fällt mir das Angebot zu dürftig aus. Die eingeschweißten Sandwiches würde man eher bei einer Billigfluglinie erwarten.

Unglücklicherweise verspätet sich auch noch der Abflug. Erst kurz vor einundzwanzig Uhr trifft die Lufthansa-Maschine in *Frankfurt am Main* ein. Die an den Rückflug gekoppelte Bahnfahrt nach *Köln* kann ich abschreiben. Außerdem kommt es bei meiner Gepäckausgabe zu Problemen. Mein Rucksack wird nicht wie zugesichert am *AiRail-Terminal* im Verbindungstrakt zwischen Flughafengebäude und den Bahnsteigen ausgeliefert. Bis ich herausbekomme, dass er im Ankunftsterminal über die Gepäckbänder lief, vergeht über eine halbe Stunde. Also zurück dorthin. Doch auf dem angegebenen Gepäckband liegt nichts mehr. Nach einer weiteren Odyssee erhalte ich endlich den Hinweis, dass die Ausgabe irrtümlicherweise auf einem ganz anderen Band in der Nachbarhalle erfolgt sei.

Als ich meinen Rucksack schließlich auf dem mittlerweile abgestellten Gepäckband entdecke, ist es bereits halb elf abends. Die Änderung der Zugfahrt ist *Rail and Fly* nur an einem bestimmten Schalter von Lufthansa im Abflugbereich möglich.

Als ich ihn endlich gefunden habe und mein Ticket vorlege, erklärt mir der Angestellte, dass es heute nur noch eine Lufthansa-Bahnverbindung bis Siegburg gebe. Allerdings weist er mir nicht darauf hin, dass man alternativ das Bahnticket selbst kaufen und von Lufthansa erstatten lassen kann. Stattdessen bietet er mir einen Hotelvoucher inklusive Abendessen (Limit achtzehn Euro) und Frühstück an. Entnervt nehme ich das Angebot an. Der Mann blickt auf die Uhr und sagt, dass ich mich beeilen müsse, da der Shuttlebus in wenigen Minuten vor dem Flughafenterminal abfahre. Erneutes, hektisches Suchen nach dem richtigen Ort. Eine Minute bevor Abfahrt finde ich die Haltestelle.

Wie sich herausstellt, befindet sich das Hotel nicht auf dem Flughafengelände, sondern in *Kelsterbach*, einige Kilometer außerhalb von *Frankfurt*. Natürlich hat das dortige Restaurant längst geschlossen. Und um den Zug am nächsten Tag um kurz nach acht Uhr sicher zu erreichen, empfiehlt man mir an der Rezeption den Shuttlebus um halb sieben. Der Frühstücksraum sei dann allerdings noch nicht geöffnet. Was für ein Irrsinn.

Sonntag, 03.09.2023 / Frankfurt am Main - Bergisch Gladbach

So schlecht, wie ich diese Nacht geschlafen habe, hätte ich die sieben Stunden auch am Flughafen verbringen können. Völlig gerädert besteige ich in *Frankfurt* den Zug nach *Köln*. Dort trifft er pünktlich ein. Mit zwölf Stunden Verspätung schließe ich meine Frau in die Arme und bin froh, die Rückreise endlich überstanden zu haben.

Epilog

Ein gutes halbes Jahr nach meiner Rückkehr von der Pilgerreise ist das Manuskript endlich im PC erfasst und wartet seitdem auf das Einfügen der Fotos und das Lektorat. Vermutlich wird es noch einmal mindestens so lange dauern, bis das Werk in den Druck gehen kann. Aber schneller geht es nicht. Es ist wie mit dem Jakobsweg: Es braucht halt alles seine Zeit.

Ich bedanke mich an dieser Stelle bei allen, die meine Pilgerreise bewusst oder unbewusst bereicherten, verbunden mit dem Wunsch, dass der Jakobsweg auch sie mit zahlreichen inneren Anstößen überrascht und verändert hat. Denn nach der Pilgerreise sollte man möglichst nicht mehr derselbe sein, wie davor.

Für mich war das Wandern auf dem Jakobsweg Ausdruck einer inneren Suche. Mit jedem Schritt verband ich den Wunsch, etwas mehr von mir zu verstehen, etwas mehr von dem, was bislang im Dunkeln verborgen war. Sich auf die Suche zu begeben, bedeutet nicht automatisch, dass man auch wirklich etwas findet. Doch sind Beharrlichkeit, Ausdauer, Offenheit, kindliches Staunen, Demut und vieles mehr gute Voraussetzungen dafür, dass man es schafft.

Zu guter Letzt ist festzuhalten, dass es etwas völlig anderes ist, den *camino* zu gehen, als über ihn zu schreiben. Beide Phänomene schöpfen aus völlig unterschiedlichen Quellen, auch wenn sich bei beiden eine hohe Frustrationstoleranz gleichermaßen als hilfreich erweist. Um die eine Herausforderung erfolgreich zu bewältigen, bedarf es einer Vision, körperlicher Kraft, Ausdauer und Beharrlichkeit. Bei der anderen greift man auf Erinnerungen zurück, recherchiert nachträglich Stationen der Reise, lässt alles noch einmal vor seinem geistigen Auge Revue passieren und von dort in die Tastatur des Computers fließen, ohne sich auch nur einen Zentimeter fortbewegt zu haben. Dabei bedarf es nur mentaler Kraft beim steten Kampf um Worte und Formulierungen.

Ich hoffe, Sie auf meinem Weg mitgenommen und vielleicht sogar neugierig auf eine eigene Pilgerreise gemacht zu haben.

Auflistung der Reisekosten

Datum	Übernachtung	Verpflegung	Transport	
17. Juli	96,00	15,30	147,00	Zugfahrt
			36,00	Taxi Paris
18. Juli	10,00	18,00		
19. Juli	66,00	29,80	1,10	Fähre
20. Juli	50,00	19,70		
21. Juli	8,00	23,70		
22. Juli	10,00	20,20		
23. Juli	60,00	17,40		
24. Juli	20,50	20,50		
25. Juli	20,50	15,75		
26. Juli	10,00	22,30		
27. Juli	20,00	34,00		
28. Juli	7,45	9,90	2,50	Fähre
29. Juli	10,00	32,50		
30. Juli	25,00	15,50	3,20	Fähre
31. Juli	25,00	20,00		
1. August	10,00	36,50		
2. August	17,00	22,00		
3. August	17,00	19,00		
4. August	17,00	18,20		
5. August	15,00	10,20		
6. August	25,00	30,00		
7. August	12,00	20,00		
8. August	10,50	4,10		
9. August	38,00	18,80		
10. August	118,00	27,50		
11. August	28,00	6,60		
12. August	10,00	17,40		
13. August	10,00	11,30		
14. August	15,00	17,70		
15. August	10,00	1,50		
16. August	15,00	24,00		
17. August	15,00	25,00		
18. August		16,00		

Datum	Übernachtung	Verpflegung	Transport	
19. August	15,00	22,00		
20. August	15,00	21,00		
21. August	14,00	16,00		
22. August	15,00	10,00		
23. August	8,00	31,00		
24. August	8,00	20,50		
25. August	8,00	45,50		
26. August	18,00	22,40		
27. August		8,50		
28. August	40,00	21,40		
29. August	30,00	84,20		
30. August	30,00	57,60	40,00 5,10	Taxi Paris Bus
31. August	49,50	22,40	7,15	Bus
1. September	49,50	17,00		
2. September		15,60	494,00 1,00	Flug + Bahn Bus
3. September		7,15		
SUMME (in Euro)	**1.120,95**	**1.062,60**	**737,05**	

Für Wäscheservice, Museen, Postkarten etc. fielen zusätzlich circa sechzig Euro an.

Abbildungsverzeichnis

Zum Autor

Thunar Jentsch, promovierter Völkerkundler, lebt und arbeitet in Bergisch Gladbach. Er ist Autor zahlreicher Kinderbücher, Bildbände, Sprach- und Reiseführer sowie Sachbücher.

Nach der Veröffentlichung seiner Erlebnisse auf dem *Camino Francés* im Jahr 2021 ist dies sein zweiter Reisebericht über einen Jakobsweg.